珍藏本
纪念版

汉译世界学术名著丛书

理论地理学

〔美〕威廉·邦奇 著

石高玉 石高俊 译

商务印书馆
SINCE 1897
The Commercial Press

2017年·北京

William Bunge

THEORETICAL GEOGRAPHY

The Royal University of Lund, Sweden, 1962

根据瑞典隆德大学 1962 年版译出

汉译世界学术名著丛书
（120年纪念版·珍藏本）
出 版 说 明

2017年2月11日，商务印书馆迎来120岁的生日。120年前，商务印书馆前贤怀揣文化救国的理想，抱持"昌明教育，开启民智"的使命，立足本土，放眼寰宇，以出版为津梁，沟通中西，为中国、为世界提供最富智慧的思想文化成果。无论世事白云苍狗，潮流左右激荡，甚至战火硝烟弥漫，始终践行学术报国之志，无改初心。

迻译世界各国学术名著，即其一端。早在20世纪初年便出版《原富》《天演论》等影响至今的代表性著作，1950年代后更致力于外国哲学和社会科学经典的译介，及至1980年代，辑为"汉译世界学术名著丛书"，汇涓为流，蔚为大观。丛书自1981年开始出版，历时三十余年，迄今已推出七百种，是我国现代出版史上规模最大、最为重要的学术翻译工程。

丛书所选之书，立场观点不囿于一派，学科领域不限于一门，皆为文明开启以来，各时代、各国家、各民族的思想与文化精粹，代表着人类已经到达过的精神境界。丛书系统译介世界学术经典，引领时代思想，为本土原创学术的发展提供丰富的文化滋养，为推动中国现代学术和现代化进程做出了突出的贡献。

为纪念商务印书馆成立120周年，我们整体推出“汉译世界学术名著丛书”120年纪念版的珍藏本，寄望既利于文化积累，又便于研读查考，同时向长期支持丛书出版的译者、编者和读者致以敬意。

两甲子后的今天，商务印书馆又站在了一个新的历史时间节点上。我们不仅要铭记先辈的身影和足迹，更须让我们的步伐充满新的时代精神。这是商务人代代相传的事业，更是与国家和民族的命运始终紧密相连的事业。我们责无旁贷，必须做好我们这代人的传承与创造，让我们的努力和成果不仅凝聚成民族文化的记忆，还能成为后来人可以接续的事业。唯此，才能不负前贤，无愧来者。

商务印书馆编辑部

2017年10月

译 者 前 言

《理论地理学》是美国威廉·邦奇的一本专著，于1962年出版，出版以后，在西方地理学界产生重大的影响，推崇为一本名著。

本书以《理论地理学》为名，表明了作者对理论的强调和重视。作者在《序言》中指出："本书之所以强调理论，是因为现有大量地理著作都是描述地理事实的，没有一本涉及理论。正是为了弥补科学平衡中的这一不足，本书才如此着重理论。"这是作者撰写本书的主要目的，亦是我们翻译本书的用意所在。

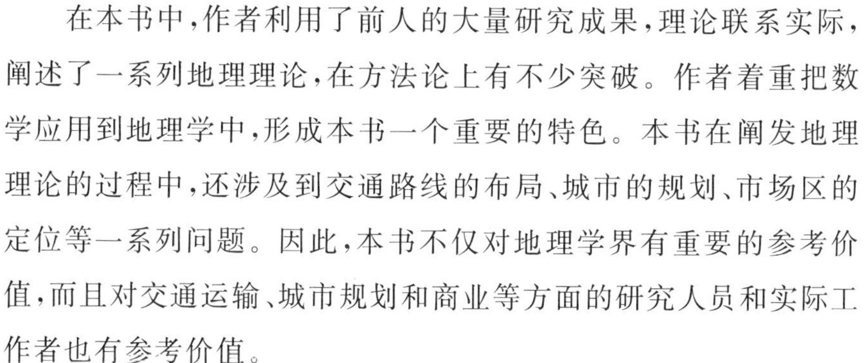

在本书中，作者利用了前人的大量研究成果，理论联系实际，阐述了一系列地理理论，在方法论上有不少突破。作者着重把数学应用到地理学中，形成本书一个重要的特色。本书在阐发地理理论的过程中，还涉及到交通路线的布局、城市的规划、市场区的定位等一系列问题。因此，本书不仅对地理学界有重要的参考价值，而且对交通运输、城市规划和商业等方面的研究人员和实际工作者也有参考价值。

在本书的翻译过程中，商务印书馆的陈江同志曾给予大力的支持和热情的帮助；南京师范大学陆漱芬教授在百忙之中，认真审校了本书的第二章译稿；南京师范大学的程秉金和李伟同志绘制了本书全部的附图。对他们的支持，我们表示深切的谢意。

由于我们水平有限，译文如有不当之处，敬请读者不吝赐教。

译　者

1987.4.7 于南京

献　　给

沃尔特·克里斯塔勒

隆德地理研究出版社非常荣幸地把《普通地理和数学地理丛书》中的一本新书介绍给大家，它是美国韦恩州立大学威廉·邦奇客座教授的专著。出版者对邦奇博士愿意接受这一安排深表谢意。隆德大学地理系对本书中的地图负责。

编者　斯蒂格·诺德贝克

目　　录

谢　　启

本书简洁的书名《理论地理学》[①]包含着对理论地理学精练的理解，然而本书在很大程度上是探索性的，且是不完全的。四、五年前在我构思本书时，我本打算再花十年时间来准备。但是问题涉及的范围实在太广了，我越来越清楚地认识到，即使再多用几年时间亦于事无补。理论地理学的巨大的生命力对于地理学来说是令人鼓舞的，然而远非是从事这项工作的少数研究人员所能承担得了的。为此，我出版此书，恳求帮助。

这一课题的出现并非是最近四、五年的事，它似乎是地理学自然发展的一部分，它同时在不同地方独立的发展可以说明这一点，包括德国（沃尔特·克里斯塔勒）、奥克兰大学学院（莱斯利·柯里）、衣阿华州立大学（哈罗德·麦卡蒂、弗雷德·谢弗）、隆德大学（斯文·哥德隆德、托尔斯坦·哈格斯特兰和其他人）、西北大学（埃德温·托马斯）、宾夕法尼亚大学（威廉·沃恩茨）、华盛顿大学（布赖恩·贝里、迈克尔·达西、威廉·加里森、杜安·马布尔、理查德·莫里尔、约翰·奈斯图恩、赫尔曼·波特、沃尔多·托布勒

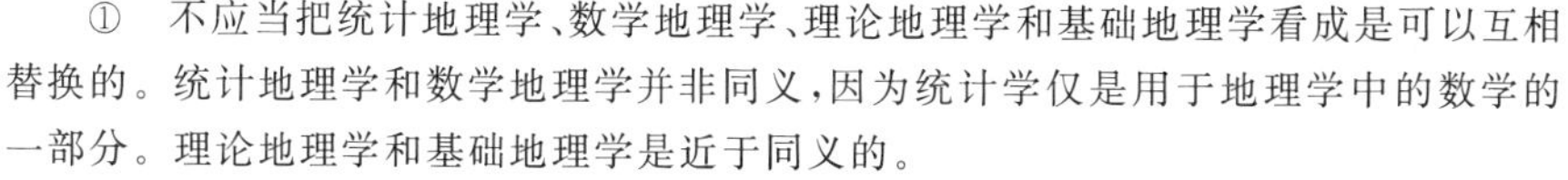

① 不应当把统计地理学、数学地理学、理论地理学和基础地理学看成是可以互相替换的。统计地理学和数学地理学并非同义，因为统计学仅是用于地理学中的数学的一部分。理论地理学和基础地理学是近于同义的。

和爱德华·厄尔曼)以及威斯康星大学(里德·布赖森、威廉·邦奇和迈克尔·泰茨)。在过去的岁月里,还有许多其他的地理工作者为这一方面的整个学术环境作出了贡献。

有一个人应冠他以理论地理学之父的称号,这就是沃尔特·克里斯塔勒博士。他对于空间思想的贡献始于25年之前。正如许多真正的天才一样,他的工作未给他本人带来任何私利。

本书的历史要追溯到与威斯康星大学气象系的里德·布赖森教授一起工作的日子。他使我接触数学,在长期作为他科研助手的工作中,他给了我宝贵的活动余地和准备这本书的勇气。后来,该大学动物学系的约翰·尼斯教授在科学的哲学方面给我辅导,这对他来讲肯定是一段痛苦的经历,因为我当时强烈地抵制他的指导。在这以后我受到该大学地理系阿瑟·鲁宾逊教授的激励,就是在听他的课的过程中,我的关于超制图学的想法开始形成。理查德·哈特向教授在方法论方面对我有巨大的影响,特别是讲解英伦诸岛的高级区域地理学中对我影响颇大。当时在我头脑中出现的关于均一区域的问题是最近才找到答案的。在那以后我转至华盛顿大学,在地理系的威廉·加里森教授指导下从事研究,他的影响是有决定性作用的。在他的启发下,本书中的各个概念联系到一起来了。在运输地理方面,很大程度上要归功于爱德华·厄尔曼教授的指导,他关于这一课题普遍性的想法,使他在我心中成为仅有克里斯塔勒才能与之相比的对基本理论作出贡献的人。

另外,华盛顿大学地理系系主任G.唐纳德·赫德森是一位严肃地鼓励并保护学术自由的人。在这种环境下,聚集了一批爱好理论并具有批判思想的人,如布赖恩·贝里、迈克尔·达西、威

廉·加里森、托尔斯坦·哈格斯特兰、杜安·马布尔、理查德·莫里尔、约翰·奈斯图恩、赫尔曼·波特、沃尔多·托布勒和爱德华·厄尔曼。本书第一稿就是在那种激励的气氛中写成的。

在获得了华盛顿大学授予我的学位之后，我有幸在衣阿华州立大学讲授本书的大部分内容，我开设的这门课导致了本书几乎所有章节的巨大变动。

各章的修改归功于不同的人。方法论这一章是在广泛的帮助下完成的。衣阿华州立大学哲学系古斯塔夫·伯格曼教授的帮助尤有价值，因为在谢弗的经典著作《地理学中的例外论——方法论的检验》写作过程中，他是弗雷德·谢弗教授的亲密朋友和学术伙伴。他的帮助确保了十分准确地阐明谢弗的见解。许多人提出了有益的批评，但尤为贴切的是华盛顿大学哲学系伦纳德·米勒教授和哥伦比亚特区华盛顿卡内基研究所的爱德华·阿克曼博士的评论。唐纳德·赫德森教授仔细校阅了初稿。这里要特别感谢现在西北大学任教的威廉·加里森教授，他对谢弗贡献的认识要早我多年，而且正是由于他对谢弗著作的热情，才使得本书第一章得以完成。

关于形状的度量的一章要归功于威斯康星大学数学系的罗伯特·巴克教授。威斯康星大学数学系的道格拉斯·查普曼教授和赫伯特·福里斯特教授对用于地理学的描述数学一章提出过有益的批评。威斯康星大学气象系的朱斯特·布辛格教授和西北大学地理系的赫尔曼·波特先生在阐明运动的一般理论这一章中提供了很大的帮助。布朗大学经济系的马丁·贝克曼教授帮助修改了有关中心地的那一章。威廉·加里森教授审阅了全书初稿的学术论旨。本书原是在他的指导下作为博士论文而撰写的。在整个编辑过程中,唐纳德·赫德森教授提出过许多有益的建议。约翰娜·科尔摩根小姐——多年来她帮助编辑《美国地理学家协会年鉴》——编辑了本书的定稿。

隆德大学地理系的斯蒂格·诺德贝克先生监制本书的印刷,并由伊利西夫·赫伯森小姐、萨罗尔托·索维恩夫人和雷兹索·拉斯兹罗先生作为他的助手。

我感谢所有的人,尤其是我的贤妻贝蒂,她坚定不移地支持我的工作。

威廉·邦奇

1962.7　于韦恩州立大学

序　言

本书以地理理论的性质为中心。第一章阐述抽象的方法论，探讨科学理论的性质及其在地理学中应用时的表现形式。在设法提供方法论答案的过程中，对科学的一般性质进行了探讨，因为科学的理论与科学的其他方面有着非常密切的联系。遵循这一解决理论地理学问题的总方法，在书中引用了大量的实例，这些实例在书中占了很大比重。解决地理学问题的基本途径是先假设地理学是一门严密的科学，然后检查这种假设所产生的实质性结果。如果这一说法最终能决定实际工作的价值，那么方法论的地位也就得以确认了。科学非常强调理论，因而科学的地理学也就与理论密切相关。这并非说唯有理论地理学才是科学的，因为描述的事实——真实世界——是科学界的基本尺度。本书之所以强调理论，是因为现在大量地理著作都是描述地理事实的，没有一本涉及理论。正是为了弥补科学平衡中的这一不足，本书才如此着重理论。强调理论的另一原因是作者本人系理论地理学者。

第一章阐述方法论并概述随之而来的所有实质性课题的创新方法。第二章——超制图学——从考查地图所能描绘的空间性质入手，讨论实质性课题。在设法找出地图在描绘空间性质方面的能力限度时，把它与其他能描绘空间的逻辑体系（尤其是数学）进行了对比。第三章讨论形状的度量，通过论证形状的空间性质可以转化成描述数学而把地图与数学联系起来。第四章论述应用于地理学的描述数学，强调数学可以机械地或者在透彻理解的基础上应用于地理学，并指出描述数学就处在邻接这个统一体的机械力学的范围。最后三章讨论非描述数学，即不断抽象化的数学。随着抽象数学的使用而创立的地理理论显示出其巨大的潜力。在第五章中，考察了源自各个领域的空间理论的逻辑空间相似性，这种逻辑空间相似性是爱德华·厄尔曼教授的《运输的作用和交互作用的基础》的拓展。然后在逻辑基础上对这些理论进行了分类。在第六章中，通过使用传统的科学二分法——实验和理论，来结束在实质性地理课题中表现出来的认识论上的例外论；这种科学二分法被用于克里斯塔勒的经典主题——中心地上。最后一章使用高度抽象的几何学，主要是拓扑学，来探讨邻近性问题，这也许是地理学的中心问题。

只有阅读全书才能充分理解方法论在本书中的地位，这不仅因为大量的内容是用来支持方法论的，而且因为大量的内容本身就是围绕着方法论这一中心的。一个有力的例证就是在第五章《关于运动的一般理论》中引进了支持理查德·哈特向教授批驳自然—人文二分法的证据。

从某些方面看，各章似乎没有联系，因而就产生了一个问题：这本书是否仅仅是在一个封面下的论文集？回答无疑是否定的。除第一章中作者对方法论的种种主张与以后各章中的大量证据之间有着强有力的联系外，尚有其他几条线贯穿全书。首先，本书的章次安排是从在地理学来说大家都比较熟悉的内容（地图）开始，然后是不甚熟悉的(用于地理学的统计学),再到几乎完全陌生的内容(用于地理学的数学,尤其是基础几何学)。其次,空间分析的抽象程度和深度逐章加深。最后,虽然有关方法论的大量内容放在第一章中,但是方法论的最新成就,即提供邻近性作为地理学中心问题的一种选择,直到最后才显示出它的全部含义。

对于不熟悉现代数学地理学文献资料和各项技能的地理学者来说,这本书的难度是很大的,因为本书是在假设读者具有大量知识的基础上写成的。作者希望所有的地理学者,不管他们的数学水平如何,都能从本书中获益。毫无疑问,非数学地理学者会发现这本书的文体简洁和技术性强,而数学地理学者却会认为本书的文体,尤其是论形状的度量一章的文体太不正规,而且纯粹是空谈。作者是试图兼顾两者的不同兴趣的。

第一章　地理学的方法论

这里有关方法论的讨论是试图把地理学和科学联系起来。讨论的范围不仅仅限于科学的理论，因为有必要建立理论和科学的其他方面的联系，尤其是理论和事实（描述）以及理论和逻辑（数学）之间的联系。第一节介绍科学的一般哲学，着重强调理论的地位。第二节讨论在把地理学作为一门科学考虑时所涉及的两个问题，这两个问题涉及地理学中描述的作用和地理现象的可预测性。第三节即最后一节中有相当一部分引用了谢弗的著作[①]，提出地理学的科学方法论，并概述了区域地理学和描述地理学、系统地理学和理论地理学以及制图地理学和数学地理学之间的关系。

为了正确地看待方法论，应当牢记某些基本的规则。本书中没有使用历史上支持或攻击方法论地位的论点。本书中之所以引用近期的而不是早期的地理学文献，是因为在这些近期的文献中包含着地理学所积累的智慧。另外，之所以不引用早期地理学文献，还因为由于最近事物的发展，那些伟人现在也许持有与过去不

① F. K. 谢弗：《地理学中的例外论——方法论的检验》，《美国地理学家协会年鉴》第43卷（1953），第226—249页。

同的看法。尽管近期的文献是有用的,然而对方法论地位的最终检验还是要看它能否产生出实质性成果。我们面临的一个严酷问题是"方法论能给地理学的研究带来丰硕的成果吗?"这一问题将在以后各章中部分地加以回答。

一、科学的一般哲学——理论的基本作用

把科学划分为三个要素是有益的,即:逻辑、可观察的事实及理论。逻辑包括数学,并与符号之间的关系有关。逻辑体系对于真实世界不作任何陈述。可观察事实的确定必须有助于使用,因为只有确切描述怎样进行观察,我们才能识别某一特定事实。理论是逻辑体系和可使用的确定事实的结合。理论是科学的心脏,因为科学的理论是打开现实中各种不解之谜的钥匙。理论的发现并非像哥伦布盲目发现美洲那样,而是需要伟大的智慧和创造性,就像一个人要发现一条走出迷宫的规则一样。理论是有预见能力的,实际上这也是对它的要求。如果某一理论不能预见,它就并未发现事物的规律。理论的产生是困难的,因为科学家必须把纯粹的数学逻辑符号和一批观察的事实成功地结合起来。

1. 理论必须达到的标准

为了有效起见,理论必须达到一定的标准,包括明晰性、简单性、普遍性和精确性。用数学形式来表达理论可获得明晰性,因为数学形式能确保明确无误,而且可以避免矛盾。语言有着逻辑结构而且能提供合理陈述的框架,然而,用语言表达的理论有可能是

不完整的，而且不能保证明晰性和避免矛盾。因此，力求明晰的科学最终不得不利用数学形式。正如理查森所说：

> 作为研究所有抽象的逻辑体系或抽象的数学科学及其具体解释或应用的优美的数学概念表现形式，确实证实了以下的说法是合理的，即：对于在寻求真理中形成的每一门学科来说，数学都是最基本的。事实上数学包括了在其中引入逻辑结构的所有学科。“使一门学科数学化并非意味着只是引入方程和公式，而是意味着把这门学科融合成整体，使其条件和假设得以被清楚地认识，其定义得以被正确地给出，其结论得以被严格并精确地作出。”①

凯梅尼从另一角度出发说明了这主要之点。他说：

> 是否所有的科学都能使用数学呢？
>
> 回答是肯定的。而且它们必须使用数学。
>
> 但是你也许会经常听到这样的说法：自然科学是属于数学范畴的，而社会科学是属于非数学范畴的。造成这一误解的原因是，人们把数学和数字连在一起了。当我确信在所有的社会科学中数字不久就会起着基本作用的同时，我还坚持认为所有的科学理论——数字的或非数字的——都属于数学的范畴，这一说法是以数学的性质及其与高等的逻辑的一致性为依据的。②

其他三个标准——简单性、普遍性和精确性是密切相关的。简单性是通过把变量减至最少而获得的；普遍性是通过把包含的信息范围扩大而产生；而精确性是通过全部细节来求得的。简单性和普遍性可能导致不精确性。事实上，没有一个理论精确无误地与观察的事实相符。永不满足于目前理论的简单性、普遍性和精确性就导致产生新的理论工程。然而，一种理论，不管其有什么

① M. 理查森：《数学的基本原理》，纽约，麦克米兰出版公司，1958，第481页。

② 约翰·凯梅尼：《一个哲学家看科学》，新泽西州普林斯顿，D. 范诺斯特兰出版公司，1959，第33页。

样的缺陷，在更好的理论出现之前是不会被抛弃的。

2. 似乎合理——一种虚假的理论标准

与许多人所持有的观点相反，理论的似乎合理或直观真实性不是判断一个理论的有效基础。这一常识性概念的抛弃对于现代科学和数学的加速发展产生了重大影响。弗兰克写道：

> ……建立我们赖以得出可观察的事实并赖以应用观察到的事实的原理，就是我们今天称为“科学”的东西，“科学”对于这些原理是否是似乎合理并无多大兴趣。[①]

这一概念难以掌握，因为它和我们的日常经历相矛盾。如果我们去检查理论的其他一些特性，这一点也许就比较容易把握了。处理单一现象的各种理论如果都与可观察的世界相符，则可以在科学中同时存在，谁也不会去问这几个理论中哪一个更加似乎合理一些。

理论上的似乎合理——直观真实——方面的困难曾使凯特陷于困境。他曾断言人生下来就有某种辨别真实和非真实的能力，他把他断言的欧几里得几何学的无可辩驳和唯一真实性作为他的主要例子。尽管凯特关于似乎合理的观点被抛弃了，但这一概念仍在游荡。似乎合理这个名词与熟悉性同义，因为一些标准在各代人之间是变化的。牛顿的理论在我们这个时代被认为是真实的和似乎合理的，但在他那个时代，则被认为是不真实和难以置信的。

① 菲利普·弗兰克：《科学的哲学》，新泽西州，普伦蒂斯出版公司，1957，第13页。

关于似乎合理这一论断的根本实用主义的问题是:“科学家们能指望成功地借用最初在其他知识领域中发明的理论吗?”尽管看起来难以置信,但回答是肯定的。观察到的事实是,一旦理论产生了,它常常可以用于各种领域。在这一意义上说,存在着知识的统一性。为了说明这一论断的本质,下面提供一些运用于地理学的例子。

考虑一下恩克的论文《空间分隔市场之间的平衡——电模拟解》[①],我们能期望如他坚持的电像空间经济体系一样运转吗?回答是肯定的,因为已经发现作为基础的数学可用转换来表示上述两个不同主题中仔细选择出来的某些方面。理论借用的第二个例子,可以从贝克曼的《运输连续模型》[②]中获得。这一做法是受到水动力学启示的结果。我们能期望水像空间经济体系一样运行吗?当然也能。同样,数学可以适应两组现象的特点。如果社会科学家因为大量借用数学以及原先用于其他领域的理论而感到有点被动的话,他们可以从“存在着知识交叉”这一认识中获得安慰。规划是首先用于社会科学的,但现在被用于电网的设计。

原先在某一领域形成的理论在用于另一领域时通常要加以修改。例如,在《公路上的震动波》[③]一文中,理查兹大大偏离了直接给他以启示的牛顿理论。他删除了质量的概念,而把速度确定为

---

① 斯蒂芬·恩克:《空间分隔市场之间的平衡——电模拟解》,《计量经济》第19卷(1951),第40—47页。

② 马丁·贝克曼:《运输连续模型》,《计量经济》第20卷(1952),第643—660页。

③ 保罗·理查兹:《公路上的震动波》,《美国操作研究协会学报》第4卷第1期(1956),第42—51页。

与密度成反比，即公路上的车辆越多，它们移动就越慢。尽管作了如此重大的变更，科学家还是很容易想象出新理论是带有原先理论的面貌，甚至想象到在新理论中连原先理论的用词都保留了。实际上，在这样做的过程中，他试图把一个理论中含蓄抽象的逻辑与另一理论联系起来，如果他相信它们的真实性是相似的话。在理论的建立中这是合理的。那些拒绝毫不借用其他领域理论的研究人员就使自己处于不幸的不利地位。只有那些世界上最有才智的人才能发现建立理论的崭新途径。甚至可以论证模拟理论是优秀的，因为它们简化我们的知识，因此我们应当有意识地去寻求。[①] 但这并不是允许研究人员通过用词语表达的模拟来进行松散的论证。当然，理论最终必须把可观察的事实和数学严密地融合起来，使得理论充分明确，从而可以检验。理论必须受客观事实的检验从而确定其价值。

科学的理论是科学的心脏，它是概念和理解之间的互换。科学家们寻求与可观察世界相适应的并且使用方便的归纳，任何“似乎合理”的概念都是形而上学的。

二、把地理学作为一门科学考虑时涉及的两个问题

方法论的分析集中于地理学和科学之间关系的问题。对于美

① 莫里斯·科恩和恩奈斯特·内格尔：《逻辑和科学方法入门》，纽约，布雷斯出版公司，1934，第221—222页。

国地理学家把地理学的主题限于地球的表面[①]以及与人文意义有关的各种现象并无争论。这种一致的看法直接给地理学提供了广泛的一致性。这里要讨论的是如何对待这一学科。

在把地理学作为一门科学的处理过程中存在两个特别麻烦的问题。第一个问题关系到地理学中描述的作用,第二个问题与地理现象的可预测性有关。

1. 描述在地理学中的作用

在地理界经常提出的有关方法论的一个问题涉及到描述的作用。这一问题以两种形式出现,一是描述是科学的吗?二是描述是地理学所独具的吗?

有些人认为描述是非科学的。[②] 这种看法不能成立。在我们的周围有无限多的事实,对它们的任何描述都是具有高度选择性的。选择可以随意进行,可是地理学家总是寻求那些他们判断为具有意义的事实,这种意义只有在和其他某种现象发生关系时才能判断出来。这种关系的建立就意味着理论的形成。地理界中的所谓"纯描述家"并非是头脑空空地进入世界的,他们具有对某一地区的感受以及良好的空间直觉。这就是说,他们掌握理论,尽管他们的理论也许是模糊不清的而且可能是下意识的。在描述过程

① 如果把地球的表面称之为"整个地球减去其内部部分"虽很简洁,也许是太学究气了。考虑到空间时代以及钻探者向地壳进行的可能的深入,上述说法可以修正为"可以为人类直接利用的宇宙部分。"

② F. 勒克曼:《关于更加地理化的经济地理学》,《职业地理学家》第10卷第4期(1958),第2—10页。

中，他们的理论愈益明确和成为严密的理论，这是唯一途径。从本质上说，描述是科学的。

然而，在那些对描述感兴趣和对“科学”感兴趣的人之间确实存在着工作上的差异。前者考虑分类方案，把一部分精力放在隐理论（implict theory）上，更多的是致力于编纂资料，完成分类。他们的工作是重复的，当然他们在分类中将发现正如他们所寻求的各种类别。他们期望总有一天会有人发现他们的成果非常有价值。相反，“科学家”集中精力于概念和想象。令人啼笑皆非的是他们对统计、对理解《世界年鉴》的意义上，兴趣远远不如“描述人员”。然而，“科学家”大量使用数学——常常是高度抽象的数学——作为他们理论的框架。他们想象多而重复少。

勒克曼和其他人感到地理学是一种独具一格的描述，认为在地理学研究中应给描述以一个重要的地位。他写道：

> 一种更为地理性的经济地理学从观察开始，把资料记录在地图上。地理学的研究从这样安排和程序的地理现象和有关现象的描述开始。……这种描述把地理过程的调查作为其最终的研究，这样定义的地理学研究将规定大概的方法以及分析方法。地理学中理论的形成以及模式的建立仅仅服务于探索的终点，把经验性的观测调查推进一步。①

与其他科学一样，地理学中也存在着逻辑、理论和事实（描述）连续的相互作用，很难把它们分开。由于存在着这种不可分割性，声称其中一种（在这里为描述）比其他两种“更加地理化”是荒唐的。所有这些都是地理化的。地理学的问题，与任何其他科学中的问题一样，在于努力找到更加经济的整理我们所感受到的事实

① F. 勒克曼：《关于更加地理化的经济地理学》，第 9—10 页。

的途径。在这种不断寻求效率的过程中,我们必须问:“难关在哪里?”我们可以毫不迟疑地回答:“难关在于理论的建立。”关于这点,贝里说道:

> ……“地理学的研究从这样安排和程序的地理现象和有关现象的描述开始”,这种说法正确吗?这是在地理学方法论的评论中频频出现的共同观点。应当问一问对描述不断的强调是否正确。正如泽特伯格所说,“探索解释就是探索理论。”……观察必须借助于预感或假设来进行,而假设需要经受现实的检验,借助于问题定向来检验,而不是借助于报表来检验。①

2. 地理现象的可预测性

可预测性问题是一个关键问题,因为它是所有理论的基本假设。地理现象的可预测性又取决于对以下问题的答案:地理现象是独特的还是一般的?如果它们是独特的,则不能预测,而且理论无法建立;如果它们是一般的,则可以预测,而且理论可以建立。这一问题的解释可以从科学的哲学中获得。科学假定现象是一般的,不是独特的。一种现象究竟是一般的还是独特的,可以认为是看法问题,或者认为是现象本身固有性质的问题。

(1) 作为某种看法的独特性

假设我们是极其敏锐的观察者,那么在我们仔细观察任何两个事物的时候,我们会发现它们是完全不同的,因为我们会发现所

---

① 布赖恩·贝里:《再评关于“地理性和经济性”经济地理学》,《职业地理学家》第11卷第1期,第一部分(1959),第12页。

调查的每个性质都是不同的。假设我们考虑两块白色的岩石，它们的颜色是否相同呢？当然不同。那么把它们都说成是白色的就是一种错误。当然，如果我们仔细观察所有的岩石，我们会发现没有两种岩石的颜色是完全相同的。这样，为了精确起见，每种岩石的颜色都需要一个专门的识别名称。然而，我们不是去为宇宙中每种岩石的颜色去发明新的名称，而是使用现有的名称来说明我们所指的岩石，这样可以省去大量的工作。同样的推理适用于岩石的概念。没有两种岩石是相同的，那么为了精确起见，我们就不应当用“岩石”一词，而应当为每种岩石发明专用的名称。由于承认没有两个物体是完全相同的，我们就得最终抛弃我们的语言，并且宣称：“事物就是如此这般。”因此，根据独特性原则，就没有一样东西是可以描述的，更不用说去解释或预测了。

这一推理链导致一个也许会使大部分读者深感不快、从而想从中寻找错误的结论。但是这一推理是人类伟大智慧的成就之一。伯格森写道：

> ……如果把从所有可能的角度拍摄的某一城镇所有照片使其无限地互相完善，它们永远也不会与我们在其中散步的具体城镇相同。如果为了极其忠实地表达所译的一首诗的形象，而把一首诗译成所有可能的语言，且把所有译文的各种意思差别相加，并通过互相修饰的方法来互相校正，这些译文也将永远不可能成功地再现原文的内在含义。从某一个角度进行的描述，用某些符号进行的翻译，与从那一角度观察的物体相比或与这些符号寻求表示的东西相比，总是不完善的。但是，绝对的事物——在这里是物体而不是对它的描述，是原文而不是其译文——之所以是完善的，正因为它是什么就完全是什么。①

① 亨利·伯格森：《玄学入门》，纽约，自由艺术出版社，1950，第22—23页。

这就是独特性的教义，它始终如一，符合逻辑，然而是不科学的。

科学和独特性的教义正好相反。科学愿意牺牲根据独特性观点可以得到的极端精确性，而去获取概括的效率。因此，科学愿意接受“白色岩石”这样的分类。科学是令人愉快的，因为科学假设通过创造性的努力，会不断变得更为全面、更为接近精确，当然，科学也认识到它永远不可能完全精确。由于不精确性总是可以减少的，所以科学不把目前存在的这些不精确性归咎于独特性，而是归咎于技术发展水平。

（2）作为事物固有性质的独特性

哈特向近年来写了一本书，是论述作为事物固有性质的独特性的。他的陈述如此清楚和透彻，因此有必要主要引用他的论点，想必这些论点对他来说不是奇怪的。

哈特向混淆了独特（unique）和个体（individual case）。个体隐含着的是普遍性而不是独特性。例如，假设有一个解释岛屿存在的理论。只有一个曼哈顿岛，然而，如果曼哈顿岛与岛屿的理论相符，那么它和其他岛屿的不同之处仅仅是不同变量在特殊的量中的组合。曼哈顿岛是一个个别事例，其他岛屿也是如此，然而该理论仍然是适用的。因此，如果定义得当，个体并不与普遍相对抗。然而，哈特向写道：“如果我们更简单地讲普遍的研究而不是个体的研究，那么理解起来就容易了。”[①]

---

① 哈特向：《地理学性质的透视》，芝加哥，兰德·麦克纳利出版公司，1959，第149页。参见商务印书馆1981年版中译本第147页。

哈特向显然认为"每一事例都是独特的"，这似乎与他有关普遍性的陈述相抵触。也许他是说在任何事件都不能精确预测这个意义上，每一事例是部分地独特、部分地普遍。如果这是他的意思所在，那就不存在不同的看法。但是他所写的并非如此。他写道：

> 从字面上讲，"普遍"（nomothetic）和"独特"（idiographic）相反，"普遍"指的是寻求一般法则，而"独特"是指某一个体的彻底研究，但我同意阿克曼的说法，即任何普遍的概念，不管它是否最终导致科学法则，都应该认为是与"独特的"个体的彻底研究相反。在翻译"独特"这一术语时（注意不要与"ideaographic"〈象形的〉相混），我发现，"独特事例"的研究虽然在每一事例都是独特的这一意义上来说是正确的，但可能会引起误解，即，这一情况是"罕见的"或"异常的"。①

哈特向在这一点上所持的异议是基本的，而且，独特与单个（singular）一样，意味着罕见和异常。

他还认为独特性和普遍性的特点是存在于事物内部的固有特点，这些特点有助于说明建立地理理论的成功或失败。哈特向写道：

> 地理学是人们花费了比较大量精力来研究单个的事例而不是建立科学法则的一个知识领域，这一事实在半个多世纪中一直是我们中间的评论家所关心的。在作出"剧烈的变化是有规则的"这一结论之前，也许应该考虑一下，在什么程度上它是我们这门学科性质的必然结果。②

这一看法是不完善的，因为它会导致我们用以下的方法来区分独特和普遍：如果我们已经能建立包括一些现象的理论，则这些

① 哈特向：《地理学性质的透视》，第 149 页。商务印书馆 1981 年中译本第 147—148 页。

② 同前书，第 149 页，中译本第 148 页。

现象是普遍的;但是如果我们尚不能建立理论,则原因在于这些现象是独特的。既然独特的现象不能解释,那么试图去发展普遍性就毫无意义了。这样,在我们去尝试之前就已失败了。

谢弗对于独特性的问题有着深刻的理解。他写道:

> 系统地理学家在研究有限的现象分类之间的空间关系过程中,通过抽象过程得到代表理想情况或模拟情况的法则,这些情况只是在下面的意义上是人为的,即在每种情况下,只有相对少的因素有着因果关系。事实上,没有一条这样的法则甚至一批法则能完全适合任何一个具体情况。在这一无可争议的意义上,每一个区域的确是独特的。然而这一点对地理学来说并没有什么特别的意义。①

他还写道:

> 正如马克斯·韦伯所指出的,关于独特性争议的主要困难在于独特性太多了。在外形、颜色和化学成分等等所有的细节上,是否有两块岩石完全相同?然而,伽利略的自由落体法则对它们都是成立的。同样,虽然我们目前的心理学知识是有限的,然而,似乎可以肯定地说,不会有两个教师对所有考试都给出同样的分数,能不能因此说我们的心理学家到目前为止连一条法则都未发现?所有这些只不过是程度问题。②

谢弗明确指出了独特性论点中的软弱无力之处。在假设了独特性的地位之后,他作出了必要的结论,他写道:

> 但是,独特性并无法则可言;那么寻找历史法则或地理法则或测预就是徒劳无益的了。③

哈特向引用了几个证据来支持独特性的地位。这是必须回答

---

① 谢弗:《地理学中的例外论——方法论的检验》,第 230 页。

② 同前书,第 238 页。

③ 同前书,第 236 页。

的。首先，他声称地理学处于不利的地位，因为它常常面临有限的事例。[①] 要解决这一问题尽管不易，但这一问题的解决在于产生更普遍的理论，从而得出更多的事例。在牛顿之前，没有人认识到苹果的下落和月球的运动是类似的事例。

哈特向还论证说：

> 在研究地理学中现象的综合体时，即使只限于那些自然现象，我们会涉及到那些非常复杂的情况，但我们必须尽力进行观察。[②]

至于复杂性，所发生的现象在发现其规则之前总是显得复杂的。牛顿在发现天体规则时证明了这一点。另一方面，缺少实验室的控制是实验设计中的问题。没有一个实验室的实验是完全控制的。无控制因素的影响是通过随机化来消除的。[③] 变量愈大，抽样就愈大，这是在实验室内外都适用的原则。在实验室内有可能减少变量，这样就可减小抽样规模，这本身可以降低实验费用。因此，实验室和非实验室实验之间的差别就是费用的差别了。

哈特向继续根据直觉来推测人类活动的预报会在哪儿失败，他写道：

> 在必须说明特定的人的动机和由此动机而产生的决定时，利用科学原则对人文地理学中的任何问题的解释都不会完整。[④]

许多地理学家常常拿他们的生命打赌说，当他们在由于红灯而停下的汽车司机前面穿越马路时，他们能预言一些特定人的决

---

① 哈特向：《地理学性质的透视》，第149—150页，中译本参见第149页。

② 同前书，第151页，中译本参见第150页。

③ 费希尔爵士：《品茶太太的数学》，詹姆斯·纽曼编辑，载《数学世界》(纽约西蒙-舒斯特出版公司，1956)第3卷，第1512—1521页。

④ 哈特向：《地理学性质的透视》，第156页，中译本参见第155页。

定。心理学家和社会学家在个人行为和小群体行为研究方面所取得的巨大进展驳斥了哈特向的断言。

他的也许是最有揭示性的说法是：

> 这样，为了用科学的因果法则来充分解释任何一个人的一个决定，我们需要知道所有的因素，包括他的生物遗传以及从婴孩时起铸造了他的性格的一切影响——这些需要掌握的资料比我们希望获得的还要多得多。[①]

但是，很久以来科学就没有自命它能“充分解释”。如前所述，科学并不追求完全的精确，而是为了普遍性而妥善处理其精确性。任何为了充分解释的努力不得不考虑独特事件，而绝对精确性则需要无限的、因而不可能做到的细节的“概括”。

这样，哈特向对于地理学中普遍性的异议也就得到了回答。

有代表性的差别是在谢弗的著作中使用代表普遍性的术语“空间”(spatial)，而哈特向则使用代表独特性的术语“地点”(place)。“空间”与“地点”的争议是一般性与独特性地位争议的直接结果。对于我们能否产生出地理学法则，特别是关于人的行为法则方面，哈特向是持悲观态度的。谢弗大大帮助我们扫清了各种借口，免使我们不战自败。

(3) 独特性问题上折衷的不可能性

单独一个方法论不可能既包括独特性又包括普遍性。在这点上，考虑一下阿克曼试图调和这两者的地位是有启发性的。当阿克曼表示赞同理论地理学时，他赞同普遍性。他写道：

① 哈特向：《地理学性质的透视》，第155页，中译本参见第154页。

……抽象的两维分布性质的分析，应该能够利用其说明实际观察到的分布类型和空间关系的能力来提供理论框架。这时，这种理论框架也许和科学早期观察地球物理基质的定义一样重要。到目前为止，地理学还远没有注意到这一可能的理论框架。①

但同时，阿克曼又抱住作为独特性而考虑的区域主义的观点不放，这就使他处于他自己也承认的困境。他写道：

已经注意到，地理学家对他们自己提出的普遍性也并不满意。在他们试图扩展和完善他们的概念框架时，他们为各种困难所困扰。当地理学这门科学的工作到达其顶点，即当分析和描述使现实地球上的地区带有特征的因素—综合时，这些困难就最大了……

……在试图确定地理学中基本研究性质的研究人员面前，方法论显然是一个迷宫。这一领域中的普遍性概念的发展有助于地理真实性的理解，然而，地理学研究的终点仍然是对独特性的沉思。难怪这门学科是一门“艺术的”特征描述。把各异的实体结合起来的唯一可行的途径似乎是通过直观过程，因此在关键时刻，地理学所涉及的似乎是各异的实体。②

谢弗解决了区域地理学中的独特性和理论地理学中的普遍性之间不相容的困难。他写道：

……区域地理学像一个实验室，在这个实验室里，理论物理学家的种种概括必须接受应用和真理的检验。那么，可以公正地作出结论：区域地理学和系统地理学是地理学这个领域中互为补充的、不可分割的，而且同样是不可缺少的两个方面。③

换句话说，如果区域地理学与普遍事实而不是独特的事实有

① 爱德华·阿克曼：《作为基本研究学科的地理学》，芝加哥大学地理系论文第53号(1958)第28页。

② 爱德华·阿克曼：《作为基本研究学科的地理学》，第15—16页。

③ 谢弗：《地理学中的例外论——方法论的检验》，第230页。

关，而系统地理学是与理论有关，那么阿克曼的困难也就消失了，因为高度的理论并不期望接近事实，尽管这两者是不可分割且互相补充的。只有完全抛弃独特性，地理学才能解决它的矛盾。

三、用于地理学的科学方法论的提出

根据本章前几节的讨论，可以提出用于地理学的科学方法论。这里所提出的方法论，概述了区域地理学和描述地理学、系统地理学和理论地理学、制图地理学和数学地理学之间的关系，在很大程度上要归功于谢弗。这一方法论是尝试性的，因为只有通过检验它是否有助于地理学的研究，才能确立它的价值。

1. 区域地理学[①]

地理区域可以是均质的、实验的、结节的或应用的区域。下面有关区域的讨论中有一共同点，即区域地理学与事实有关，而且这些事实是普遍的而不是独特的。

(1) 均质区域

均质区域是传统的地理区域。在这里建议把这些区域看成是

---

① 这一问题的讨论，由于地理学者已经深入研究了他们的概念而有些变得专门化了。为了清楚起见，有关区域的术语将使用德温特·惠特尔西《区域的概念和区域的方法》(《美国地理：资源与展望》，普雷斯顿·詹姆斯和克拉伦斯·琼斯编，纽约，锡拉丘兹大学出版社，1954)以及理查德·哈特向《地理学的性质：从过去看目前的批判研究》(宾夕法尼亚，兰开斯特，1939)中的术语。

分类系统中地区的划分。① 由于这种划分，与区域地理学有关的概念马上就变得清楚了，因为区域术语可以转换成分类术语。事实上，在这当中有完全的同型性。“单一特征区域”是根据一种“区分特征”划分的区域类型。“多特征区域”是根据两个或两个以上的区分特征而划分的区域类型。综合(compage)结构是根据许多——但显然是有限的——区分特征而划分的区域类型。当然，随着根据每一区分特征而划分的类型数的增加以及/或区分特征数的增加，最终的类型总数会迅速增加，因而在地球表面上实际并不存在的由各种特征特定组合的地区类型(均质区域)也有增加的可能性。一般说来，各区域之间或多或少地(而不是独特地)存在着差异。

为了作进一步的考虑，请看下图，即一个单一特征区域可以根据降水这个单一区分特征而作出的地区划分。

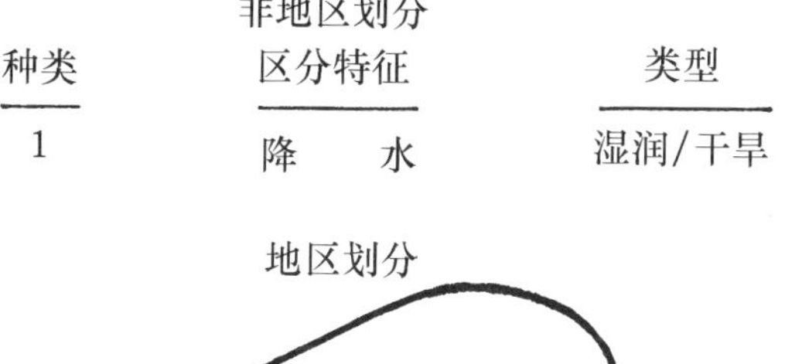

非地区划分

种类	区分特征	类型
1	降　水	湿润/干旱

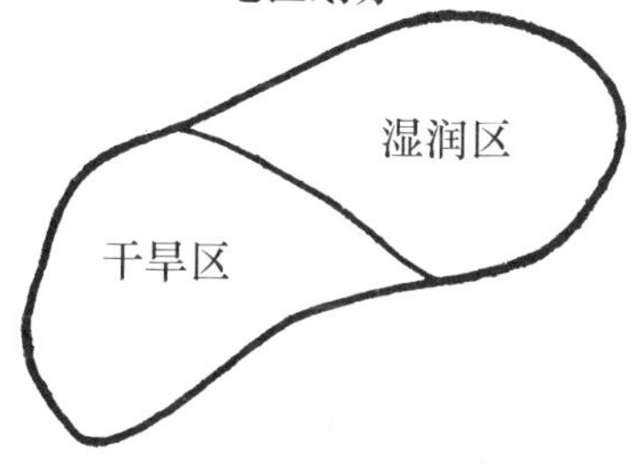

图 1.1　非地区性和地区性的单一特征区域

① 关于这里使用的大部分分类术语的定义和一般分类问题的更为详细的论述，请参见马林·克莱因的《土壤分类的基本原则》，《土壤科学》，第 67 卷(1949)，第 81—91 页。

下面是根据两个特征——降水和公民收入——而划分的多特征区域：

非地区划分

种类	区分特征	类型	
1	降　水	湿润	干旱
2	公民收入	富裕/贫困	富裕/贫困

地区划分

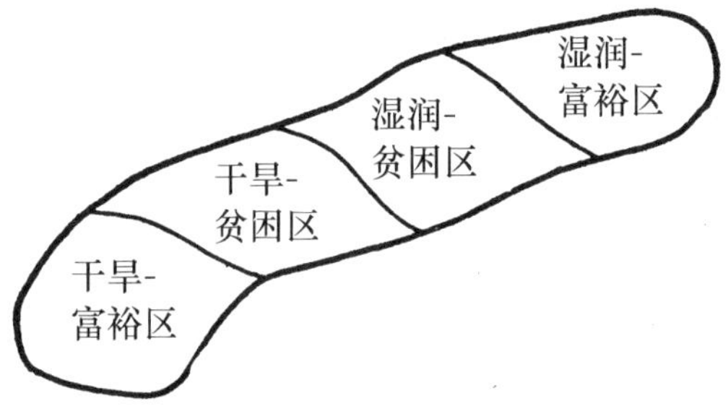

图 1.2　非地区性和地区性的多特征区域

地区性和非地区性划分的差别在于区位范畴的明确与否，因此，这里的单一特征区域不仅仅有单一的降水区分特征，还有第二个区分特征：区位。下面是正确的区分：

地区划分

种类	区分特征	类型	
1	区　位	岛的北半部	岛的南半部
2	降　水	湿润/干旱	湿润/干旱

图 1.3　正确表示的单一特征区域

只用区位这一区分特征是可能的，但是如果以此来划分地球表面，结果只能称作“地区”(area)，而不能称作“区域”(region)。区域似乎需要根据更多的因素而不单纯是根据区位来划定。就区位范畴来说，明显的类型表示方法就是地图本身所划定的地区。

难怪地图对均质区域地理学来说是如此重要！

在所有的分类系统中，分类是用于“个体”的。均质区域地理学中的个体是“地点”(place)。地点不单纯是区位，不单纯是经度和纬度。事实上，仅仅用区位来标明的个体也许应称为“点”(point)而不是“地点”。正如在其他分类中一样，最终类型(区域)中的个体(地点)显示出所有的区分特征。例如，在湿润/富裕/岛的东北端这一多特征区域中的地点有着以下的属性：位于岛的东北端，湿润，住着富有的人。作为推论，“区域的核心”可以解释为模态的或典型的个体和与其极其相似的地点。另外，在非地区性分类体系中，分类运用的所有个体的集合叫做“总体”。在均质区域中，总体可以看成是地球的表面，并用地图来表示。

有趣的是，并不是非用面来集合成点不可，点也可以集合成线，但这是一条分类的死胡同，因为地球表面包含着无限多的线，因此没有一个以线为基础的区域分类系统能在有限的时间内完成。地点可以用其他的方法来集合，例如，在三维空间中把时间用作为第三个变量来集合地点是合适的。

如上所述，某一特定类型中“模态的个体”就是典型的个体，其他个体以它为依据来判别以便确立类型的差异。关于区位范畴中某一类型模态的个体的概念是非常有趣的。假设一个区位类型的模态的个体给定为点或近似于点的小地区，例如，唐宁街 10 号。这样，如果“唐宁街 10 号地区”所包括的面积越大，它从位置上来说也就越不精确。这种随着获得普遍性而增加的不精确性对于任何类型的分类都是存在的，即类型空间差别增大，精确性减小。但我们要注意到，如果“唐宁街 10 号地区”的形状是圆形的，则“唐宁街10号地区”这一讲法的精确性就会提高。从技术上来说，在地区大小给定的情况下，圆是对于其平均点（圆心）偏差最小的形状。但是，模态的个体不一定都看成是点。例如，我们可以讲泰晤士地区。这时，就有由一条线上的点所组成的无穷多的模态的个体。从位置来说，与那条线最一致的地区是其边缘大致与该线平行、形状狭窄的地区。也就是说，为了保持位置的一致性（变异小），不允许地区上有太大的变化。地区必须狭小。在一个地区内模态的个体的区位可以是集合成一个地区的无限多的模态的个体，例如伦敦盆地。由模态的个体组成的地区甚至可以有不常见的几何形状，比如“在第5英里和第10英里之间环绕伦敦的结构圈”。在任何情况下，一个地区不可能有着犬牙交错的边缘而又不减小其位置的一致性，即又不与区位的模态的个体大大偏离。

同样的推理适用于地区的邻接。例如，根据柯本的观点，在世界上有5个地中海气候区。这些区从未看成是一个不连续的区。从类型上说，它们在除位置之外的各个方面都是相似的。一般说来，在地球表面上，所有地区的类型都不相同，因为它们的位置类型各不相同，因此，所有的区域尽管不是独特的，但多少有些不同。邻接的性质不是绝对的。例如，如果一条公路把一片森林分开，这片森林并无必要用两个不同的区域来表示。这是一个在不邻接中有多大位置误差（偏差）的问题。因此，在构成均质区域中使用的地区，趋向于在形状上大致的邻接，而且范围较小。

对区域概念的另一理解，是通过使一个区域体系的“比例尺”和区位范畴中类型（地区）数的相等来获得的。类型越多，精确度就越大，但普遍性就越小。

应当指出，完全没有必要借助于独特性的教义。橙色和红色不是独特的，它们都有着共同的作为颜色来区分的特点，而且，如果把其中任何一种的类型的空间范围扩大，它们就可以互相包括。同样，在区位的范畴中，英格兰和苏格兰都是类型。它们都是地球表面的区域，在比较小的比例尺上，这两个区域可以放在不列颠群岛这一共同的区域类型中。

在不是特别考虑区位类型而是更普遍地考虑区分特征时，一种“地理学因素”可以转换成单一的区分特征。和所有有效的区分特征一样，“因素”对于分类“目标”必须是重要的，这一点对任何分类体系都适用。地理学中区划的目标包含着把地球表面的一般划分成为具有人文意义的地区类型的各种变化。另外，一个有效的区分特征有许多“辅助特征”。辅助特征是与原来的区分特征密切相关的其他重要特征。例如，年平均降水量已经证明是一个极好的因素，它对于区划的目标是重要的，因为降水有着巨大的人文意义，并且从地区上说，它与其他重要的地球特征密切相关，比如农业的类型、植被等等。为了决定什么因素具有人文意义，理解非空间过程是绝对必要的，因为不理解这一点就不可能确定什么因素对人类有着重要的影响。对非空间过程的理解还可以使地理学家能在取之不尽的特征中选择那些很有可能在地区上互相密切相关的特征，从而确定辅助特征。因此，理解非空间过程对于建立有效分类是必要的。另一方面，其最终目的不是为了确定高级的地区分类（均质区域）而是为了其本身而进行的非空间过程的研究，就会超出地理学的范围。例如，在降水丰富的条件下玉米茁壮生长这一过程中没有空间的东西，在确实破坏的住宅和高犯罪率的互

相作用过程中亦无空间的东西。农艺学家和犯罪学家要比地理学家具有更多的知识来处理这些过程。因此，通过假设均质区域是区划的一个问题，就有可能清楚地回答系统科学与地理学之间的关系问题。

传统的系统地理学试图确立一小组区分特征（因素）的意义及这些区分特征与其他区分特征之间在地区上的关系，而均质区域地理学研究的是某一特定地区的许多区分特点。两种方法都是很自然的，而且两者都把建立地区分类（均质区域）作为目标。

用地带作为区域边界的可能性随之消失。边界必须是线，不能是地带，不管地球表面区分特征的地区过渡是多么缓慢。例如，在任何给定的分类系统中，红色、橙色、黄色的类型明显不同，虽然这三种颜色实际上是逐渐互相掺杂的。在各类型中物体的地位坚持通过类型的定义而使其截然区别。和其他分类一样，凡在数据中自然要素急剧变化的地方，比如水陆之间的边界，使用这些自然要素的突变时可使分类更为满意。

现在，让我们转到讨论“作为具体单位客体的区域”这一概念上来。不管使用什么区分特征，为了产生出同样的地区分类，在所有人文意义的现象之间必须存在着一种完美的地区相关性。这一条件在地球表面无法满足。为了使区域保持“具体单位客体”这一概念，我们可以（尽管是荒唐的）坚持认为某一任意的地区分类法是神圣的，而且永远不变。

必须注意的是，没有区分出的特征绝不能包含在分类系统中。例如，在地球表面到处存在的重力，从不被看成是地理学中的一个因素（区分特征）。另一方面，在同一分类系统中考虑差异巨大的客体时，比如植物和动物，它们常常被分成“界”(kingdom)。这似乎解释了在均质区域体系中为什么习惯上不考虑海洋地区或陆地地区。在分类中它们通常作为不同的界来处理。

我们把作为地区类型的均质区域的大部分技术性讨论留待《描述数学》一章中进行，然而，在这里必须进行一些统计问题基本概念的技术性讨论，因为它们在方法论上有着重要的意义。任何有效分类的技术性问题是通过各类型内的差异(一致性或差异性)使所划分的类型之间的差异(异质性或差异性)达到最大。从技术上说，这个问题就是使 F 最大的问题。在地理学中，这个问题就是在地图上移动界线使得区域内一致而区域间不同。地图上最佳界限位置的统计技术问题尚有待解决。对于熟悉技术问题的人来说，非常清楚的是如果给定类型，那么在各种实际情况下只存在一组“最佳”区域界限，而且这组界限将与在地球表面上所能找到的界限相符合，即他们将找出的是表面存在着迅速变化的地区。

区域的“等级”(hierarchy)可以解释成与区域间的异质性(差异性)相比的区域内的一致性(差异性)剧烈变化的一组区域。关于这一点的技术性讨论，到《描述数学》一章再进行；然而，为了清楚起见，这里先举一例。如果将不列颠群岛分成三个区域，区域内的一致性(差异性)与区域间的异质性(差异性)之比则为某一量。在区域数增加时，这一比值就变大，因为作为分子的区域间的异质性增加，而作为分母的区域内的异质性减小。如果在这一比值中存在突变，比如说当区域数为 7 时，这一突变就可以看成是区域中“等级”的变化。如果 3 个区域与 6 个区域的作用差不多相同，根据简单性这一科学原则，只应该用 3 个区域，而不是 4 个、5 个或

6 个区域。然而，对于大大增加精确性来说，使用 7 个区域是有意义的。这样，3 个区域和 7 个区域就形成了等级中的阶梯。增加区域数能否确实产生自然的等级突变是实验的课题。当然，如果发现在世界各地存在着相同数目的等级阶梯，那就真会令人吃惊了。因此，惠特尔西[①]关于区域等级中的地点，区、省和国土的概念是含糊不清的。另外，这里所讲的标准也不能保证上例中 3 个区域的界限和 7 个较小区域的界限在什么地方相重合，不过我们可望它们在某种程度上相邻近。

现在可以考虑与区位范畴各类型有关的另一个重要细节。在讨论位置和降水的那个例子中，选择了显而易见的区位范畴和模态的个体。这些类型被称做“岛的北半部”和“岛的南半部”，这种说法就好像是在区划的第一步中就选择出了的名称。区位范畴中模态的个体的一个更加令人满意的确定方法是允许这些类型不定名。就是说，处理均质区域的地理学家应牢记比例尺因素，这样，他就能划出比如 2 个或 3 个区域。出于他原来的知识，他也许有一些可能区位类型的概念，但是在他同时考虑所有的区分特点（因素）从而划出的界线能使区域间的差异性最大，而区域内的相似性最大之前，不应使用那些类型名称。

不仅区位类型只应该“大概地事先确定”，所有的其他类型也只应该大概地确定。最终的包括区位的类型范围，应该同时确定，使得区域间的差异与区域内的差异之比为最大。所有的因素应该集合在一起。由于技术统计问题尚未解决，因此，必须依靠直观概

① 惠特尔西：《区域的概念和区域的方法》，第 47—51 页。

念来完成这样的集合。最终决定就是在地图上划出区域界限。

为了强调均质区域地理和分类系统之间的同一性，在下表中列出有关的相应术语：

区域术语	**分类术语**
均质区域	地区类型
区域体系	分类系统
单一特征区域	利用(不包括位置的)单一种类的分类
多特征区域	利用两种或两种以上种类的分类
综合区域	利用许多种类的分类
地点	个体
地球表面	地区分类的总体
地图	总体表示
地理学因素	区分特点
(建立区域体系的)目的	(分类体系的)目标
系统地理学	对特定种类的关注
区域地理学	对地区类型的关注
区域核心	模态的个体和与它极其类似的个体
区域界限	类型范围
比例尺	地区类型的数目
大陆和海洋	界的例子
一致性	小的地区变化
异质性	大的地区变化
地区划分	地区分类
区域等级	地区精确度突变的尺度

把均质区域和地区类型等同起来会降低均质区域地理学的价值吗？这项工作值得严肃关注吗？考虑一下地区分类学家面临的问题，也许就能最好地回答这些问题。首先有着是在《描述数学》一章中将提到并有待更充分处理的技术性统计问题。地理学家不

能奢望其他人来为他们解决这些问题，因为其他人并非总是关心地区分类问题的。第二是不断探索的问题。地球表面的地区分类还需要更多的资料。对地球的地域及水陆分布的探索远比对土壤的探索完善，更不用说居住条件、公民收入、年龄结构等等了。现在还有许多“黑暗大陆”。另外，迅速变化的特征，如河流三角洲及人口统计，需要不断地再探索。第三，与地区相关的重要现象（辅助特征）的认识尚有待提高。麦卡蒂和索尔兹伯里[①]的最新研究表明，正式的统计相关比通过观察确定的相关要精确得多。自然地理学的因素（区分特征）应当用新的统计技术来重新检查。文化因素更是有待于仔细地加以识别，并且文化因素的建立是极其需要通过地区相关性研究而确定辅助特征来实现的。

另外还应当指出，许多科学是从单纯的分类开始的。把均质区域地理学贬低为“纯粹”的分类就是贬低处于某一发展阶段的其他科学，并贬低像林奈[②]这样的科学天才。

把分类系统和区域地理学体系等同起来则产生与哈特向的经典著作《地理学的性质》[③]一书惊人的相似结果，《地理学的性质》是一本多年以对地理学内容的学术研究为基础的著作。唯一可以争议之处是独特性的概念。相似性可以通过以下的假设来说明，即地理学像其他科学一样，是作为分类科学开始的，而且地理学家

① 哈罗德·麦卡蒂和尼·索尔兹伯里：《作为确定空间分布现象之间相关性手段的等值线图的直观比较》，衣阿华州立大学地理系，序号 3(1961)。

② 卡尔·林奈(Carolus Linnaeus,1707—1778)，瑞典博物学家，动植物分类的创始人。——译者

③ 哈特向：《地理学性质的透视》，同前引。(《地理学的性质》与《地理学性质的透视》为两本书，前者出版于 1939 年，此处作者似有笔误——译者)

已经独立地重新发现了分类系统的全部逻辑，这是了不起的学术成就。

利用均质区域概念所要进行的大量的工作在本书中就略去不谈了，因为本书主要是讨论理论地理学。由于所有的地理学家对于各种例子都非常熟悉，所以本书缺乏这一类实例并非是严重缺陷。

（2）实验区域

这里的看法是：地理学除它传统的作为地球特征的分类作用之外，它还可以从采纳以下看法中得益，即：解释这些特征的空间理论应当包括在地理学领域之中。有关这一点的方法论的讨论与区域的讨论是极其相似的。“空间”这一术语在《距离、邻近性和几何学》一章中有比较完整的定义，这种方法论的巨大成果在本书的几章中都有描述，但在《关于运动的一般理论》一章中叙述尤为清楚。我们暂时假定空间理论在现代地理学中有一席之地，科学要求这些理论坚持受事实的检验。而且对实验科学来说有一条公理，即实验必须在最严格的条件下进行，以判断受检验理论的普遍性。例如，克里斯塔勒的理论必须在最大的全球范围内来检验，即在各不相同的区域内进行检验，而这一点却不幸地被忽略了。

理论科学发现，把其粗略地分成理论活动和实验活动会加快其进展。考虑一下实验区域学家给地理学带来的效率吧！实验区域的语言被掌握了，地区的位置框架随手可得，当地习惯一清二楚，政府机构、人员及各项规定一目了然，正如抽样、实验设计和其他的统计技巧这些标准的试验技术是现成的一样。另外，实验区域学家必须充分了解他所检验的空间理论，以便恰当地建立他自己的空间实验。这些技巧是如此重要，它们需要一些地理学家全力以赴地掌握。

在以后各章，特别是在《试验中心地和理论中心地》一章中将都含有相当多的实验区域内容。中心地的工作已经到了相当成熟的阶段，这样就可以把这一问题的讨论周到地分成实验（区域）和理论两部分。

（3）结节区域

结节区域的概念与克里斯塔勒有关中心地的著作相适应，但不具有明显的物理模拟。关于这一物理模拟的线索可以在贝克曼的《运输连续模型》[①]中找到。贝克曼指出：作了巨大修改的水动力学理论是怎样可以用到商业区、中心配置等问题上的。在物理模拟中，结节区域只不过是一个漩涡。因此，如果要包括水动力学的物理对应物，结节区域的定义就必须改变。例如结节区域并没有水动力学模型中的节点。

结节区域似乎是在把空间理论用于有关地球表面的事实中自动产生的，因此它大大不同于均质区域，因为均质区域的建立相对地取决于任意的目的。许多主要从事于结节区域工作的地理学家，即克里斯塔勒学说的后继者，把结节区域看成是应用他们的空间理论的副产品。结节区域确实似乎作为具体的单位客体而存在。

科学的保守主义的金科玉律坚持：在改变一个重要的概念之

① 贝克曼：《运输连续模型》，第643—660页。

前，必须对它的原则进行非常仔细的检查，而这种检查在这里很难完成。对科学的抛弃和改变就像对科学的接受一样缓慢。然而，用结节区域的性质来进行这种重新检查，特别是借助于看上去是有限的中心地的基础来进行这样的重新检查似乎是可行的。

(4) 应用区域

和其他科学家一样，地理学家也需要进行实际应用工作。凡有可能，最先进的技术都应当使用。如果把地理学看成是部分分类、部分理论的科学，那么这一混合科学就应当在区划中应用。地理学中的理论方法应当使用，因为一般地说，理论方法要优于分类方法。然而，实际情况是，对许多重要的地区事实尚无理论的解释，比如，大陆地块的大小和形状、人类种族的分布，以及铜矿的位置。如果纯理论学家试图在应用工作中摆脱分类地理学，那么，就会大大地削弱地理学工作。另一方面，地理学本身具有比一般人所认识到的要多得多的空间理论，这一论断在本书后文会得到证实。看来，空间理论知识需要找到其应用途径。

给出作为分类地理学和理论地理学混合科学的应用地理学的大量说明，超出了本书的范围。然而，作者最近完成了一项研究[①]，它就是有关应用地理学的。

正如本节开始时所述，所有关于区域地理学的讨论都与事实有关。这一讨论中另一重要的一致性是在方法论上公开抛弃了独

① 威廉·邦奇:《皮吉特海峡地区的经济基础:现在和未来》，华盛顿州，商业和经济开发署，奥林匹亚，1960。

特性的概念。另外，分类地理学和理论地理学的区分可以用来解释地理学本身存在的方法论上的混乱，这一混乱也许是由于从分类科学向分类理论科学的迅速发展而造成的。

2. 系统地理学

直至最近，系统地理学的各个分支除了产生地区分类（均质区域）这一重要的作用外，似乎尚无共同之处。为了得出有效的地区分类而必须掌握的、取自各种系统科学的各种方法各不相同，而且似乎使系统地理学家之间的距离更远。然而，现在可能设想通过它们共同的空间性质把系统地理学各分支拉在一起。哈特向在这一方向上已经作了努力，他坚持认为系统自然地理学和系统人文地理学的区分是人为且有害的。这就使地理学的方法论得以大大地简化。哈特向写道：

> 传统的机制上根据主题把地理学分成两半，即“自然的”和“人文的”；在每一半中又根据主要现象的相似性划分成不同的部分，这种做法的历史相对来说并不长，并且证明对地理学的目的来说是有害的……①

他的看法已为理论地理学最近的发展充分证实，厄尔曼把他的互补性、干预机会和可传递性等空间概念的杰出构思用于许多不同的问题，就是在这一方面最明显的一步。② 厄尔曼开拓性的

---

① 哈特向：《地理学性质的透视》，第 79 页。中译本参见第 80 页。

② 爱德华·厄尔曼：《运输的作用和交互作用的基础》，收入《人在改变地球表面中的作用》，小威廉·托马斯编，芝加哥大学出版社，1956，第 862—880 页。在这一文献中，厄尔曼把他的原理用于人文地理学，但在谈话中，他指出这些原理在地理学中的普遍性，包括自然地理学。

努力最近又被拓展了，并且适合于数学化，这一点将在《关于运动的一般理论》一章中讨论。加里森从分析公路中所获得的空间技术，使他在河流变律研究方面获得成果。[①] 达西过去主要是致力于人文地理学的，现在已写出了讨论河流的论文。[②] 这种空间的交叉转换对地理学来说并非是陌生的。格里菲思·泰勒借助于他的“地层带”概念，把地貌学原理用于都市发展。[③] 对地理学来说，陌生的东西是空间交叉转换在理论水平上的突然加速、并且在各个方面都正在出现的机会。例如，动物是根据中心地原理分布，而中心地的等级是动物食物链提供的吗？为什么厄尔曼关于外来河和区内河的概念不能使用于公路？[④] 在最平常的日常生活中可以找到许多这样的例子。耙理草坪的问题难道不是与城市布置的问题相似的吗？小落叶堆可以与小城市等同起来，大落叶堆和大城市等同起来，有落叶的地区和市场地区等同起来，等等。只有我们能以最佳的方式耙清我们的草地，我们才差不多能最佳地布置我们的城市。在描述的水平上，我们不能利用地貌地理学来描述总体表面或数学面吗？这些数学面也可以显示坡降、形式、局部地形等。在以下各章中我们引用了许多成功地把经济地理学、地貌学、人口地理学、气候学、聚落地理学和其他地理学交叉转换紧密连接

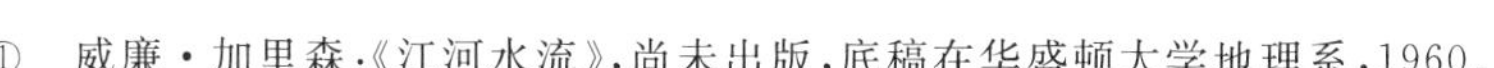

① 威廉·加里森:《江河水流》,尚未出版,底稿在华盛顿大学地理系,1960。

② 迈克尔·达西:《线型描述》,在芝加哥海洋研究局主办的地理学中的定量问题学术讨论会上的报告,芝加哥,1960 年 5 月 5—6 日。

③ 格里菲思·泰勒:《环境、村庄和城市:城市地理学的发生学方法,附可能性文献》,美国地理学家协会《年鉴》第 32 卷(1942),第 45—48 页。

④ 爱德华·厄尔曼:《连接区域的河流:哥伦比亚河—斯内克河实例》,《地理学评论》第 41 卷(1951),第 210—225 页。

起来的例子。然而，在所有系统地理学中，空间理论的基本统一点是如此苛刻，以致并非所有的证据都能全部服从它。这一点用口头语讲就是“迁移规则”。[1]

问题是能否找到一条可以预测公路、河流、购物中心等迁移的规则。第一个观察结果是：在容量不足时通常发生迁移。例如，当公路变得太拥挤时就会迁移，洪水期间河流就迁移。第二个观察结果是：如果容量可以在不需要水平扩展的情况下大大增加时，迁移就不易发生。例如，正如厄尔曼所指出的，铁路可以通过使用重轨、信号装置等等大大地扩大其容量[2]，而公路容量的扩大则很可能需要更多的车道，从而需要更大的空间。铁路是稳定的地理特征，而公路则不是。如果有形扩大是向上的，则不会发生迁移。例如陡谷中的河流发生洪水时，水位向上涨而不是漫出河岸流在地面上，因此这些河流在它们的位置上是稳定的。第三个观察结果是：那些由于它们存在而增加了水平扩大困难的现象在当不足的容量需要水平扩大时，它们就发生迁移，例如那些在其沿岸形成天然堤坝的河流就是。同样，公路沿它们的“岸边”（路边）增加其地产的价值，并且在地产价值的昂贵地面上建造“堤坝”，从而导致不可能购买它们的“堤坝”而增加车道。这样，这些公路必须迁移至花费少一些的位置。这就解释了垂直扩大的“免费”性质，因为在垂直扩大中，既不会碰到费用问题，也不会遇到地域问题，当然存

① “迁移规则”（shifting rule）这一术语是西北大学地理系的威廉·加里森于1960年提出的。

② 爱德华·厄尔曼：《美国的铁路布局》，《地理评论》第39卷（1949），第242—256页。

在其他类型的费用，比如克服重力。第四个观察结果是：新的位置很有可能靠近原来的位置。这些观察结果可以概括成以下的迁移规则：

> 凡容量的增加需要有形的扩大时，凡这种扩大不能在垂直方向上进行时，凡附近的空间由于某种现象本身的存在而变得更为“昂贵”时，则在容量不足下很可能发生迁移，而且这种迁移很可能迁移至某一促使“费用”允许的、最靠近原有位置的新的位置。

由于任何科学的普遍性必须与令人满意的观察到的事实密切相关，因此必须引进证据。图 1.4 表示了密西西比河下游河道的迁移。[①] 公路有着类似的历史，如图 1.5 表示的华盛顿州西雅图-塔科马地区内美国第 99 号公路的迁移。[②] 毫不奇怪，公路和河流与这里所述的规则相一致，因为这一规则就是在这两种现象分析的基础上研究出来的。一种非循环的试验就是考虑其他迁移现象，看一看这一规则在那些条件下是否成立。

这一规则在中央商业区方面所起的作用，在过去的几个世纪中已经扩大了。在本世纪初，中央商业区的有形扩大通过高层建筑物的建筑而变成垂直的，因此几乎没有位置的迁移。许多投机商等待着中央商业区向外扩展至伯吉斯所提出的“过渡区”，但他们空等了一场。在完成了垂直扩展以后，容量的增长并未在中央商业区边缘发生，而是迁移到新的商业中心。交通阻塞的代价迅速增加而形成一个土地昂贵的高峰，这不仅在中央商业区本身是这样，在

① 哈罗德·菲斯克：《密西西比河下游冲积河谷的地质调查》，这一调查是为美国陆军工程师兵团密西西比河委员会进行的，1944 年。

② 帕特里克·奥尼尔，未发表的资料，华盛顿州公路署，华盛顿州奥林匹亚。

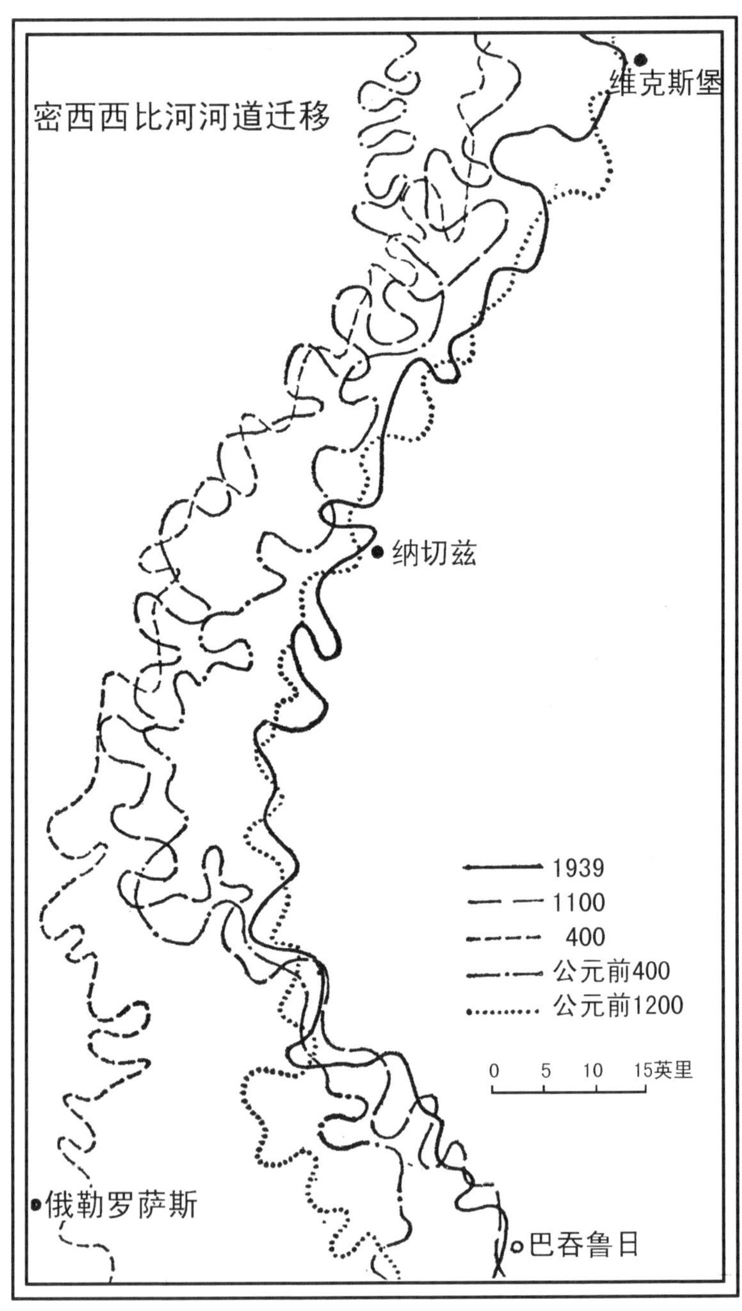

图 1.4　密西西比河下游河道的迁移

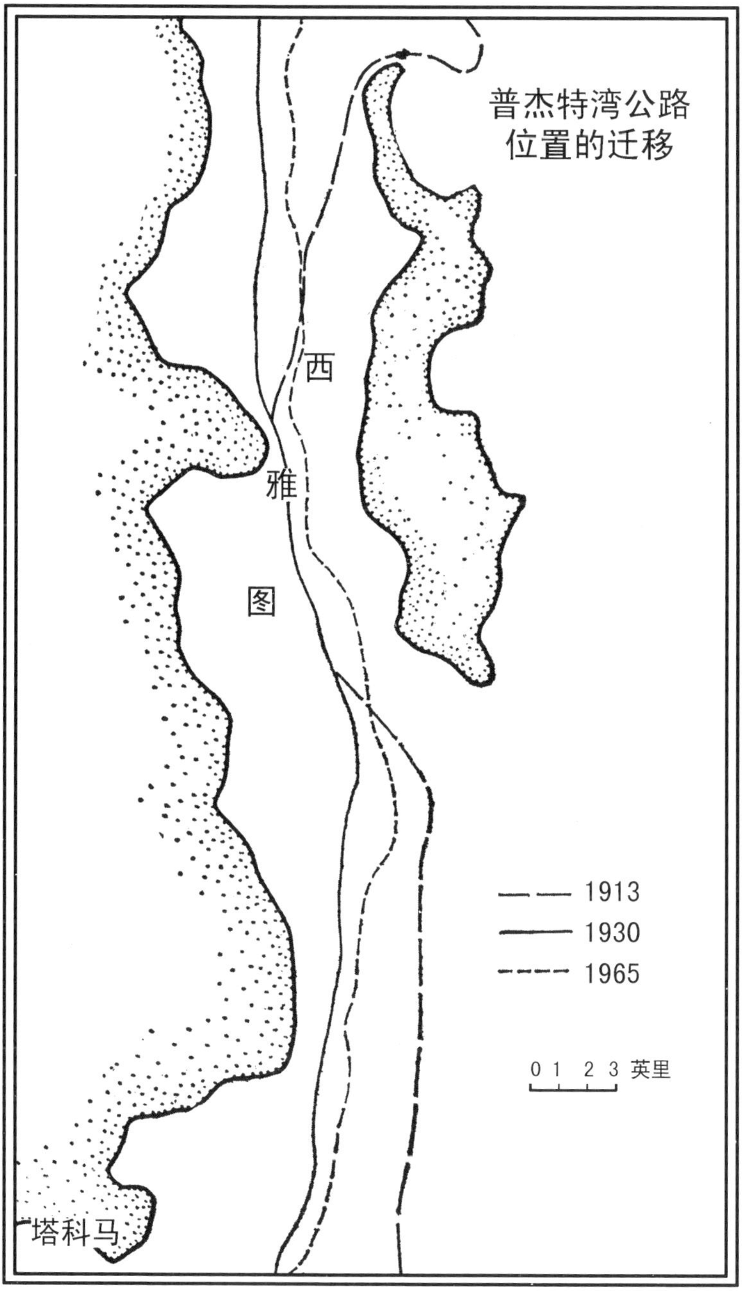

图1.5　华盛顿州美国第99号公路在西雅图—塔科马地区的迁移

城市中心周围也是这样。过去在中央商业区方面所起的迁移规则作用最近已经移至中央商业区之外。霍伍德和博伊斯[①]已经提出了这一迁移的经验证据。这一迁移规则与他们的证据相当吻合。

火山是另一个可以用来测试这一规则的现象。原来的火山锥越来越高,终于在一次喷发中"阻塞代价"变得太高了。显然,紧围着火山口的火山的穿透要比其他任何地点"代价"都高,于是火山口通常迁移。同样,1959 年地震所引起的黄石国家公园内间隙泉喷口的阻塞,使原来的间隙泉的喷流迁移至附近的间隙泉处。

从以往的经验看,迁移规则似乎是相当精确的,因此科学的酸性测试——预测——可望被利用。如果迁移规则是正确的,则新的州际公路系统就其位置来说应比老的公路稳定得多,因为州际公路对通道的限制将使与公路紧邻的土地的原有用途保持不变。这就意味着,在相邻的土地价值毫无疑问地上升时,正如加里森[②]所表明的,它不会上升到允许在路边的土地上进行商业开发和住宅建筑情况下的价值水平,而这正是在老的公路计划中所允许的。在有限的通道公路周围,从费用上说,不会形成严重的"自然堤坝"。这就是说,在有限制的通道公路容量不足时,公路委员会有能力购买相邻的土地从而增加车道,而不必迁移公路。然而,在公路立体交叉枢纽处,土地的价值将是极高的,比原来的无限制的通道公路的交叉点要高得多,因为原来沿路边分散的商业活动及住宅区将集

① 埃德加·霍伍德和罗奈尔特·博伊斯:《中央商业区和城市高速公路发展的研究》,西雅图,华盛顿大学出版社,1959,第 59—93 页。

② 加里森:《道路和街道费用的分配》,《从乡间道路到乡间地产的利润》第四部分,华盛顿州公路研究委员会,1956 年。

中于公路立体交叉枢纽处。公路委员会没有购买更多的立体交叉枢纽空间，也许是一个巨大的、代价昂贵的错误。立体交叉枢纽的公路容量扩大的可能性，是建筑更多的车道层次，进行垂直发展。

总的来说，对于州际公路系统可作出以下的迁移预测：这些新公路将比过去的公路更为稳定；扩大容量的困难将在立体交叉枢纽处产生，因此，每英里公路中的立体交叉枢纽数越多，那一部分公路的位置就越不稳定；立体交叉枢纽容量的扩大将可能是垂直的，而不是水平的。如果发生迁移，则新的公路将靠近老的公路，但将相隔足够的距离，以避免立体交叉枢纽处的较高地产价值的中心点。

并非所有发生的迁移都属于这一迁移规则所描述的类型。另一类型的最明显的例子是由纯粹的工程原因而造成的公路迁移。但是这一规则对于许多情况来说仍然是适用的。在作者看来，这一迁移规则的主要力量在于它可以用于不同的方面。正是由于这一原因，迁移规则是所有地理学在地理学的理论水平上基本统一的另一个例子，而且是容易理解的例子。

当然，必须注意不要在不同的地理学分支之间进行字义上的比较，但是通过熟练地选择作为不同分支基础的空间逻辑，地理学概念的威力就会开始展现出来。地理学之所以给空间研究提供巨大的效率，就是因为在这个可以观察的世界上，可以找到反复出现的空间现象。考虑到在以后章节中，特别是在《距离、邻近性和几何学》一章中将要论述的大量证明，这里只要提一点就够了，即：有一个问题在地理学的许多不同方面反复出现，使得它似乎成了地理学的中心问题。这个问题就是使互相作用的客体尽量互相靠近，简言之，即邻近性问题。

因此，如果把系统地理学的所有分支看成是理论地理学中密切相关的、互相依赖的不同部分，那么各种空间理论的成果就会互相激励，从而迅速发展。

3. 制图学

在方法论文献中，制图学尚未得到广泛的考虑，然而，至少有三位地理方法论学家作出了建设性的评论。阿克曼说：

> 在现代地理学中，制图学是与统计汇编和统计分析携手并进的。事实上，最现代的地图是与原来的统计汇编和一些更为简单的统计分析分不开的。[①]

谢弗说：

> 通过地图和等值线图单一的叠置，可以一眼看出诸如降水和植物之间的一致性，至少在初步和定性的程度上是这样。叠置仅仅是狭义上的一种特殊的技术，它是在地理学中比在其他科学中都用得多的综合和分析的一种特殊工具。[②]

地理学总是看重地图的原因，除它能为均质区域地理学贮存事实这一重要作用外，还在于它起着地理学家赖以建立地理学理论的逻辑框架的作用。地图对地理学的作用就像数学对其他一些科学的作用一样。厄尔曼写道：

> 也许正是地图的这些功能，使得地理学在采用某些先进的统计手段和数学公式上动作有些缓慢，不过这些手段和公式凡在有用的地方当然应当使用。[③]

---

① 阿克曼：《作为基本研究学科的地理学》，第 11 页。

② 谢弗：《地理学中的例外论——方法论的检验》，第 245 页。

③ 厄尔曼：《人文地理学和地区研究》，美国地理学家协会《年鉴》第 43 卷（1953 年），第 57 页。

制图学和数学的这一关系已在其他方面被承认。最初以及现在不断增长的对数学的兴趣，大多源于与投影几何有关的制图学家。近年来，制图学家赖特、鲁滨逊和麦凯对统计学作出了贡献。如果我们使制图学和数学之间明显的兄弟关系正式化，并且采纳制图学如数学一样是一种逻辑体系这一看法，那么制图学在地理学方法论中的自然而重要的地位就可以得到保证。

但是，还有另外一种可能的地位。厄尔曼深刻地评论说：

> 我想起一位经济学家有一次对我说，地图是地理学家已经接受的一种理论。[①]

地图是一种理论，而不是类似于数学的一种抽象的框架，这一论点得到了图尔明的支持，他在地图和理论之间进行了几种比较，尽管他并未声称它们的意义是同样的。例如，他写道：

> 小孩也许会感到奇怪，怎么可能画出地图来？因为即使要踩遍一小块土地的每一英寸，以便测量人们能在地图上读出的所有距离和方向，这是需要无限长的时间的。当然，这是制图学的奇迹，事实就是根据有限的高精度和适当选择的测量结果和观察结果，便可以绘制出人们在得以读出具有几乎很高精度的、无限的地理事实的地图……相应地，另一个事实就是已经发现了其行为可以同样“绘制”的许多自然体系。在对这些体系进行有限的高精度的观测以后，人们就能够正式地提出理论，而借助于这一理论，人们在适当的条件下就能作出比较精确的无限的推论。[②]

他又在探索“完整”理论的概念时写道：

> 把基础理论和英国陆地测量部所记下的、他们旨在得到的所有东

---

① 厄尔曼：《人文地理学和地区研究》，第 57 页。

② 斯蒂芬·图尔明：《科学的哲学》，英国伦敦，哈钦森出版社，1953，第 110—111 页。这一参考书是华盛顿大学哲学系的伦诺德·米勒建议采用的。

西的基础地图进行比较是有益的。当然，这种地图是按非常大的比例尺绘制的，但它并非是该国唯一真实的地图，而是最充分最精确表示的区域地图，而且也是根据它通过适当的选择和简化能绘制所有其他地图的地图。在许多场合，它太精细而不能实际应用，但在另外一些场合，又是其他地图不能代替的，而制图学的爱好者，为了制图学本身的原因，一定在自己的心中把它放在一个特殊的地位上。

……这种比较的价值在于它提醒人们，那些在物理学中构成完整理论的标准也许会发生变化。因为只有在地图表示了制图学家志在记录的该区域的所有东西时，我们才能说这幅基础地图是完整的，不过制图学家总是可能有志于新的东西，因此，地图完整性的标准是受历史支配的。物理学理论的标准亦同样是受历史支配的。①

那么制图是什么呢？是理论还是逻辑？这里采取的看法是，凡在需要区分数学和包含在理论中的数学的地方，应当遵守在认识论中所形成的传统。如果我们说 $a^2+b^2=c^2$，而不用可以观察到的现象来识别 a，b 和 c，那我们所讨论的是纯数学——一种逻辑体系，一种导出的关系体系。但是如果我们用可观察的现象来识别 a，b 和 c，比方说苹果、橘子和桃子的数目，那么这一公式就是理论的陈述。同样，我们可以论证地图能描绘空间性质——形状，而用不着参照任何可观察的形状。但是，如果我们绘制长岛的轮廓线，我们所处理的则是理论，因为我们已经用特定的一组可观察的事实——长岛的轮廓线来识别抽象的形状。精确地区分作为逻辑体系的地图和作为理论框架的地图是困难的，但是这种区分有着重大的意义，因为理论至多只具备与作为基础的逻辑相同的力量。因此，制图学是和数学放在一起的。这一观点在赢得我们

① 斯蒂芬·图尔明：《科学的哲学》，第 116—117 页。

的信心之前尚需花费更多的脑筋。

4. 数学

数学在地理学中的地位需要弄清。一直有这么一种看法，即“纯描述”是以年轻的隐式(implicit)理论为基础的，而这种理论逐渐地加深并扩展成高度抽象的科学。适合于理论成熟各阶段的数学是存在的，不过大部分地理学家只是熟悉它的描述作用。在统计学中可以找到这一过渡的好的例子。诸如平均偏差和标准偏差这样的描述统计学可以机械地用于许多数据。人们用几个表达式来描述这些数据，从而总结这些数据。回归分析以及与其密切相关的相关研究则介于描述数学和构成数学的理论之间。加里森和马茨的公路研究说明了这一点。[①] 在这里，使用就不是那么机械了，例如，必须作出需要有理论见识的有关各种关系性质的某些假设。最后我们就达到概率模型这一步，比如哈格斯特兰的扩散率理论。在这当中需要深刻的洞察力，而且使用的数学是专门为了某一特定的预见问题而设计的。[②] 主要之点是数学提供了我们赖以建立理论的逻辑框架。这一点并非能为大家普遍理解，其中的原因，部分是因为许多没有数学初步知识的人，感到数学全部是由数字组成的，而实际上一些最有渗透性的数学确实是非度量性的。

已经证明数学的一些分支对地理学是有用的，但作者注意的

① 加里森和 M. E. 马茨：《公路改进的地理的影响》，《公路经济研究》，华盛顿大学，1958 年 7 月。

② 托·哈格斯特兰：《迁移和地区》，《瑞典的移民》(《隆德地理研究》系列 B，《人文地理学》，第 13 期，瑞典隆德皇家大学)，第 27—158 页。

是几何学，尤其是几何学中最基础的拓扑学。似乎有理由说，空间科学将会发现空间数学的研究是有成果的。本书以后的许多部分将会阐述这一偏爱。

5．结论

可以证明，把均质区域地理学看成是分类地理学并为理论地理学留下方法论的余地是有益的。科学的历史正是随着这种发展而充实的，而且把目前对方法论的探索归结为是由于在地理学迅速从占绝对优势的分类科学到分类—理论科学的成长过程中产生的混乱所引起的，是十分自然的。

这里所赞成的方法论，不给地理学留下任何不可能达到完全成熟的科学的借口。这里并未抛弃目前地理学中的任何东西，但坚持认为理论在各方面都是重要的，而且数学化是不可避免的。通过把区域地理学和事实(描述)等同起来、把系统地理学和理论地理学等同起来、把制图学和数学等同起来，并把它们的互相作用用箭号表示，就可得出以下的学科排列。

图 1.6　地理学中事实、理论和逻辑的互相作用

这是否是一种成功的排列？但它有一些可取的性质。它是使所有的地理因素都有了自然归宿的简单排列。它在不抛弃地理学中的任何东西这一方面是谨慎的，而且它是典范的排列，其他科学已发现这种排列是有益的。当然我们还面临着一个问题，即它

能否成功地产生出实质性的结果。本书的其余章节提出了部分的证据。如果这门科学最终判断以这一方法论为基础的努力是失败的，那么，将不得不继续寻求有效的方法论。

第二章　超制图学

地图在地理学中素来有着牢固的地位，因此，从制图学开始进行理论地理学的实质性讨论似乎是很自然的。然而，本书对地图的处理并无感情的色彩，而是用冷静的眼光来评价的。

判断地图在理论地理学中的用途时，为了保持冷静的态度，使用“超制图学”这一术语。[①] 在许多方面，超制图学和制图学不同，它并不与绘制地图或其在心理上的影响有直接关系。超制图学试图离开地理这一主题，来判断作为描绘空间性质一种手段的地图在与其他诸如照片、图像、图表、语言和数学这些手段的竞争中起怎样作用。让我们考虑上述的任何一种手段，看一看它能表示哪些空间性质，能表示到什么程度，以及在哪些地方其他的手段更为可取。在对地图提出这些问题时，我们使用“超制图学”这一术语。这样，在“预制地图”（premap）[②]这一标题下，把除地图和数学以外的其他手段分组时就方便了，预制地图包括照片、图像、图表和语言。

为了揭示地图的性质，我们可以从地图上表示的某一空间性质开始，通过一系列的实例，逐渐地扩大这一性质，直至放弃地图

---

① 这一术语（“metacartography”）是隆德大学地理系托·哈格斯特兰提出的。

② “premap”也有人建议译作“预地图”或“先成图”。——译者

而采用预制地图或数学。这样的实例系列是一条理性导线测量，它总是从地图开始，在地图上的位置逐渐拉开，直至这些实例从地图引入预制地图或数学，如图 2.1 所示。导线测量的全部集合就表示出预制地图、地图和数学之间的分界线。从逻辑上来说，这些导

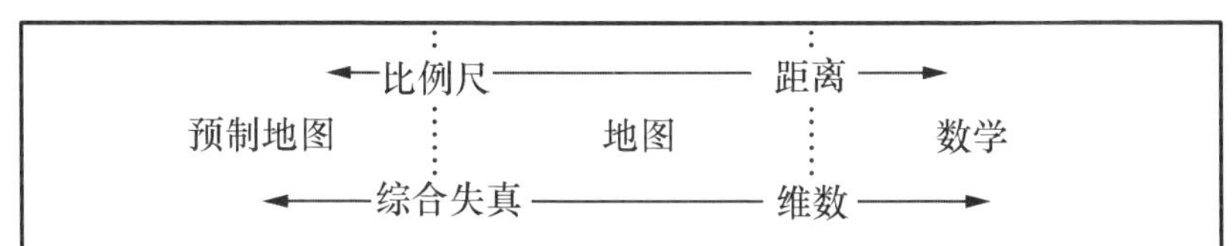

图 2.1　从地图到预制地图和从地图到数学的理性的导线测量

线测量是由确定界线的点（不同的地图）所组成的，因此是由称之为地图组的功能所组成的。这些导线测量被用来建立维恩图（Venn diagram）中各组的界线而不是被用来建立地球表面上区域的界线。换言之，超制图学寻求把各种空间手段进行分类，它不是给地图以限制，而是要把地图的作用扩大到最大可能的限度。将来也许会研究出探索超制图学内容的更成熟的方法，从而扩大地图的作用和加深对地图的理解。

本章的第一、二两节使用导线测量技术以建立地图和预制地图之间以及地图和数学之间的界线。第三节讨论已经用地图绘出、但尚未测量的空间性质。最后一节作出与地图、预制地图和数学的相对价值有关的结论。

一、从地图到预制地图的导线测量概述

要提出一系列构成导线测量的、表示空间性质的、不断夸张的例子，一个简单的方法就是概述这些例子。这种概述的形式可以

简洁并清楚地区分实例系列中的各个步骤，因此在本节及下节中都采用这一形式。

1. 比例尺

所考虑的第一个空间性质是比例尺。这里使用四个不同的实例来建立以下的导线测量，这些实例分别用阿拉伯数字1、2、3、4来区分。这一导线测量没有表示成图，因为读者能容易地想象这些实例。

图 2.2 不同程度的制图综合

(1) 一座城市的地图。

(2) 城市内一所校园的地图。

(3) 预制地图。表示校园内一座大楼。

(4) 预制地图。表示大楼上的一颗钉子。

这一比例尺的横断是非常特别的。看起来表示校园的是一幅地图，而表示大楼的不是地图。也许这两者的差别在于后一情况在景观范围之外了。

与比例尺有关的一个有趣的问题是：像标志公路用地这样的地表特征可以认为是地图吗？[①] 根据标志是地球表面的一个特征而不是这一特征的表示，答案可以是否定的。然而可以异想天开地争论说，地图本身也是地球表面的一个特征。按照一比一的比例尺，地图可以永远以与它相同的比例尺来绘制它自己。也许正是地图有包含它本身的能力，把它与其他地球表面的特征区分了开来。

2. 因制图综合而失真

下面的导线测量表示了由于制图综合而造成的失真，且包含了线的逐渐拉直和形状模式化。

(1) 表示大量细节的大比例尺地图。

(2) 小比例尺地图。鲁滨逊用图 2.2 的北欧海岸来说明制图综合问题。[②]

(3) 用直线表示的政治边界和海岸线(图 2.3)。[③]

(4) 保持形状的近似但改变面积的图(图 2.4)。[④]

(5) 以聚焦观察改变了形状的图(图 2.5)。[⑤]

---

① 这是华盛顿大学地理系的马·马茨提出的。

② 阿·鲁滨逊：《制图学原理》，纽约，约翰·威利父子公司，1953，第 117 页。此图的复制得到了出版者的许可。

③ 亨·威·范隆：《范隆地理学：世界的描述》，纽约花园城，花园城出版公司，1940，第 103 页。此图的复制得到了出版者的许可。

④ E. S. 沃伊丁斯基等：《世界人口和出产：发展趋势及展望》，纽约，二十世纪基金出版社，1953，第 lxxi 页，此图的复制得到了出版者的许可。

⑤ 此图是密执安州立大学地理系的阿瑟·格蒂斯所发明的。

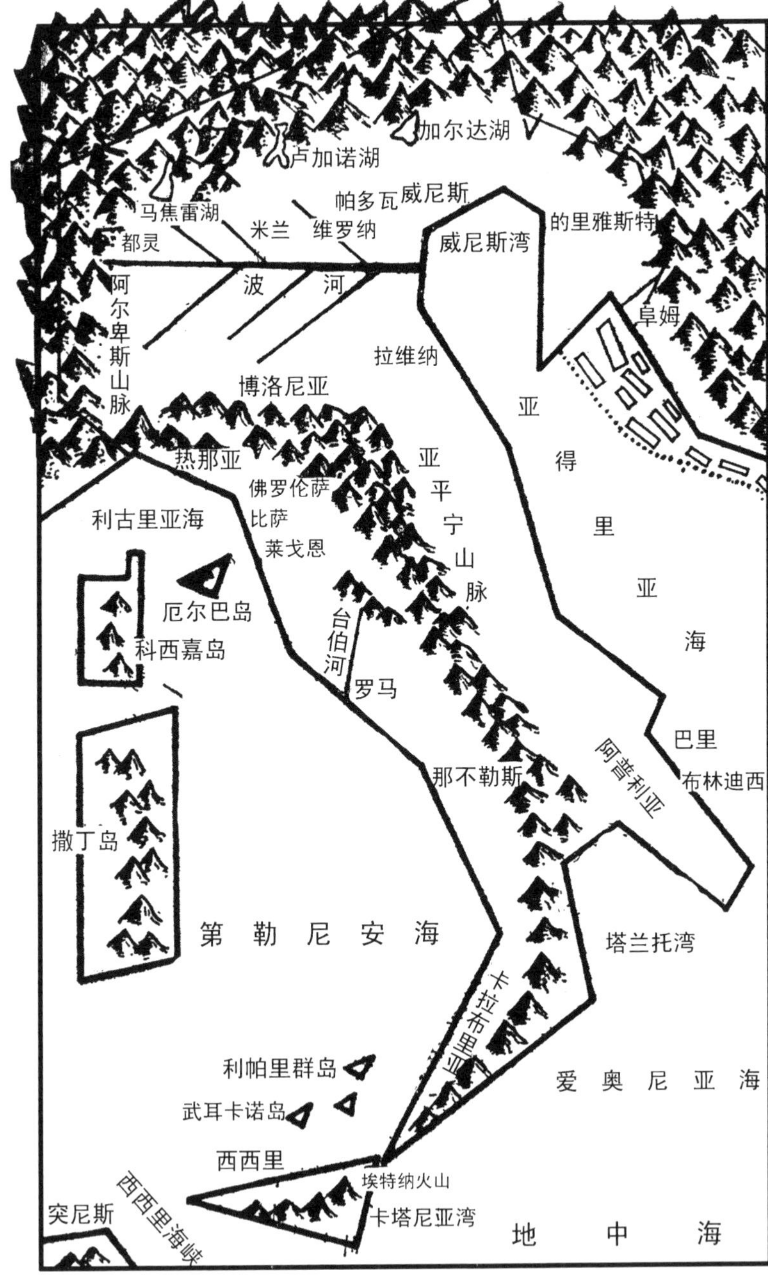

图 2.3　用直线表示的特征

1.比利时
2.瑞士
3.奥地利
4.捷克

5.匈牙利
6.南斯拉夫
7.保加利亚
8.利比亚

图 2.4　按人口比例尺绘制的大洲和一些国家

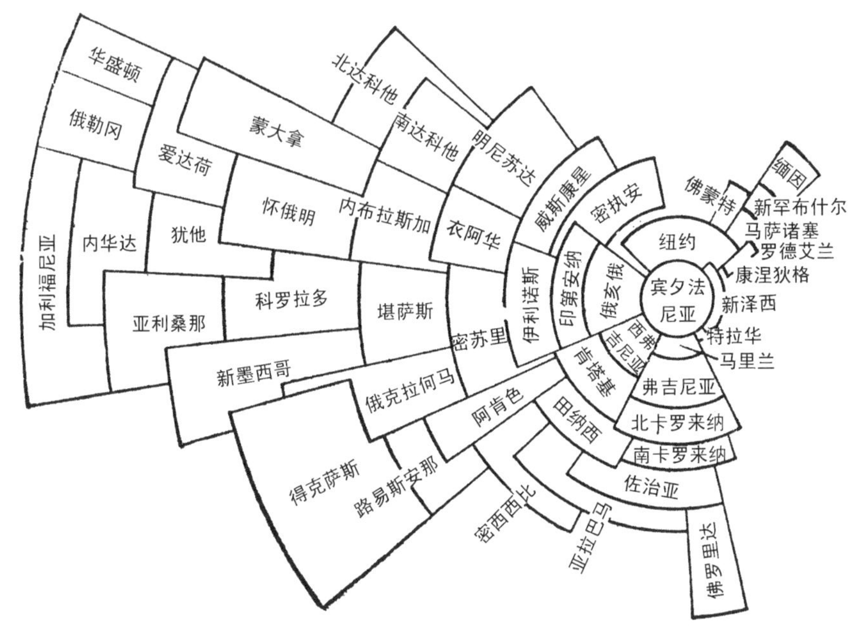

图 2.5　以聚焦观察的图

(6) 预制地图。保留了很少空间性质的图(图 2.6)。[①]

在这种图中,相邻位置不正确,形状失真,面积也不正确。但地球表面的某些空间性质还是保留了。地图上美国外缘各州在实地也是外缘的州,虽然逆反是不真实的,但还是把美国分成正确数目的自然块。例如,长岛未并入大陆,而大陆也未分割成岛屿。

3. 信息内容和抽象化

沿着下面这一导线,信息逐渐增加而抽象程度减小。

---

① 埃·胡佛:《经济活动的区位》,纽约,麦格劳希尔书籍出版公司,1948,第 88 页。此图的复制得到了出版者的许可。此图是华盛顿大学地理系的路易斯·哈米尔建议采用的。

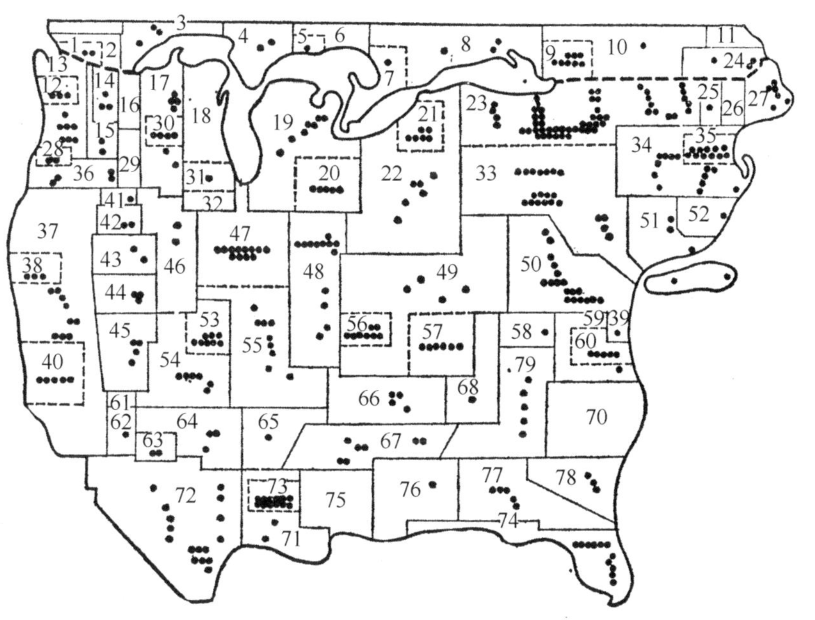

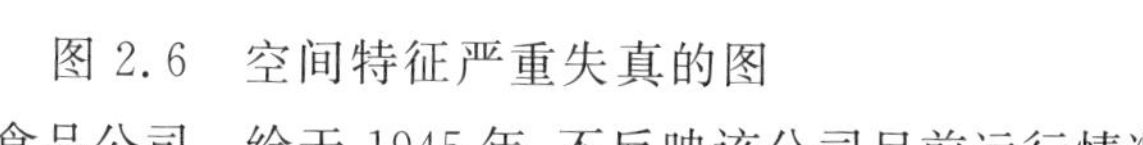
图 2.6　空间特征严重失真的图

(版权所有:通用食品公司。绘于 1945 年,不反映该公司目前运行情况)

1. 不列颠哥伦比亚省　2. 温哥华　3. 阿尔伯达省　4. 萨斯喀彻温省　5. 温尼伯　6. 马尼托巴省　7. 多伦多　8. 安大略省　9. 蒙特利尔　10. 魁北克省　11. 新不伦瑞克省　12. 西雅图　13. 华盛顿　14. 蒙大拿　15. 爱达荷　16. 北达科他　17. 明尼苏达　18. 威斯康星　19. 密执安　20. 底特律　21. 克利夫兰　22. 俄亥俄　23. 纽约　24. 新斯科舍省　25. 佛蒙特　26. 新罕布什尔　27. 缅因　28. 波特兰　29. 南达科他　30. 明尼阿波利斯　31. 米尔沃基　32. 伊利诺斯　33. 纽约市　34. 马萨诸塞　35. 波士顿　36. 俄勒冈　37. 加利福尼亚　38. 旧金山　39. 特拉华　40. 洛杉矶　41. 怀俄明　42. 犹他　43. 内布拉斯加　44. 科罗拉多　45. 堪萨斯　46. 衣阿华　47. 芝加哥　48. 印第安纳　49. 宾夕法尼亚　50. 新泽西　51. 康涅狄格　52. 罗德艾兰　53. 圣路易斯　54. 密苏里　55.(原图无注记)　56. 匹兹堡　57. 费城　58. 哥伦比亚特区　59. 马里兰　60. 巴尔的摩　61. 内华达　62. 亚利桑那　63. 新墨西哥　64. 俄克拉何马　65. 阿肯色　66. 肯塔基　67. 田纳西　68. 西弗吉尼亚　69. 弗吉尼亚　70. 北卡罗来纳　71. 路易斯安那　72. 得克萨斯　73. 新奥尔良　74. 佛罗里达　75. 密西西比　76. 亚拉巴马　77. 佐治亚　78. 南卡罗来纳

（1）小比例尺地图。

（2）大比例尺地图。

（3）以投影为基础和以叠置或蜡笔符号化的航摄照片镶嵌图。似地图特征可以渐渐减小，直到最后消失。

（4）预制地图。单张航摄照片。

《古德世界地图集》[①]的内封可以有力地提出引向预制地图的这一导线测量形式，这里显示了一张包括按同样比例尺绘出的同一地区地图的匹兹堡航摄照片。雷达荧屏是某种同类的预制地图，在它上面，信息有高度选择，且是及时的，不过不是抽象的。

4. 基础底图资料的减少

底图资料包括河流、主要城市、政治边界、经度、纬度、地形、主要水体等。这些传统的基础资料有着某些共同的特点。这些资料除政治边界外，大多是相对稳定的地物；它们具有人文意义，这些地物非常明显，因此在比例尺缩小中不会有地图上符号位置的争议。底图也是在我们脑海中的有关世界的想象图。基础资料被记载下来，并参照基础资料给其他的现象定位。正如威斯康星大学地理系的克拉伦斯·奥姆斯特德所说，我们所记住的资料就像一个蛋箱，在这个箱子里，我们给所有其他需要定位的蛋定位。在我们讲某人“他知道他的地图”时，我们是指他有基础资料的知识。

基础资料具有如此的传统性，以致引起一种争议。考虑一下

① J. 保罗·古德：《古德世界地图集：自然、政治和经济》，小爱德华·埃斯潘谢德编，芝加哥，兰德·麦克纳利公司，1955。

河流在底图上的用处。随着跨越河流桥梁的发明以及与河运竞争的铁路的发展,可以争论说,河流已经变得如此不重要,以致可以把它从地图上取消。河流也许可以用主要的铁路线来取代。一般说来,传统的底图资料对人文地理学家来说是尤其不能令人满意的。地域特征也许可以抛弃,而代之以人口密度。① 美国的东海岸、西欧、中国和其他地方人口群的“洲”,对经济地理学家来说要比传统上表示和记载的水陆区分重要好多倍。在许多方面,主要城市是比太平洋中的环礁更为重要的“岛屿”。以下这一说法或许是对的:在地图上标明的所有经、纬度中,只有赤道和两极存在于意象地图上,因此其他的经、纬度可以作为多余的东西而去掉。在已经成

① 地形和其他绘图技术分别突出了传统的狭窄性。例如,除了很少的几乎尚未为人所知的例子外,另一些连续分布的地物,比如人口密度,从未用晕滃、造型晕渲、明显等高线等表示。在技术上唯一的一个重叠带,就是在地貌(如等高线)和其他内容中常用等值线图来表示。无论如何,为了表示人口密度而绘制一张坡度图或地区地形图是完全正当的。实际上,把地形分类技术用到表示地表人口方面去是可能的。一个分布有许多城市的区域像东海岸,可以是一个有许多高山的地区,人口密度均匀的地区可能是平原,等等。

纯粹的墨守陈规阻碍在制图学中使用所有的制图技术。在这门学科已普遍采纳把分离的识别的客体(如人)转化成连续面(如人口密度)的技术时,还很少显示这种明显的转化,并绘制出一幅降水或地貌的点值图。作者所知的唯一例外是阿瑟·H.鲁滨逊的《根据地区坡度资料绘制晕渲地形图的方法》(美国地理学家协会《年鉴》第36卷,1946,第248—252页)。从视觉上说,降水点值图也许比坚持使用的等值线图有效得多。

其他明显的转化尚未试图进行。例如,可以给出水流前进方向的坡降图,而不必总是用流线来表示水流。再如,等值线的宽度可以和它们之间的间隔成正比,这样在等值线分布很密的地区,等值线就画细;而在等值线分布稀疏的地区等值线就画粗,这样就会改变这种地图通常的视觉效果。水流图的这一转化也许最好称之为栅栏图。还可以方便地想象出其他定义不是那么确切的栅栏图,如国家之间的关税图或移民限制图。

为传统底图的资料中,有许多也许仅仅是从早期的探索者所容易收集到的资料中选择出来的。绘制各洲的轮廓线、河流和山峰要比获得人口的调查资料或绘制可开垦土地的精确地图容易得多。

也许从事底图的试验可以减少目前存在的缺陷。下面专门的导线测量可作为排除熟悉的底图资料的考虑。

(1) 含有全部基础资料的地图。

(2) 含有少量基础资料的地图(图 2.7)。[①]在这幅道路图上,除温哥华岛以外,甚至海岸线都略去了。

(3) 例如没有底图资料的磁偏角示意图,完全是"陌生"的资料。

我们不能肯定说最后的例子不是地图,这要读者自己去确定了。

5. 投影角

逐渐改变相对于地球表面基准面的"倾角"可得出下面的导线。

(1) 常规的正射基准面。在所有地方,观察地图都是向下而朝向地球中心的。

(2) 非正射的幻影。鲁滨逊通过使用横向摩尔魏德投影说明了这一点。[②] 大比例尺的非正射幻影效果也可以从鲁滨逊-思罗尔的地形表示技术中了解到。[③]

(3) 在正射基础上的非正射表示法。洛贝克的自然地理图实

---

① 美国汽车协会:《美国里程图》——1959 年美国汽车协会正式出版的美国道路地图。复制时得到出版者的许可。这是哥伦比亚特区华盛顿 25 号海洋研究总局海军处地理科的罗伯特·亚历山大建议采用的。

② 鲁滨逊:《制图学原理》,第 55 页。

③ 鲁滨逊和诺曼·思罗尔:《地形表示的新方法》,《地理学评论》,第 47 卷(1957),第 507—520 页。

际上是一系列裱糊在“特定”底图上的地形侧视图。理查德·哈里森在他的地图中使用了同样的原则。与洛贝克不同的是他改变投影网格以给出与众不同的方位。

(4) 中国自然地理图(图 2.8)。[①] 这幅与众不同的地图是地形的全景表示法。

(5) 断块图和透视图。这些表示法失去了正射的视点。

(6) 预制地图。地质剖面图。基准面完全倾斜。

有一个根深蒂固的惯例,即地图在任何地方都是“向下看”地面的。这就是说,在任何地方,地图的基准面都与从地心辐射的线成直角。这一惯例的原因在于这是一个其平均坡度偏离地表坡度最小的基准面,即地图上的平均坡度由于使用这一基准面而变得最小了,原因是重力倾向于使地形变平。由于地图是用平面来表示曲面图形的,大比例尺的误差总是存在的;但是基准面坡度平均偏离地表的坡度愈小,地图的平均失真也就愈小。正射基准面并不一定需要把小地区的平均坡度减至最小。如果该地区有一个总坡度,那么对该地区的地图使用一种倾斜基准面则更为合适。当然,困难在于如果各幅地图使用不同的倾斜基准面,它们就不能匹配邻接。

6. 地图和地表的一致性

没有一幅地图是与地表精确一致的,但是当误差成为比较确定并可以考虑措施时,导线就可进入预制地图。

---

① 潘林平(译音):《宣汉县志》(Hsüan-han hsien Chih)第二卷,1931。这是由华盛顿大学地理系的张森斗(译音)建议采用的。

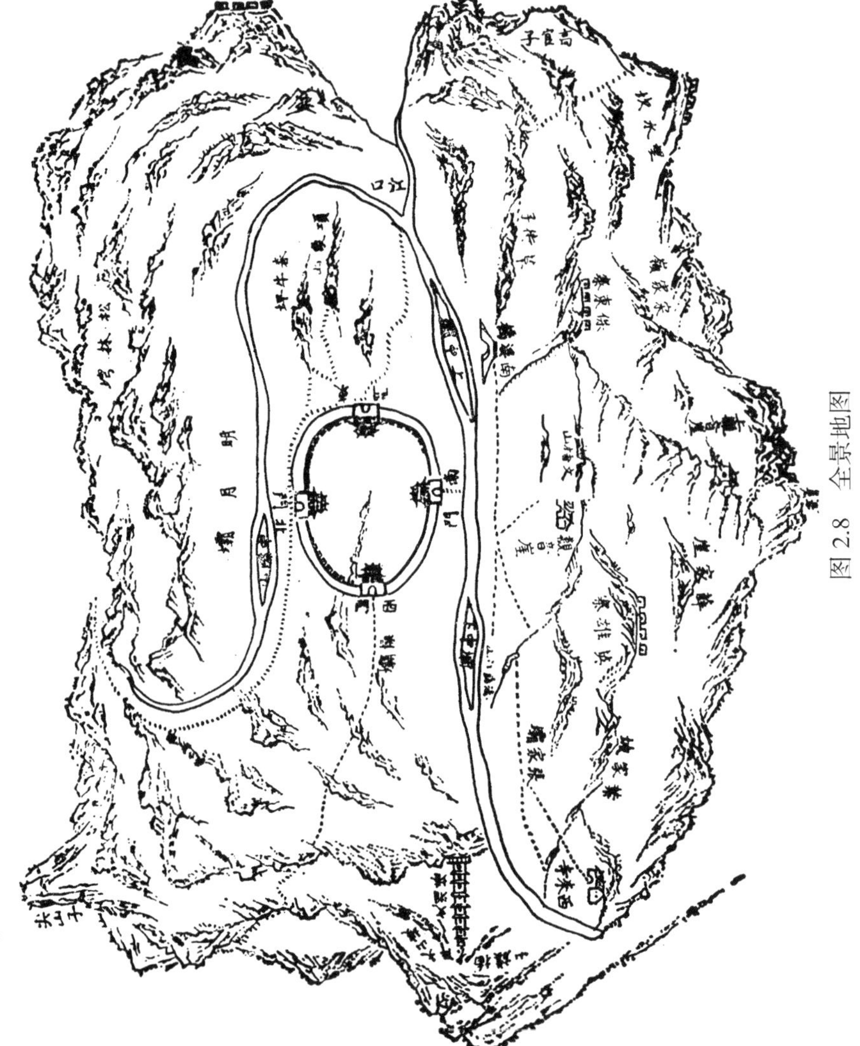

图 2.8　全景地图

（1）大比例尺地图。

（2）小比例尺地图。当比例尺缩小时，资料的制图综合就变得更明显。

（3）地图信息中的错误。一般说，在历史上地图绘制得越早，错误就越大。

（4）包括你相信的想象的地方，比如阿特兰蒂斯。

（5）探讨那些想象地方的图上表示法，比如宝岛。

（6）预制地图。地图册图例。在许多地图册的前面，有作为图例的图像指出地图册中所使用的各种符号的意义。[①]

7. 心理精度和无公度

制图技术常常在严格的描绘和心理真实性之间进行协调。当样本在外貌上愈是真实，则离地图愈远而趋向于预制地图。

（1）大比例尺等高线图。

（2）鲁滨逊和思罗尔的地形表示法。[②]

（3）自然地理图。

（4）断块图。

（5）透视的景观素描图。

（6）预制地图。景观艺术图。

8. 投影的常规性

当投影变得不那么连续或不那么完整时，它们就变成了预制地图。

① 这些想象中的区域确实是很复杂的。

② 鲁滨逊和思罗尔：《地形表示的新方法》，第507—520页。

(1) 表示整个世界的投影。

(2) 略去了世界上某一部分的世界投影,比如墨卡托图。

(3) 略去海洋的世界投影。[①]

(4) 基本分瓣投影,比如古德的等面积图。

(5) 完全分瓣投影,比如墨菲的变形蝶状图(图 2.9)。[②]

(6) 预制地图。由许多分散片组成的破碎投影。

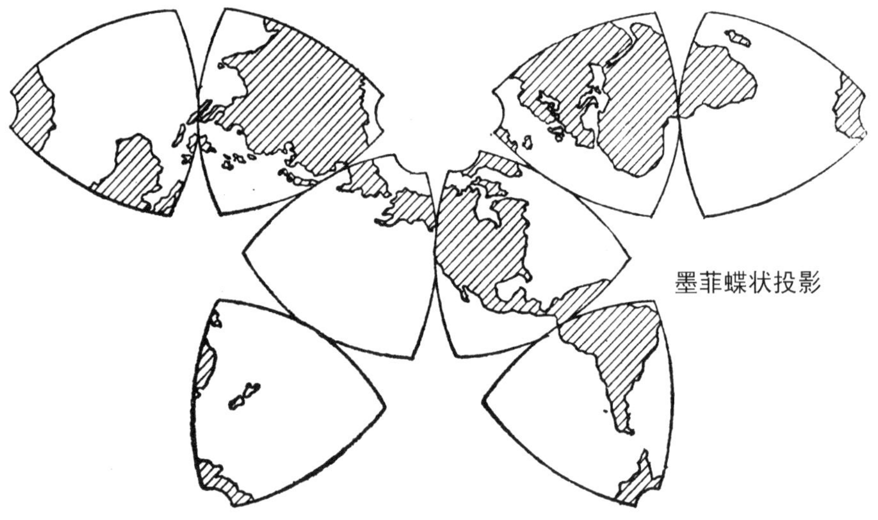

图 2.9 完全分瓣投影

9. 连接各地的线路

这个主题是一条双端点的导线,从预制地图通过地图截取一个端点,并从地图到数学置另一端点。这里只考虑地图至预制地

① 一个大家熟悉的例子可参见柯克·斯通:《航摄照片可及范围》,《职业地理学家》第 11 卷,第 3 期(1959),第 5 页。

② 这是华盛顿大学地理系的罗兹·墨菲发明的投影。

图这一部分。

（1）公路地图。

（2）两点之间用直线表示的公路线条图。

（3）预制地图。道路指南。早期的驾车者借助于描述性的驾驶记录或旅行日录，它们说明从一个主要特征的地点向另一个特征的地点有多少英里。有些这样的指南包含主要道路交叉处的照片。这些记录通常以重要的城市为起点和终点。

（4）预制地图。口头的道路指示。

与用点—点法建立的连线相比，地图有着巨大的空间效率。在一幅地图中可以立刻表明全部两点间的连接。如果只有十对城市予以连接，点—点法需要45个单独的描述。图尔明写道：

> 旅行记录先于地图。制图学的发展给我们提供了了解不同线路之间相互关系的方法，同时提供了尚未为我们所认识的新旅行记录的源泉。①

地图是几千年来一直受到天才们注意的非常精致的空间工具。一般说，它们比预制地图更有威力，因为预制地图缺少空间完整性、逻辑结构和地图的选择性。

二、从地图到数学之间的导线测量概述

这里探索从地图到数学之间的导线测量。

---

① 斯·图尔明：《科学的哲学》，第123页。

1. 作为连接各地的线路

这一导线测量继续在两个方向上延伸：从地图到预制地图，从地图到数学。

(1) 常见的道路图。

(2) 用直线表示路线的地图。铁路图属于这一类型。

(3) 图解。加里森绘制了线路图解，在图中，他想连接的所有点，都用线条连接起来。[①] 图2.10A表示地点和线路的常见绘制法。图2.10B和2.10C都是地图的确实图解。图解理论是几何学的一个

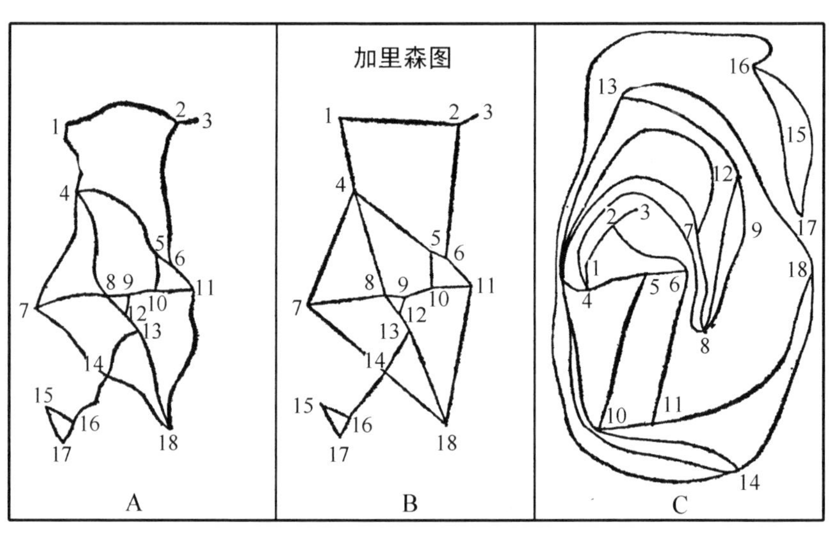

图2.10 交通线路的地图和图解

① 威廉·加里森：《州际公路系统的连接性》，区域科学协会《论文集》，第6卷(1960)，第121—137页。

分支，叫拓扑学，它在地理学中有着广阔和有效的应用。①

（4）数学。上面描述的图解可以立即转换成数学，从而已经可以进行各种类型的分析。图 2.11 中的表与图 2.10A、B 或 C 是完全等效的。

	1	2	3	4	5	6	7	8	9	10	11	12	13	14	15	16	17	18
1		1		1														
2	1		1			1												
3		1																
4	1				1		1	1										
5				1		1				1								
6		1			1					1	1							
7				1				1						1				
8				1			1		1			1						
9								1		1		1						
10					1				1		1							
11						1				1								1
12								1	1				1					
13												1		1				1
14							1						1			1		1
15																1	1	
16														1	1		1	
17															1	1		
18											1		1	1				

图 2.11　与图 2.10 中的地图和图解等效的表

2. 距离

距离是具有重要意义的一种空间性质，与邻近性概念密切相

① 图 2.7 中的汽车交通地图不属于这种图解，因为城市间的连线不能再现公路系统的连接。

关。下面的导线测量需要仔细阅读。

（1）常见地图。一般的地图在比例尺和投影变换许可的范围内是尽量精确地表示距离的。

（2）系统的“真实”距离地图。图2.12表示以瑞典中部为中心

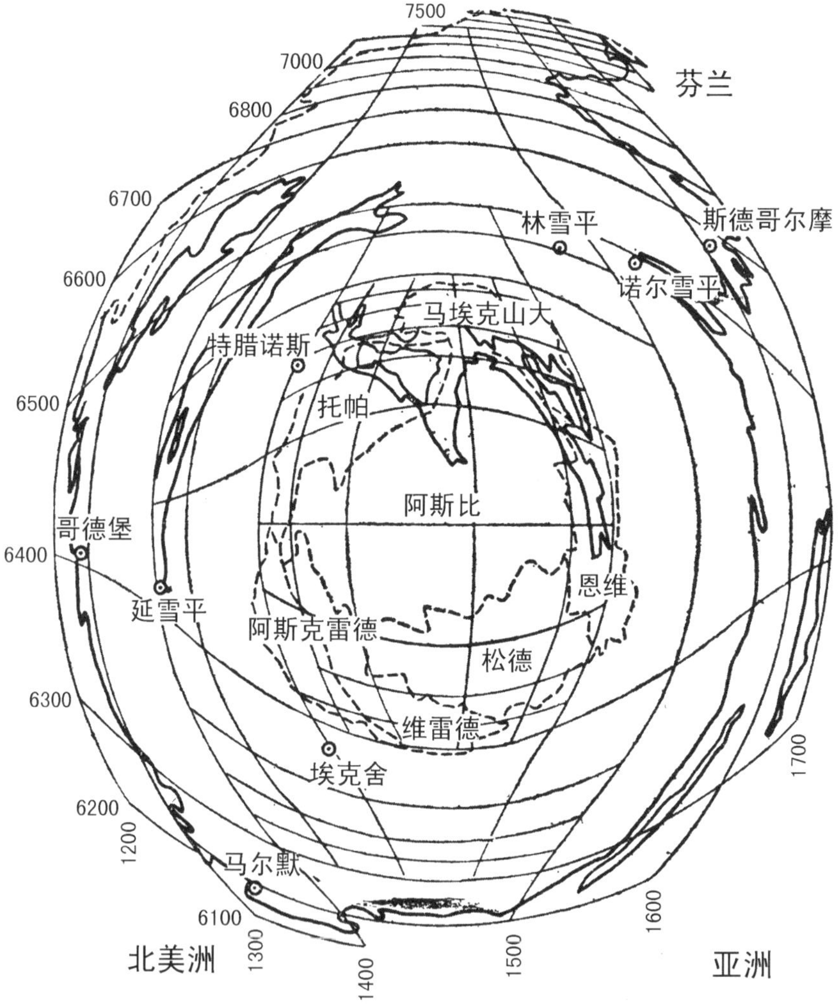

图 2.12　用方位对数距离比例尺绘制的地图

的、用与中心成方位对数比例尺绘制的一幅地图。[①] 从距离的增加而运费按对数比率减低的意义上讲，其距离是"真实"的。如果这一关系是可靠的话，则对数投影当然用来缩短点的距离的。

(3) 非系统"真实"距离地图。图 2.13 为华盛顿州西雅图市区下午交通高峰期的等时线地图。[②] 图 2.14 是图 2.13 的变换，把

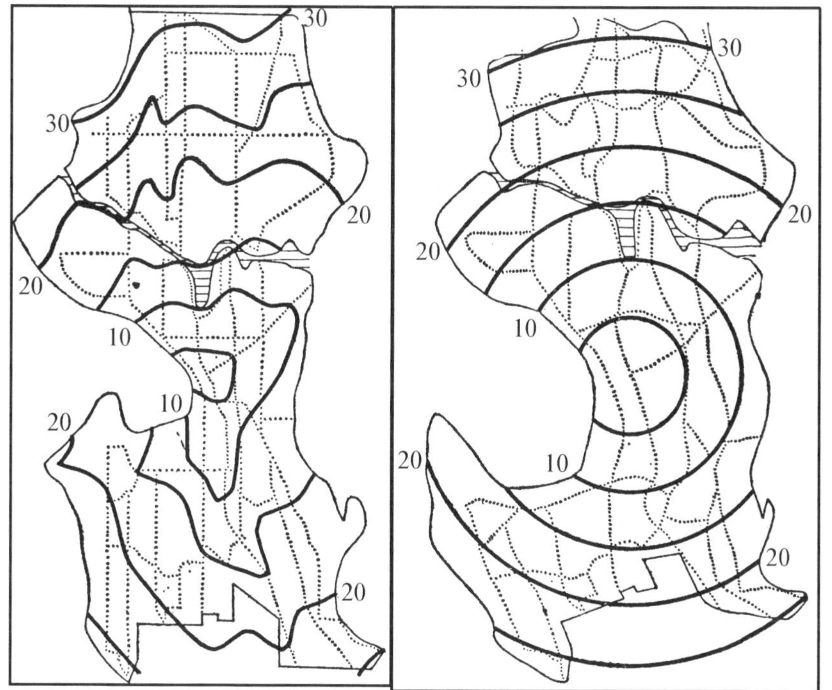

图 2.13　从西雅图中心起的高峰期行车时间，间隔为 5 分钟

图 2.14　从西雅图市区开始的"真实"时间距离，间隔为 5 分钟

① 埃・凯特发明了这一投影，但阿・格蒂斯和沃・托布勒也分别创造了这一投影。见托・哈格斯特兰：《移民和地区》，《瑞典中的移民》(《隆德地理学研究》系列 B《人文地理学》第 13 期，瑞典隆德皇家大学，1957)，第 73 页。复制时得到出版者的许可。

② 西雅图市交通工程处 1957 年《年报》。复制时得到出版者的许可。

图 2.13 的环行表示成其半径为规则增大的同心圆。这种地图与极地方位投影非常相似。[①] 等时线与纬度相适应,但为了完成这一变换,必须引进与经度相适应的东西。这是通过以下手段来完成的,即把两个相同的经线网(类似于车轮的轮辐),以"轮毂"为中心放在以零时距点为中心的两幅地图上。在上例中,中心是西雅图中央商业区。然后可以确定下面底图上的纬度和经度。使用直线经线并不是没有困难的,因为等时线也可能会形成圆环,从而使同一条经线与环形等时线交叉 3 次、5 次、7 次等等,结果造成在转换的地图上位置的混乱。正因为考虑到了这些困难,所以转换地图表示的是从一个点的"真实"时间距离。当然也可以使用除时间单位以外的其他标准,例如,等费用单位。另外,还需注意这种转换地图缺少方位性。

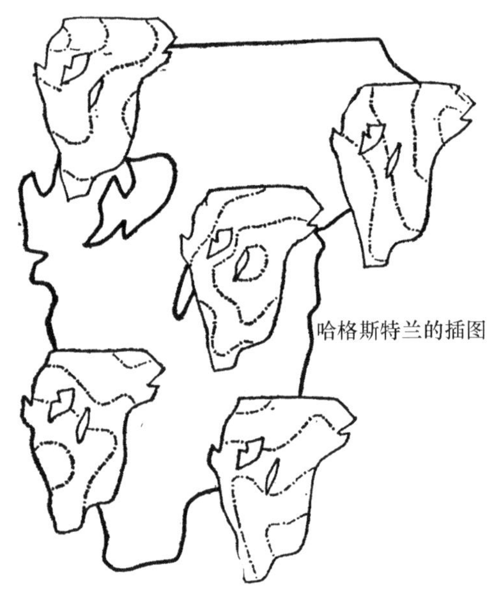

图 2.15 哈格斯特兰的多种插图

(4) 多中心地图。在使用等时线地图时,为了表示从各点起的累积时间,必须为地图上的每一点建立新的地图。哈格斯特兰找到了这一问题的部分解决办法,即使用一系列的、以不同点为中心的插图,如图 2.15 所示。

① 这一重要的一致性是密执安大学地理系的沃·托布勒发现的。

（5）等速线地图。如果用等时线地图完全覆盖任何一个区域，则需要无穷数量的地图。博格斯[①]引入了叫做“等速线”的旅行速度地图（图 2.16），部分地解决了这一棘手的问题。他表示的是旅行速度，而不是从各特定点起在不同时间内的旅行距离。旅行速度地图是等时线地图的首先派生物，为了从速度地图回到等时地图，必须对所要求的中心点积分。因此，对一个区域来说，存在着无穷多的等时地图，而对所有这些地图来说，只有一幅速度地图。[②]

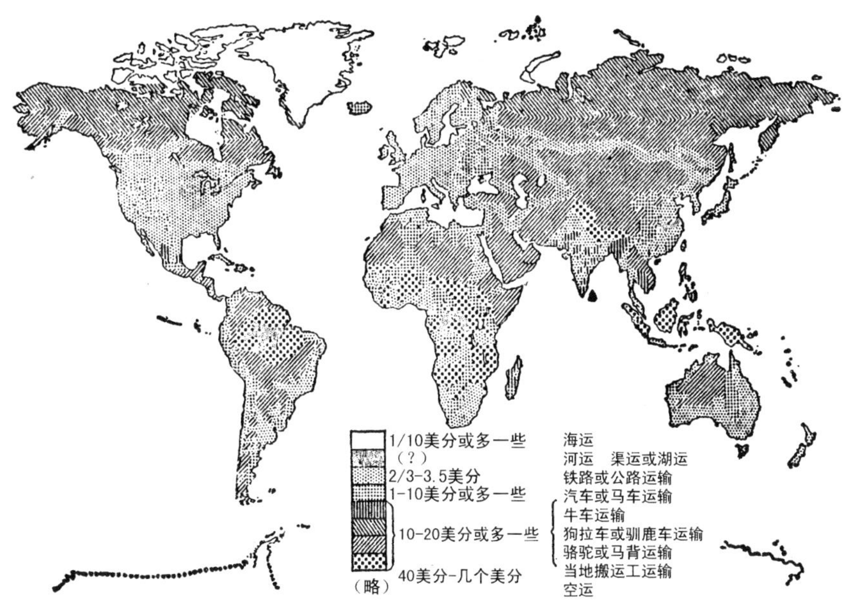

图 2.16　世界旅行速度图

① 怀特莫尔·博格斯：《绘制变化中的世界地图》，美国地理学家协会《年鉴》第 31 卷（1941），第 126 页。复制时得到出版者的许可。

② 由威斯康星大学气象系里德·布赖森提出，他还建议使用机械法来绘制这些类型的地图.

通过以下方法可以获得微分和再积分的合理近似：在地图上几个地点量出旅行速度，先导出近似速度图，然后在相似速度区域周围画出等值线从而产生出等速线地图。这一技术与地貌地理学中坡度图的绘制完全相同。图 2.17 表示的是把原来西雅图等时图变成等速图时的形式。有了等速图，就可以把沿从中心点辐射的各条曲线相加获得近似的再积分，即在地图的一个方向上量出一分钟的距离，在另一个方向上也量出一分钟的距离，等等，然后画出一分钟等值线。同样地，在地图上加上 1 分钟、2 分钟、3 分钟等的等值线。图2.18表示以华盛顿大学为中心的再积分的例子。这

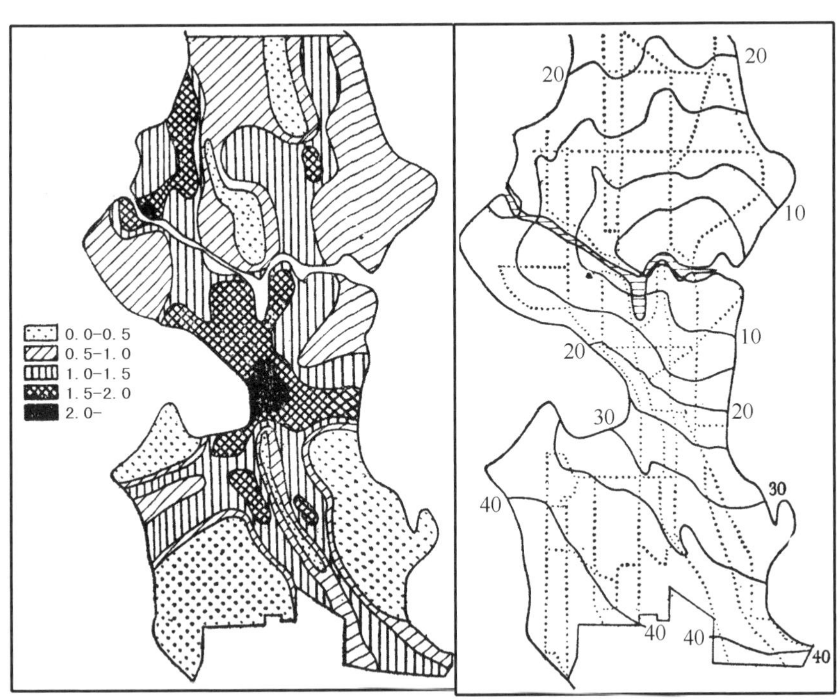

图 2.17　西雅图旅行速度图，英里/5 分钟

图 2.18　从华盛顿大学起的高峰期间旅行时间，间隔为 5 分钟

样,可以从一幅等速图完全合理地产生出以不同点为中心的任何数量的其他这类地图。

（6）条件低劣的非系统“真实”距离地图。考虑一种常见的情况:比率高的地区围绕着比率低的地区。可以作为一个例子的是如较低的水上运费围绕着较高的陆上运费的一个岛屿或一块陆地,如图2.19所示。

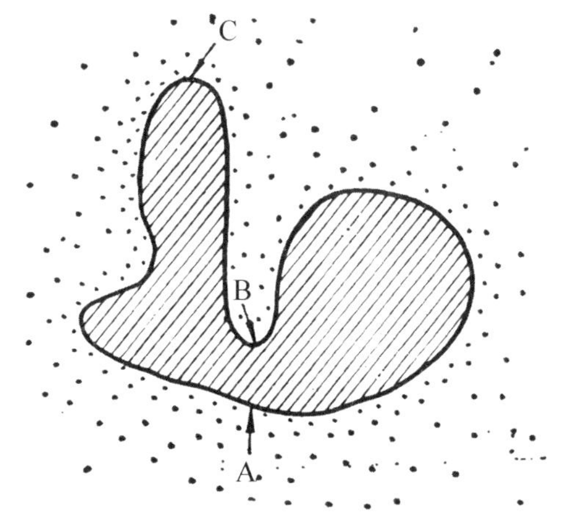

图2.19 真实距离和图示距离之间的冲突

在这种情况下,“真实”距离严重失真。在A点,如果海运费用和陆运费用之间的差别足够地大,那么以到达A点“原始”距离度量的海湾上任何一点,比如B,在用“真实”距离度量时要远离原来的位置。以“原始”距离度量的半岛上的任何一点,比如C,在用“真实”距离度量时也要远离原来的位置。这是空间的严重失真,为了绘制一幅真实运费地图,滨外地区的缩小程度必须大于岛屿的缩小程度。这一点可以通过想象岛屿围绕着海洋,而不是海洋围绕着岛屿来完成。假设岛屿是地球上唯一的陆地,逐渐使其扩大,直至它超过半球并在地球的另一面包围海洋。编制一张以海为中心的地图,海的大小和形状取决于运输费用。这样的地图就是真实的运费地图。然而,我们不能太大地扩大陆地的面积,这样我们就会把凸形陆地界线变成凹形,而这将破坏这种变换。不能把凸形曲线变成凹形曲线的原因是:在一个凸形曲线的区域内,沿海岸任

意多的点之间的走向总是在一条线路上，称之为紧靠海岸的线，但是在一个凹形曲线区域内，沿海岸任意多的点之间的走向包含着按一对一对的点那么多的线路。如果在地球上的扩大越过半球，那么就使凸形曲线变成凹形曲线。要理解这件事，可以想象一下置于极地的差不多近似于点的一个最小的圆。如果这个最小的圆渐渐地扩大，当扩大到赤道时，图形的边缘是一条直线，如再扩大，其边缘就变成凹形曲线。因此扩大不能超过半球。另外还要注意到，对于两个或两个以上岛屿的一张地图，不可能进行这一转换。

(7) 数学。难以想出比已经描述过的地图转换更为基本的了，然而上述转换并不能描绘“真实”距离。想象一下一列只停靠终点站的郊区班车。用实际需要的时间作距离时，两个终点之间比中间各点之间更近。如果涉及到终点的地理位置，则需要进行多重的空间倒转，而这些转换是不能绘制成地图的。[①] 这一类的问题使得常规距离的地图变得极其令人迷惑。对许多实际应用来说，伦敦比匹兹堡更靠近纽约，纽约的市场区先包含旧金山然后包含威奇托。为表现真实距离而必须进行的这些扭曲和颠倒只有用纯数学才能记录下来。[②]

①② 这一说法已经证明是完全错误的，沃·托布勒在一系列卓越的论文中，特别是在《地图投影分析》中（未出版的手稿，华盛顿大学，1960 年 3 月，后来在他的博士论文《地理空间的地图转换》中发表其内容，华盛顿大学地理系，1961），已经变革并大大简化了地图投影这一古老的问题。托布勒已经使绘制空间扩大，折叠，错位，重复，颠倒，删除，中断和叠加的地图成为可能。他的工作对中心地试验有着巨大的启示作用，因为他使转换成为可能，从而消除乡间人口和运输网分布不均的影响。这一错误之所以还留在本书中，部分原因是出于对托布勒的公正，因为他的发现是在看了我这本书的原稿之后，但主要原因是为了对托布勒的巨大成就表示敬意。由于这样的卓越发现而使我陷入错误，我是感到非常高兴的。

例如要解决图2.19所示的岛屿问题，一个容易的数学方法是把这一问题变换成三维问题，在岛屿和周围海洋上增加费用面。这一费用面的形状就像很陡的高山，其轮廓线与岛屿相一致，位于海面之上为一片倾斜的平原。“真实”距离就可以定为费用面上的最短距离。

3. 维度

一幅地图或任何平面，只有两个自变量，即 x 和 y 轴。所有地形起伏的表示方法是第三变量——高度——在其他两个变量上的投影。

(1) 不表示地形的普通地图。

(2) 等高线图。这种地图依赖于把其他符号描绘在等高线上这一根深蒂固的惯例。由于存在着大气和陆地之间的巨大界线，这一惯例是合理的。[①] 因此，所绘制的所有客体，事实上都在地球的表面。一旦失去这一惯例，我们就无法知道绘制的客体在地球表面之上或之下有多远。例如，等高线图上的隧道在地球表面以下有多深呢？

(3) 走向和倾向地图。这是地质学家为了在两维空间表示固体的一种有创造性的方法。它的成功部分地取决于与岩层的连续性和形状有关的惯例。

(4) 柱状地图。利用其高度随着地形而变化的垂直柱尺建立某一地区的模型是可能的。地球表面以下所有地层的厚度和深度

① 如果我们任性的话，我们可以想象像绘制大气的底一样来绘制地形图。

可以在柱尺上用色带的宽度和高度来表示。每一柱尺用不同的颜色全部着色,每一种颜色代表一种地层。一根柱尺就像一个微型的油井核心。这种模型的倾斜照片可以用作地图。不过,这只是一种部分图像,因为如果要给出完全图像,就需要紧密林立的柱尺群,而这一柱尺群所表示的东西只能从外观察,如一种断块图。

(5) 系列图。两个以上的变量可以用系列地图来表示,就像在天气图中所做的一样。各种压力面以规则的时间间隔来绘制。对于某一特定区域压力面的地图系列可以产生出高度和以时间为维度的序列地图。风暴电影是从一系列天气图制成的像动画片那样的电影,思罗尔[①]还曾提过其他几种用途。

(6) 数学。任何数量的因次都可以非常容易地处理。

4. 理想化

(1) 普通地图。一幅地图可以表明空间理想化的例子,比如在巴伐利亚,城镇的布局近似于克里斯塔勒的六角法。

(2) 想象地图。比如冯·杜能的《孤立国》或伊萨德的《景观》的部分图解综合那样想象中的地图,是用来说明“典型”的布局,但并不表明它本身是理想的。

(3) 数学。不可能把一种理想表示成一幅图像。考虑一下试图画出三角形概念的困难吧。可以画出许多三角形的例子,但是不管所画的三角形有怎样的启发性,每一个三角形都是画出的特

① 思罗尔:《赋于生命的制图学》,《职业地理学家》第11卷第6期(1959),第9—12页。

定的三角形，而三角形的概念是无法画出的。数学是不受这种巨大障碍限制的。

5. 空间分析

(1) 同一区域的一对地图。虽然地图似乎是提供空间现象理论的，然而有时候，理论是由地理学家的思维，而不是地图本身提供的。图尔明评论说：

> ……如果有人问："难道地图没有告诉我们波特桥就在贝格博罗东北 5 英里处以及许多类似的东西吗？"我们的回答既是肯定的又是否定的。当然，你知道怎样看地图的话，你可以从地图上读出大量的地理信息，但是地图只是一个方面，另一方面，地理的陈述用非常不同的方式告诉我们许多东西。[①]

地图和思维的伙伴关系是如此密切，以致难以判定在某一给定情况下究竟是哪一个、或是否两者都包含着理论。考虑下面一个例子：一个非常重要、但又常常是含蓄的地理理论是对要求在两地之间的移动进行"可感知"的安排，如果这两地靠得"很近"，就降低"运输费用"。如果我们试图解释威斯康星州乳酪厂的分布图，那么威斯康星州的乳牛分布图就可以提供部分的解释。把乳酪厂和乳牛的两种分布图放在一起是"有道理的"，因为把牛奶运至加工厂的运输费用小。当我们对欧洲炼油厂的分布图和中东的油井分布图进行比较时，这些地图就不能自圆其说了。[②]

还有另一种方法能揭示出地图的固有逻辑特征。所有的纸张

① 图尔明：《科学的哲学》，第 108 页。

② 这一例是华盛顿大学地理系爱·厄尔曼建议的。

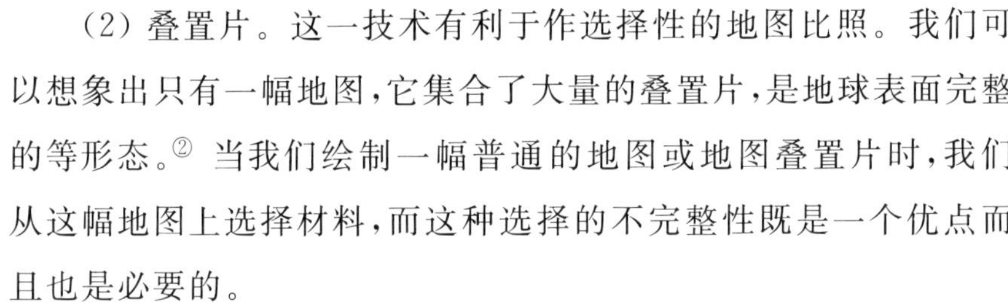

图 2.20　欧几里得空间次序关系性质的说明

都具有某些固定的几何性质，其中之一与空间次序有关。考虑一下图 2.20 中的三角形 ABC。

通过 B 点投影一条直线使得 O＜β＜α。这条线将在某一点与 AC 相交，则 A、D、C 的次序就确定了，即这三个点的次序不可能是 D、A、C 或 A、C、D。这一次序关系的性质是在任何欧氏面上建立的，对地图来讲当然是成立的。因此，在使用地图中，赋予我们一种逻辑结构的空间资料，不过我们是不意识到的[①]。

（2）叠置片。这一技术有利于作选择性的地图比照。我们可以想象出只有一幅地图，它集合了大量的叠置片，是地球表面完整的等形态。[②] 当我们绘制一幅普通的地图或地图叠置片时，我们从这幅地图上选择材料，而这种选择的不完整性既是一个优点而且也是必要的。

（3）通过处理资料并重新安排资料所绘成的地图。这一类地图的例子包括局部地形图、坡度图、人口密度图等等。

（4）使用大量数学计算的地图。鲁滨逊和布赖森的相关技术[③]、

---

①　戴维·希尔伯特：《几何学的基础》，伊利诺伊州拉萨尔，奥彭·考特出版社，1902 年。

②　这一概念是华盛顿大学数学系的赫伯特·福里斯特提出的，与图尔明的“基本地图”密切相关。图尔明：《科学的哲学》，第 116 页。

③　鲁滨逊和布赖森：《地理分布对应性定量描述的方法》，美国地理学家协会《年鉴》，第 47 卷(1957)，第 379—391 页。

达西的空间分布统计分析[1]以及维戴尔的运输问题图解法[2]都是例子。

（5）数学。存在着只有用数学才能解决的各种区位问题，而这些数学解中只有某些结果能绘成地图。图 2.21 中绘出了美国各州首府之间寻找最短环行线这一难题的解决[3]。后面将给出空间问题纯数学解的其他例子。

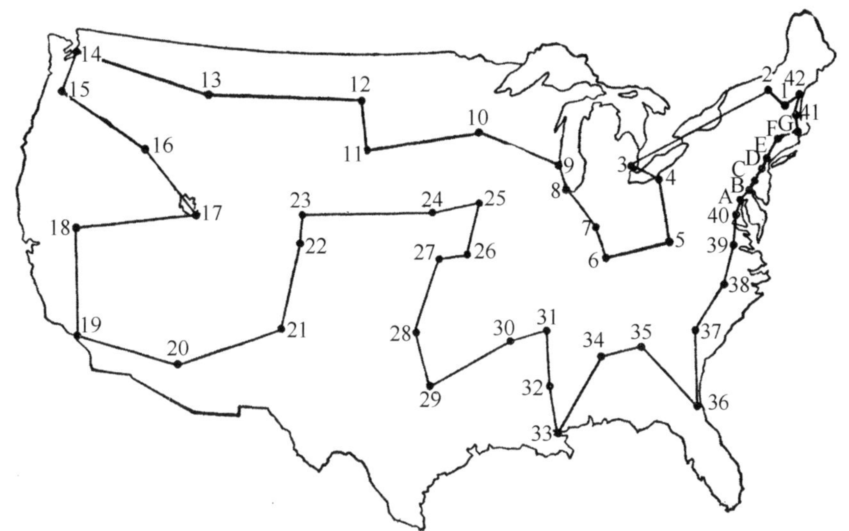

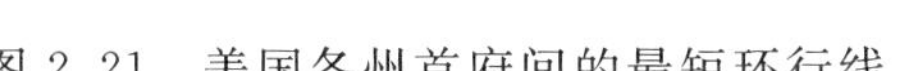
图 2.21　美国各州首府间的最短环行线

① 迈克尔·达西：《用最近相邻法分析地图分布》，华盛顿大学地理系讨论论文第 1 号，1958 年 3 月 8 日。

② 马塞洛·维戴尔：《运输问题的图解法》，《美国操作研究协会学报》第 4 卷（1956），第 193—203 页。

③ G. 丹齐格、R. 富尔克逊和 S. 约翰逊：《大比例旅行推销员问题解》，《美国操作研究协会学报》第 2 卷（1954），第 393—410 页。复制时得到出版者的许可。

6. 重叠现象的描绘

(1) 表示散布的符号(图 2.22)。[①]

(2) 阴影符号。用分级良好的符号可以绘制诸如天气一类的多变量问题的主题。希思以低值在使用三种伴生的符号方面获得成功。[②]

(3) 辐射线(图 2.23)。[③]

(4) 多剖面。哈格斯特兰的技术可以同时表示许多有公度的面积变化(图 2.24)。

(5) 多色方格。图 2.25 是一个非常成功的多变量技术。[④] 这幅图给出了良好的视觉效果,同时保持了量度性。

(6) 数学。数学函数可以毫无困难地表示任何数的空间变量。

三、地图所描绘的不可度量的空间性质

一旦理论——不管是含蓄的还是明晰的——把我们的注意力引到某一特定的空间性质上,则可以发现这一性质是可以用图表示的,但无法度量。度量可以用数学法解决。下面给出几个例子,并概述可能的数学处理方法。

---

① 鲁滨逊:《地理学要素》,第 184 页。复制时得到了出版者的许可。

② 系华盛顿大学地理系的威利斯·希思。

③ 阿奇·格拉克:《购物地图,源泉及用途》,《化学系列的进展》第 10 期(1954),第 103 页。复制时得到了出版者的许可。华盛顿大学地理系约翰·舍曼建议采用。

④ M. 伯格纳:《正方网格——面积统计图》,《1956—1957 年地理手册》,弗朗兹·斯坦纳出版公司(1958),第 466 页。托·哈格斯特兰建议使用。

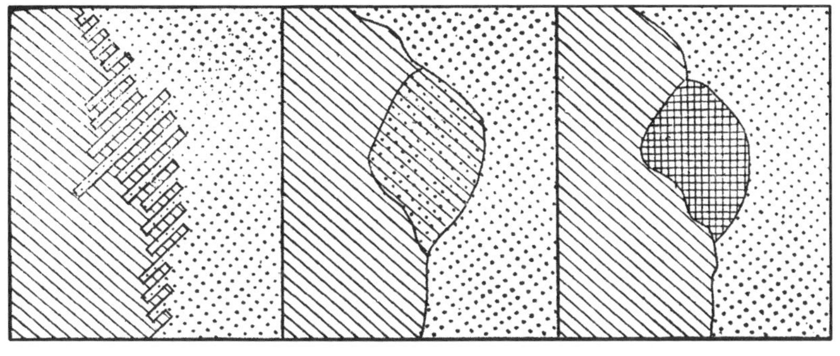

叉指式　　符号的重叠　　用符号表示的混合区

图 2.22　表示散布的符号

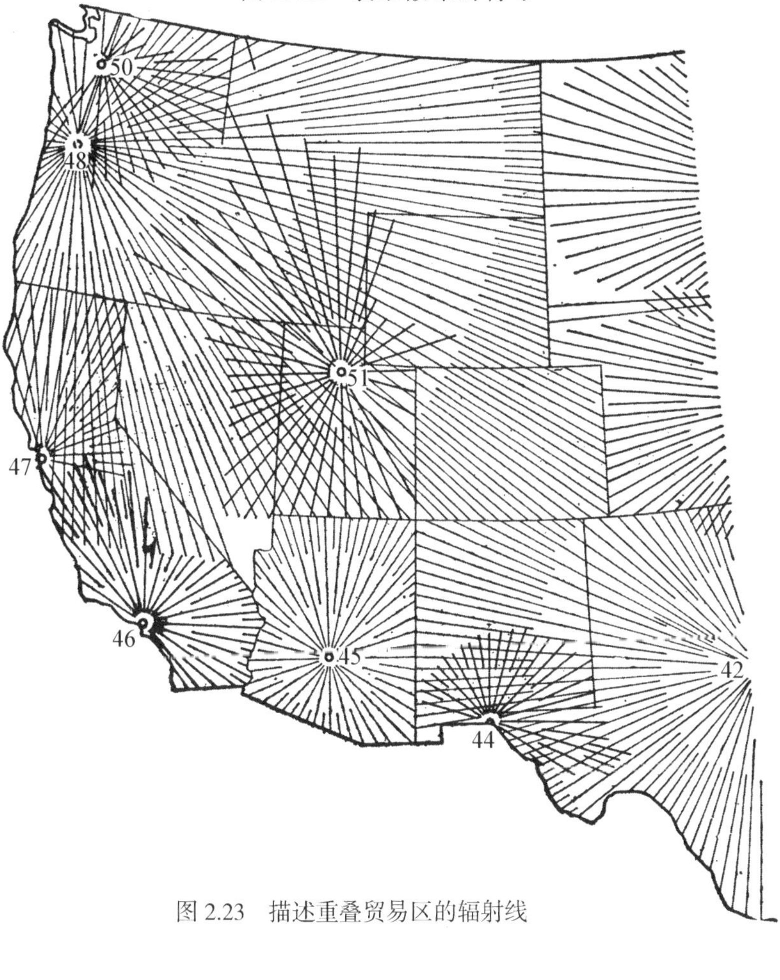

50
48
51
47
46
45
44
42

图 2.23　描述重叠贸易区的辐射线

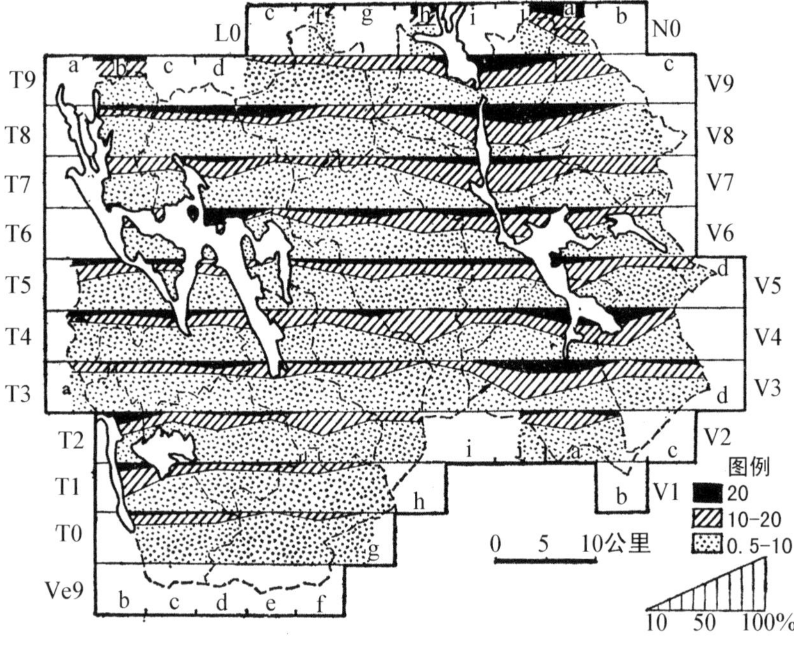

图 2.24　同时表示几个有公度的面积变化

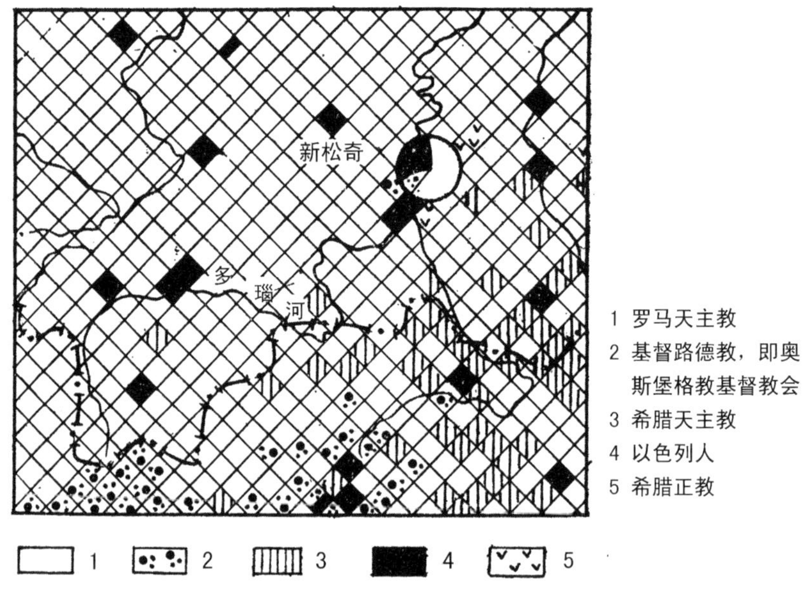

图 2.25　多变量制图

（这幅图是黑白修正本。原来《地理手册》(1956—1957)上的图是彩色图）

1. 均一性

地理学家与均一性这一可用图表示的性质有着密切的关系。虽然除用统计变化来直接识别均一性外，还几乎没有进行任何研究以提供均一性的度量，但似乎可以通过以下的途径设计出一种度量。想象一张纸完全并均匀地为盐和胡椒所覆盖，而且盐粒和胡椒颗粒相间。这是一种均一的空间分布。如果在纸上画一条线把它分成两半，并且在一边均匀地放上盐，在另一边均匀地放上胡椒，那么这种分布是不均匀分布。如果把纸画成棋盘状，在黑色方块上放上胡椒而在红色方块上放上盐，这也可能是一种不均匀分布。但是如果纸上的方块数增加，使得所有的方块越来越小，最后每一颗盐和每一颗胡椒相间，那么不均匀分布就逐渐变成了均匀分布。这一例子表明了一种数学方法，它使这一性质的概念更清楚，它意味着均一性是程度的问题，它还意味着变量之间的距离是重要的。

2. 方位

方位可以定义为某一客体最长轴的方向。这是最常用的定义，然而它仅能用于细长的客体。而且，这一定义在很大程度上是任意的，因为一个图形也许有几根轴其长度与最长轴几乎相等，而且轴的长度的细微变化可能导致方位的重大变化。这种任意性可以用以下方法来减小：把客体放在由平行线组成的场内，再测量图形覆盖的平行线的总长度。这些长度将形成频率分布。再旋转平行线组成的场，并观察频率分布。如果不发生频率分布的变化，则图形是圆的，无方位。图形愈是趋近于一条线，例如变成一系列越来越扁平的椭圆，那么在平行线组成的场转动时，频率分布的差别也就越大。这些差异的比率可以看成是这一图形方位的度量，产生最小差异的平行线场的位置可以看成是方位的方向。

通过使用定点原理也可以得到非任意的定义。定点原理是拓扑学中处理图形失真时不移动点的原理。[①] 如果有两个定点，则通过这两个点可画出一条线，而这一条非任意线（而不是最长轴）被用来确定图形方位。然而，定点原理似乎并没有很好的前景，因为方位和图形似乎是不可分的。考虑图 2.26，转动 A 使它较好地和 B 重合，然后改变其形状使它与 B 精确地相配，则可从 A 衍生出 B。通过改变 A 的形状而不做任何旋转，也可完成 A 到 B 的全部转化。因此，难以想出与形状无关的方位度量。

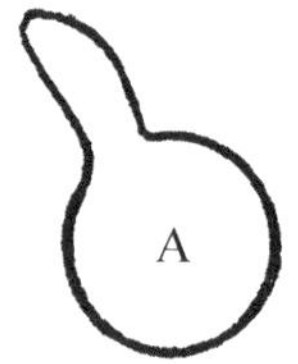

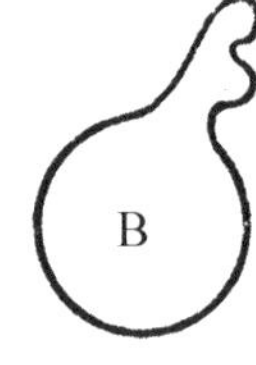

图 2.26　形状和方位的相关性

3. 形状

形状是一种重要的特性，因为它与地理理论密切相关。中心地理论已经相当清楚，可以用来严格测试市场区的形状。形状的度量方法已经发现，将在下一章中叙述。

4. 图谱

图谱有捉摸不定的性质，不能度量是明显的，但图谱似乎总是

① 定点原理是理查德·库兰特和赫伯特·罗宾斯在《什么是数学?》中所描述的原理。伦敦牛津大学出版社，1941。

涉及某些网络的考虑,因此,它可以转化为线的排列问题。[①]

5. 空间合理性

空间合理性与某一给定现象的典型空间排列概念有关。考虑图 2.27。A 中的(不是 B 中的)等值线表示地形或大气压的排列,而 B 的直线排列时表示为堡垒或金字塔。当空间合理性尚不能被度量时,它似乎与某一种现象分布的平均形状有关,因此,它可以按这一途径来解决。

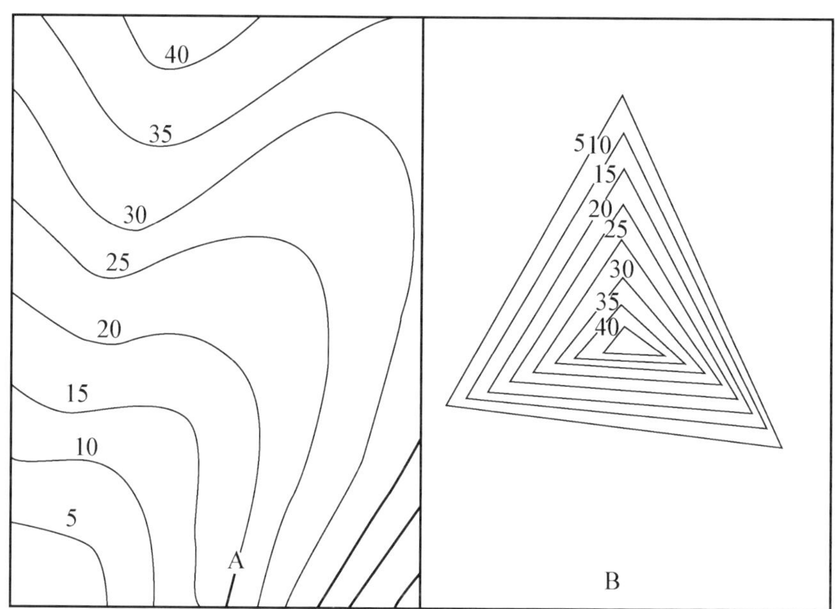

图 2.27 特定现象的典型空间排列

① 最近,图谱的某些方面已经得到了度量。见迈·达西:《线谱描述》,该文是在芝加哥海洋研究局主办的"地理学中的定量问题"学术讨论会上的报告,1960 年 5 月 5—6 日。

四、结论：地理学中预制地图、地图和数学的相对重要性

超制图学的研究导致以下结论，即与预制地图相比，地图是一种更普遍的空间工具。预制地图，比如航空照片，具有一定利用价值的优点，但预制地图并不是像地图本身那样是一种具有选择性和符合人意的空间手段。而且超制图学表明，地图尚有许多潜力可挖。

在评估地图和数学的相对重要性时，地理学家面临着对地图先天承担义务的问题。例如，索尔在涉及到地图时写道：

> 如果告诉我有一位地理学家不总是需要它们，也不想把它带在身边，那我就怀疑他是否对生活作了正确的选择。[①]

但是超制图学表明，尽管地图比数学有一定的优点，但数学是地理学的更为广阔的媒介和更为灵活的手段。一般说来，预制地图是地图的子集，而地图是数学的子集。

---

① 卡尔·索尔：《地理学家的教育》，美国地理学家协会《年鉴》第46卷（1956），第289页。

第三章 形状的度量

在超制图学一章已经指出这一愿望，在一定情况下，需要用数学来代替地图。一个主要的障碍是缺乏对于像方位或均一性这样一些重要地理概念的度量。这一章的主要目的是，通过创立地理学家能够创造形状的度量的例证，来说明空间特性的度量，如果需要进行这样的度量的话。从本书的全面展开方面说来，这一章开始讨论描述数学，而它是下一章讨论的核心。

这一章的第二个目的在于提出形状的度量，因为它对地理学来讲有其固有的重要性。形状出现在许多隐理论中，例如从地貌学者所关切的地形到城市地理学家对城市形状的分类中都有形状问题。自克里斯塔勒时代以来，中心地理论的工作成果已经清楚到足以使我们能对市场区形状的含义进行试验。然而，从未有人对形状进行过度量。[①] 斯特拉波写道：

> 用任何一种几何图形来描绘整个意大利都是不容易的。一些人说它是一个三角形的岬，……但是，正确地说，所谓三角形是一个直线图

---

① 我所知道的关于形状的定义仅有凯泽的两个，然而这两个定义都未引向形状的度量。凯泽指出形状是一个族，它建立其本身的数学差别性。卡修斯·凯泽：《族的概念》，《数学世界》，詹姆斯·纽曼编，纽约，西蒙—舒斯特出版社，1956，第 3 卷，第 1538—1557 页。

形，而在这个例子中，底和边都是曲线，……这样，这个图形与其说是三边形，倒不如说是四边形，……最好是明确承认不能准确地规定非几何图形。[①]

地貌学家已经发明了像坡度、局部地形、高度、剖面等等这些形状次特征的度量。[②] 这些单个的度量或度量的组合不能处理形状本身。数学家们已经发明了描述地表的度量标准。例如，通过切比契夫多项式、傅立叶级数或泰勒级数可以令人满意地近似描述表面。困难是这些度量超过了形状，因为它们也包含方位。例如，在用切比契夫多项式对一个表面进行两次度量时，如果这个面从一次度量到下次度量中转动的话，则这一表面也许显示出不同的值。处理形状的另一种常用方法是设计一种分类，然后主观地指定它的形状。牛轭形、圆形、鞋带形和矩形都是典型的形状种类。这些分类经常是如此模糊，以至难以很有把握指定各种范畴内客体的形状。另一个困难是类别的任意性。问题是发明这样一种形状的度量，它①要包括形状，正如地貌学家利用的度量一样；②只包括形状，就像数学家利用的度量一样；③是客观的；④不歪曲我们关于形状的直观概念。

这一章分三个主要部分。第一部分介绍形状的度量。第二部分通过精选的墨西哥社区图形实例，论证形状的度量。最后概括在形状的度量问题上尚未完成的工作，并作出结论。

① 从范帕森转引：《地理学的古典传统》，荷兰，J. B. 沃尔特出版社，1957，第 6 页。

② 非常奇怪的是，地理学家并不把地形的描述看成是在三维空间描述形状的一般问题。用来描述地形的方法在其他地方很少使用。

一、度量形状的体系

度量形状的主要问题在于弄清通过度量反映出形状的特征，且又不包含有其他的特征。最难排除的外来特征是方位。

1. 两条原理

用以完成形状的度量而又排除所有外来特征的度量体系是建立在两条原理的基础上的。第一条原理是任何简单连接的形状能够与一个任何边数的多边形相匹配，这一多边形的边数相等，但边长可以不等。[①]"匹配"表示该多边形的所有顶点都可落在形状的边界上。图3.1中的a表明了一个八边形，是可以利用任何边数的一个多边形。现在设想这个多边形的边是刚性的，但在长度上可以

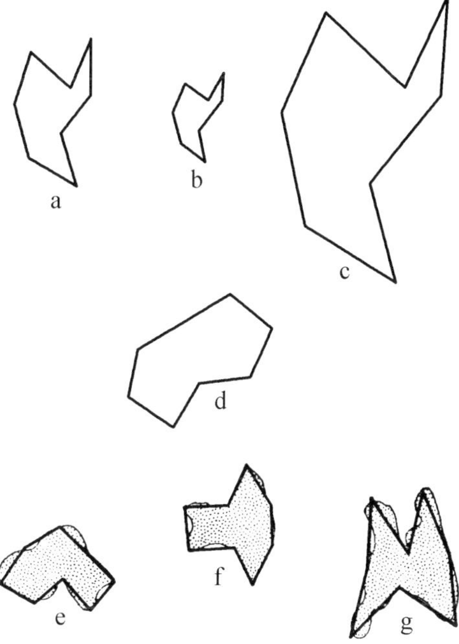

图3.1 解释原理一的辅助图

① 本书作者独立地发现了这一原理，但据威斯康星大学数学系普雷斯顿·哈默说，这一原理是数学家们已经知道的。

调整，就像伸缩梯一样，但各边长度总是相等的。也就是说，如果增加或减少一条边的长度，其他的边亦必须增加或减少同样的长度。再假设这些长度相同，但可以调整长度的伸缩梯，在它们的末端被可以自由转动的铰连接在一起，因而，这种机构是灵活的。这种机构可以变小，如图 3.1b 所示；亦可变大，如图 3.1c 所示；或改变形状，如图 3.1d 所示。第一条原理说明这种多边形能够与图 3.1 中 e、f 和 g 所示的任何形状相适应。大小、方位或位置不影响多边形与形状相匹配的能力。

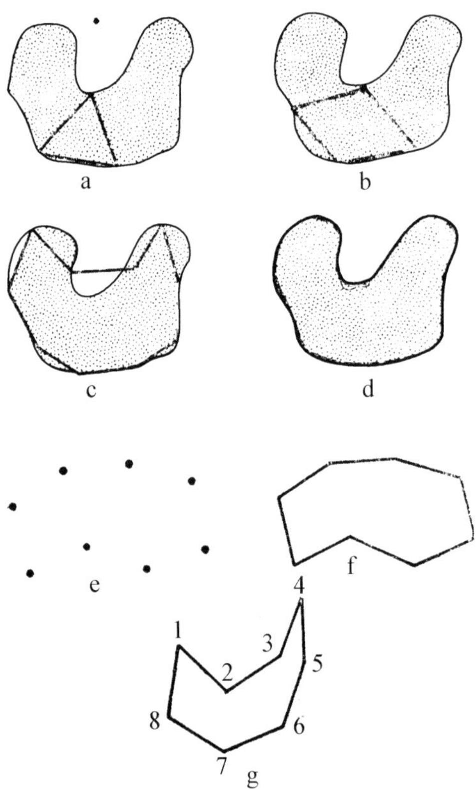

图 3.2　解释原理一的辅助图

下一步是注意通过增加多边形的边数，能够更近似地与形状匹配，如图 3.2 中的 a、b、c 和 d 所示。事实上，边数越多，多边形和形状越接近，在多边形的边数无穷多时，多边形与形状就完全相同。为了较好地近似于多数形状，仅仅需要边数较少的多边形。多边形适合的精度不应超过为形状划界中的测量误差。如图中 e、f、g 所示，要作出多边形，所需要的只是限定多边形的顶点，这是显而易见的。

第二条原理说明，如果算出所有顶点间间一个顶点距离的和，则间两个顶点距离的和也要算出，等等，直到确定全部各不相同的和；如果将所有顶点间间一个顶点的距离平方，然后合计，则间两个顶点的距离亦要平方，然后合计，等等，直到确定全部各不相同的平方和，那么，每一个形状将与这两组总和中的一组有一个一对一的对应关系。[①]

需要对这一原理作一点解释。在图 3.3a 中，已经算出这个八边形的顶点，这样做仅仅是为了区别这些顶点。在哪一个顶点上标上 1，及沿顺时针方向或是沿逆时针方向编号，都没有任何差别。作为一个测量单位，这个多边形的边长被任意地定为一个单位。这个边的长度可以被定为任何数字。所以利用 1 是因为这样做简单。不管这个多边形伸缩梯是延长或缩短，长度总是取 1(或其他某一常数)，关于这一点可能会产生一种混乱。对于消除不同尺度的影响，这一常数尺度规则是必要的。

“算出所有顶点间间一个顶点距离的和，间两个顶点距离的和，等等”，是指在图 3.3 中测量出顶点 1 和顶点 3(跳一个顶点)的距离，如图 3.3b 所示，也量出顶点 2 和顶点 4，顶点 3 和顶点 5 等之间的距离，这样围绕着多边形测量，然后算出总和。也就是说将所有间一个顶点的距离加在一起，给出一个数字。因为一个单位的长度是指这个多边形每一边的长度，顶点 1 和顶点 3 之间的距离是 1.8 单位(l.8 边长)，顶点 2 和顶点 4 之间的距离是 1.6 单位，等等，所有间一个顶点距离的总和是 12.2 单位。在图 3.3c 中，重复

① 威斯康星大学数学系罗伯特·巴克于 1957 年非正式地证明了这一点。

上述步骤，不过这次是间两个顶点，也就是跳过两个顶点，再次算出所有距离的总和，它是 15.1。间三个顶点，在图 3.3d 中，得到的总和为 16.4 单位。应该注意到，间三个顶点使距离本身回折，也就是说，从顶点1开始，间三个顶点到顶点5，但在顶点5，间三个

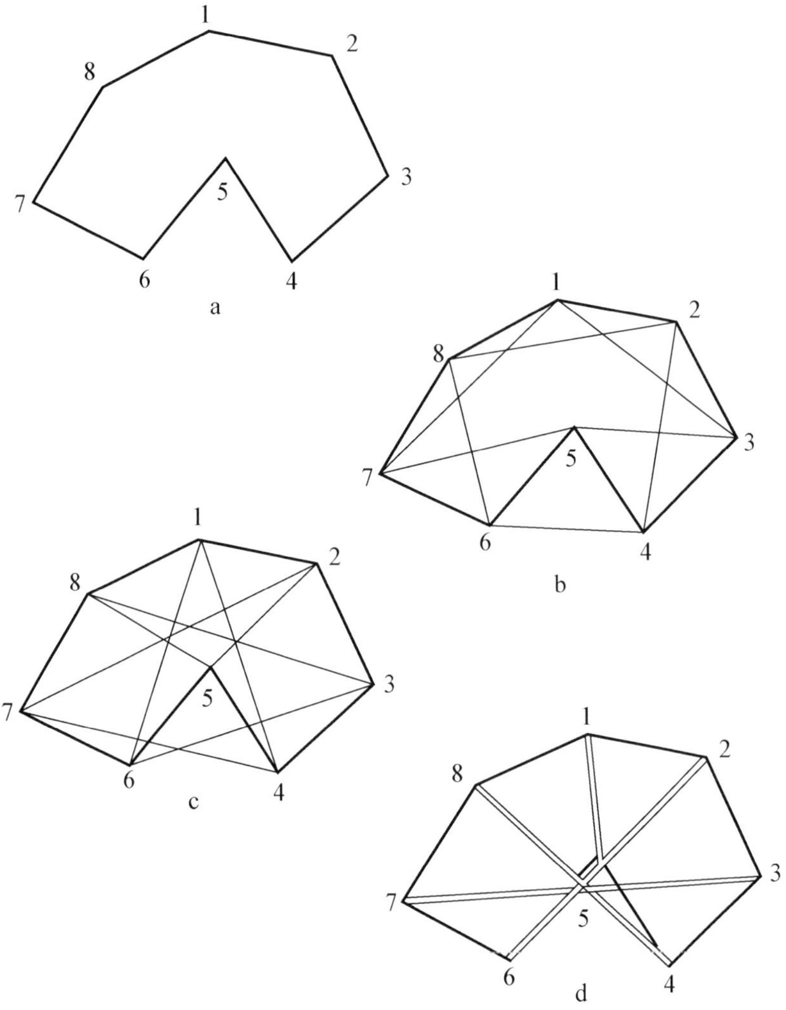

图 3.3　解释原理二的辅助图

顶点，把我们又带回到顶点 1。间四个顶点又产生间两个顶点的结果，间五个顶点则产生间一个顶点的结果。因此，间的顶点大于三个时，产生不了新的总和，也就是说，对八边形来说，“所有各不相同的总和”最后为间三个顶点所确定。

根据这一原理的第二部分，将顶点之间的距离平方。在图 3.3b中，已算出顶点 1 和顶点 3 之间(间一个顶点)的距离是 1.8 个单位，它的平方为 3.24；顶点 2 和顶点 4 之间的距离是 1.6 个单位，它的平方为 2.56，等等。然后，将这些距离的平方数加起来，产生一个间一个顶点距离的平方和。重复同样的步骤，算出间两个顶点和间三个顶点距离的平方和。所有计算出来的结果是 6 个和，三个是非平方的(线性)，三个是平方的。也就是，一个八边形将产生 6 个数字。需要比一个多边形的顶点数小 2 的已知量的原因是，在复制一个形状时，第一个点放在何处没有差别，第二个点可以放在半径为一个单位的圆上的任何地方。因此，未知数的数目比初看起来的数目少两个。

根据第二条原理——度量这里所设想的图形的关键，每一个形状将与一组各不相同的和有一对一的对应关系。这意味着对每个具有形状的多边形只有一组的和，而对于每一组的和，只存在着某一特定形状的多边形。从形状到数字以及从数字到形状都是可能的，这是非常明确的。事实上，数字与形状是同一的，所不同的只是语言。[①] 这一原理的利用使地理学家可以离开地图而用表格

① 这一论点尽量避开数学，但并非是没有代价的。用数学语言进行讨论可以大大地精简。另外，用英语讨论似乎使问题复杂化了，如果用数学语言来讨论，那本质的简单性和纯真性就显现出来。

来表示形状，就像可以用表格来描述地区一样。

2. 形状度量的特点

在上述原理下产生的数字仅反映形状，而且仅仅反映形状。它们不受大小、方位、位置或形状是不是反映了图像的影响。此外，主观认为似乎彼此相似的形状具有彼此相似的和；相反，主观认为似乎明显不相似的形状具有非常不相似的和。最后这一陈述是重要的，但是不可能有数学证明，因为它涉及什么是相似形状的直观判断。然而，这一陈述可以得到论证。在下面的图解中，一个矩形被渐渐地弄平。如果读者关于形状相似的直观概念与作者的主观概念一致，那么，我们都会同意这样一种看法：从 a 到 d 的图形在形状上与 a 发生偏离的程度不断增大，与 d 相比，a 比较相似于 b 和 c，等等。这些形状的数组精确地反映了这一直观概念。如果用符号 S_1、S_2、S_3 分别表示间 1、2、3 个顶点距离的非平方和，用符号 S_1^2、S_2^2、S_3^2 分别表示间 1、2、3 个顶点距离的平方和，那么，形状 a、b、c、d 的数字如下表所示：

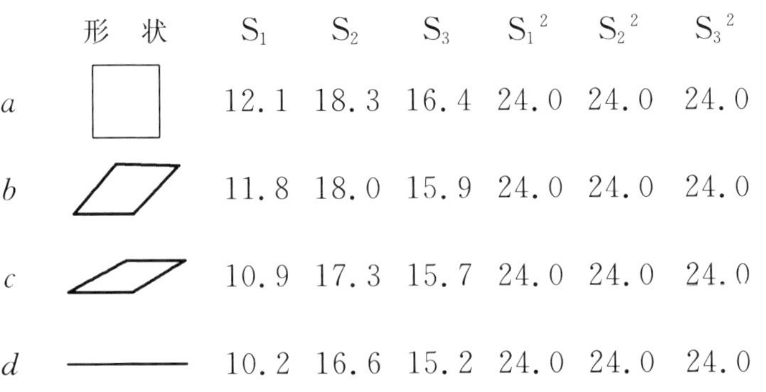

	形　状	S_1	S_2	S_3	S_1^2	S_2^2	S_3^2
a		12.1	18.3	16.4	24.0	24.0	24.0
b		11.8	18.0	15.9	24.0	24.0	24.0
c		10.9	17.3	15.7	24.0	24.0	24.0
d		10.2	16.6	15.2	24.0	24.0	24.0

当和从 a 到 d 移动时，它们单调地减少，也就是说，它们保持

相同或减少，而不增加。[①] 这一性质保证形状数字的分类，能把看上去相似的形状进行分类。在后面将给出这种分类的实例。

现在可以客观地处理形状概念了。例如，克里斯塔勒没有讲所有巴伐利亚凝集的聚落是以一个精确的六边形排列的。他认为它们的排列接近于六边形。而相似于六边形的这种性质可以用六边形的和来定义：

形　状	S_1	S_2	S_1^2	S_2^2
六边形	8.4	13.2	11.7	31.7

下面给出六边形特别定义的和的变化范围。这个范围必须包括以下六边形的和：8.4、13.2、11.7 以及 31.7，但是在别的方面，它是任意的。

形　状	S_1	S_2	S_1^2	S_2^2
六边形	8.1—8.7	12.9—13.5	11.4—12.0	31.4—32.0

如果减小这个范围，使得这些和更接近精确的六边形和，则形状将更加类似六边形。另一方面，也可以扩大和的变化范围，从而更为松散地确定六边形。

3. 形状度量的计算

在试图阐明第一条原理的意义中，进行了近似多边形和铰接伸缩梯周边的比较。通过稍许改动，便能造出一种装置，这种装置将能对近似多边形形状作出迅速计算。这种装置由刚性的、相同长度的金属条组成，这些金属条铰接在一起形成一个多边形。为了改变这种装置的大小，不是去改变金属条的长度，而是可以改变

① 平方和正好都等于 24。平方和通常也像非平方和一样变化。

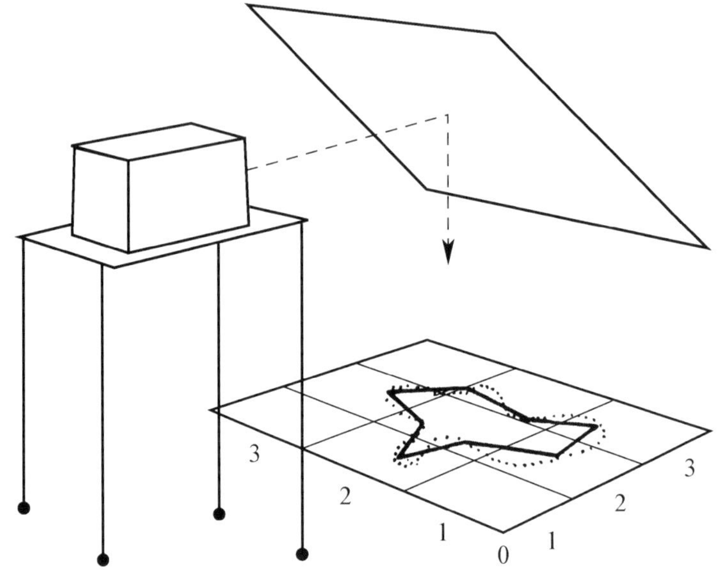

图 3.4　度量形状的装置

图像的大小来实行等值运算达到与多边形相匹配的目的。可以利用一种不透明的投影器来改变图像的大小。

在这一研究中采用的步骤是:把投影器放置在装有轮子的桌子上,如图 3.4 所示那样向前和向后做适当的移动。为了将多边形固定到图像上,以 45°角放置一面镜子,这样,来自投影器的图像就会被投射在放置多边形的地板上。为了计算顶点之间的距离,在多边形下面的地板上放上网格,这样形状的图像就会落到含有多边形的网格上。然后按照顺序记录下点的位置。这一信息与特殊形状的鉴别一起被打到穿孔卡上,编制出计算机程序,这样就可自动地获得形状的和。[①]

---

① 威斯康星大学研究生研究委员会负责的数值分析实验室进行了计算机计算。华盛顿大学地理系可提供八边形的适合于 IBM650 的程序卡和指令,只需付复制费。

二、实例——精选的墨西哥社区形状

这里将精心选择的墨西哥一些社区的形状作为实例介绍，以说明形状的投影度量。所以选择墨西哥中部的一些村庄，是因为可以获得的那些地图具有很高的制图水平，地图的比例尺大到足以能确定村庄的边界，而且村庄的界线是相当清楚的。令人遗憾的是可以获得的图不多，所以所有图上的所有村庄都被利用。① 缺乏合理的抽样程序使我们无法得出推论，但这不影响这一研究作为例证的价值。任何有关形状的研究包含被考虑现象的边界的确定。这里，村庄的界线将采取所给出的界线。除了墨西哥

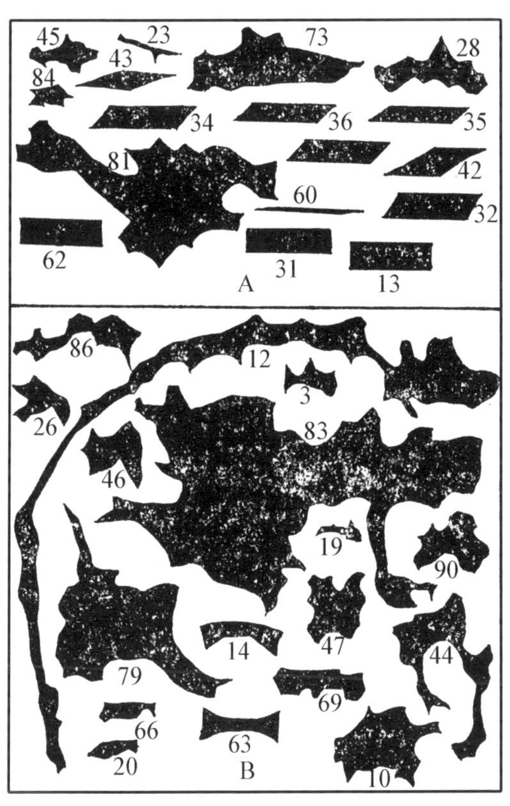

图 3.5　墨西哥一些社区的形状和形状分类

① 墨西哥统一住宅区，比例尺 1：25 000，图 14Q—h(39)、14Q—h(40)、14Q—h(70)、14Q—h(73)和 14Q—h(122)。

村庄的形状外,几个几何形状被作为示踪物插进这个研究中。图3.5—3.7表明了所用的97个形状,对这些形状进行了度量,结果列于表1中。

现在能够对形状进行分类了。分类要有一个意图,这是不言而喻的。[①] 也许最典型的意图是检验特定形状与一些现象之间的关系,比如说环形和线形城市与街道维修人均费用之间的关系。然后环形和线形形状以及所希望的接近它们的形状,可以通过围绕这两组形状和,并设置间隔,使其彼此分开。但是,如果在头脑中没有这种特别的意图,在对形状进行分组中,可能会把相似的形状归入同一类。通过使用每个和的频率图,这种分类很容易进行,分类间隔是用图像中的最小值确定的。图

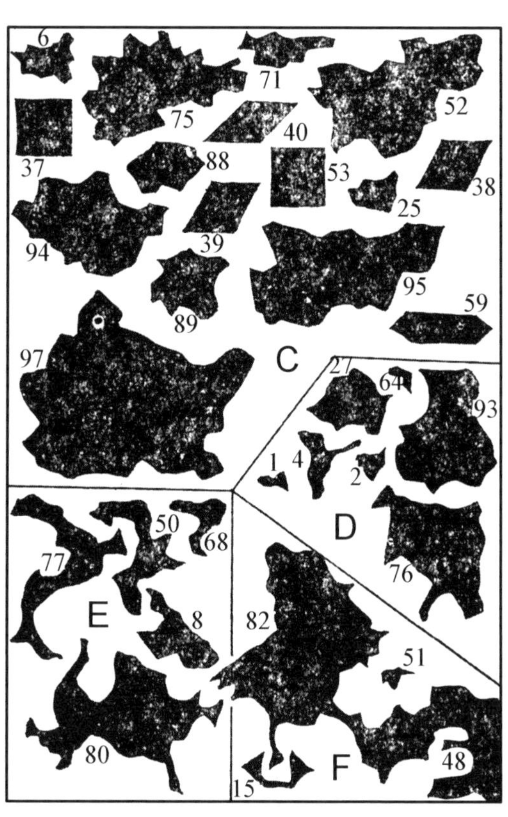

图 3.6 墨西哥一些社区的形状和形状分类

① 马林·克莱因:《土壤分类的基本原则》,《土地科学》第67卷(1949),第81—91页。

3.8—3.9 表示以选出的分类间隔排列的数据。选择了分类间隔以后，表 3.1 中的原始和被进行了分类。图 3.5—3.7 表示了用数字进行分类的形状。考虑到分类间隔的宽度和仅仅与八边形相适的粗糙性，数学处理得到的结果还是令人满意的。

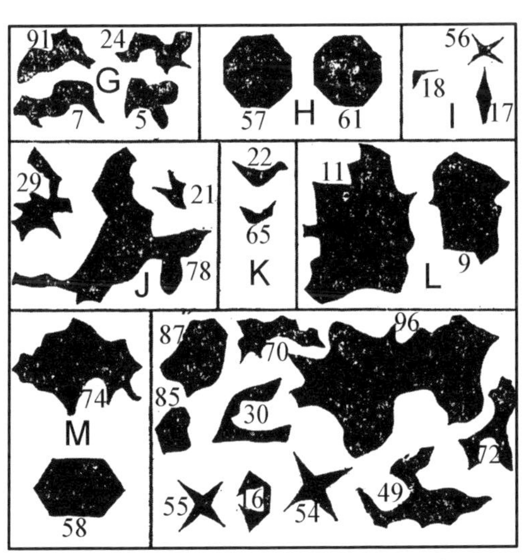

图 3.7　墨西哥一些社区的形状和形状分类
（注：图内数字表示不同等级）

数据使形状和地区之间的关系富有启发性。从比较地区和形状类型的表 3.2 中，可得到的令人注目的事实是 K 类形状和 F 类形状的特征。K 类形状可以被描述为“飞镖形”。这种形状与小社区相一致，平均面积 0.03 平方公里，标准偏差 0.02。难以想象这种形状为什么和极小的聚落相联系。然而可以证明，在论及一个小区内交通运输时，K 类是非常无效的形状。只是在距离无关紧要的地方，K 类才能得到默认。可以被称为“纵深单一海湾形”的 F 类是最大的，在面积上的变化最大，平均面积为 0.59 平方公里，标准偏差为 0.75。这种令人吃惊的结果也许是起因于低劣的抽样，因为那些研究大集聚聚落形状理论的人，对于形状未给予任何考虑。在这一方面，应进一步测试。

表 3.1

形状和

形状编号	S_1	S_2	S_3	S_1^2	S_2^2	S_3^2
1	13.07	16.09	8.55	22.64	35.76	21.08
2	13.30	16.96	9.13	23.46	37.76	21.24
3	12.59	15.36	8.23	20.60	33.56	19.56
4	13.31	16.34	8.49	24.18	37.14	20.47
5	11.95	15.28	8.23	18.94	29.68	18.44
6	13.36	17.06	9.18	23.32	38.12	22.06
7	11.84	14.57	7.91	19.54	30.02	18.05
8	10.67	13.62	7.33	16.64	27.76	15.28
9	14.31	18.39	9.90	26.04	44.04	25.98
10	12.66	16.41	8.83	21.06	34.64	20.61
11	14.39	18.65	10.08	26.24	44.20	25.73
12	12.58	14.63	8.03	21.06	32.26	19.29
13	13.65	16.94	9.15	24.00	40.00	24.00
14	12.67	14.89	8.18	21.24	33.48	20.18
15	11.05	10.66	5.80	16.28	19.64	9.22
16	9.82	8.51	4.38	12.92	12.94	4.82
17	4.00	8.00	2.00	8.00	8.00	4.00
18	2.82	8.00	1.41	4.00	8.00	2.00
19	12.51	15.18	7.92	21.32	33.94	20.10
20	12.56	15.38	8.17	21.88	34.90	20.71
21	11.34	14.42	7.83	18.38	29.50	15.62
22	12.88	15.82	8.49	22.22	34.36	19.99
23	12.45	15.80	8.22	23.24	38.48	23.19
24	12.28	14.59	7.63	19.60	29.24	17.86
25	13.94	17.98	9.69	24.70	41.52	24.30
26	12.50	15.51	8.31	21.10	32.32	18.16
27	13.09	16.65	8.97	22.22	36.16	20.49
28	12.91	16.33	8.75	22.60	37.56	22.10
29	12.02	14.90	7.95	20.54	30.48	16.63
30	12.40	14.38	7.49	22.92	28.34	14.34

形状编号	S_1	S_2	S_3	S_1^2	S_2^2	S_3^2
31	13.65	16.94	9.15	24.00	40.00	24.00
32	13.49	16.76	9.01	23.88	39.82	23.88
33	13.36	16.66	8.90	24.00	40.00	24.00
34	13.20	16.51	8.76	23.92	39.88	23.92
35	13.05	16.41	8.65	24.00	40.00	24.00
36	12.70	16.16	8.41	23.88	39.82	23.88
37	13.65	17.88	9.65	24.00	40.00	24.00
38	13.65	17.82	9.62	24.32	40.52	24.30
39	13.54	17.64	9.53	24.16	40.26	24.15
40	13.25	17.14	9.26	23.84	39.72	23.82
41	13.05	16.82	9.05	24.00	40.00	24.00
42	12.85	16.53	8.83	24.16	40.26	24.15
43	12.37	16.02	8.40	23.60	39.32	23.58
44	12.81	16.34	8.82	21.28	35.60	19.96
45	13.10	16.54	8.86	22.70	37.92	22.39
46	12.90	16.32	8.75	21.56	34.70	19.75
47	12.71	16.21	8.76	21.54	34.08	19.48
48	10.91	12.62	6.51	17.38	21.88	11.44
49	9. 91	12.17	6.81	14.02	21.60	11.71
50	11.00	13.40	7.10	17.82	25.40	14.07
51	10.21	10.84	5.06	15.82	17.28	8.71
52	13.86	17.59	9.42	24.66	41.00	23.89
53	13.65	17.88	9.65	24.00	40.00	24.00
54	10.02	13.31	7.09	14.96	22.16	14.96
55	9.59	12.17	6.42	13.86	19.94	12.65
56	6.16	8.50	4.35	7.92	9.04	7.92
57	14.42	18.85	10.20	27.04	44.76	26.04
58	14.25	18.48	9.98	25.56	43.24	25.56
59	13.85	17.42	9.27	25.44	42.64	25.44
60	12.20	16.02	8.10	24.04	40.06	24.03
61	14.42	18.85	10.20	27.04	44.76	26.04
62	13.65	16.94	9.15	24.00	40.00	24.00

形状编号	S_1	S_2	S_3	S_1^2	S_2^2	S_3^2
63	12.09	13.96	7.98	19.76	31.64	19.76
64	13.23	16.68	8.92	23.76	37.88	21.65
65	12.93	15.75	8.40	22.42	34.12	19.65
66	12.04	15.13	8.14	20.04	32.66	19.14
67	12.83	16.43	8.69	23.88	36.58	19.95
68	11.55	13.93	7.33	19.24	26.84	14.24
69	12.65	15.13	8.25	20.94	33.82	20.49
70	13.36	13.08	5.79	25.42	24.26	9.49
71	13.59	17.27	9.25	24.24	40.60	23.91
72	10.12	12.97	6.83	14.92	24.78	13.15
73	13.04	16.43	8.70	23.40	39.00	23.25
74	14.26	18.55	10.02	25.88	43.76	25.86
75	13.75	17.52	9.42	24.12	40.22	23.54
76	13.34	16.85	9.06	22.68	37.30	21.66
77	11.06	13.63	7.17	18.02	26.28	13.67
78	11.72	14.40	7.54	20.72	28.78	15.80
79	11.51	15.02	8.15	19.36	31.48	19.03
80	10.77	13.26	7.20	16.38	23.32	14.63
81	13.24	16.85	8.99	24.36	39.88	23.27
82	11.82	10.80	5.92	18.40	19.24	10.99
83	12.66	15.50	8.26	20.54	33.06	19.25
84	13.44	16.58	8.92	23.86	38.86	22.69
85	15.65	17.35	7.73	34.26	38.24	15.95
86	11.87	15.11	7.79	20.04	33.50	19.55
87	14.34	16.54	8.56	26.46	38.46	22.38
88	13.66	17.39	9.33	23.74	39.76	23.32
89	13.95	18.19	9.82	24.82	41.82	24.68
90	12.68	16.09	8.66	20.80	34.76	19.40
91	11.77	14.14	7.60	18.68	28.46	17.14
92	14.51	17.97	9.52	30.56	48.58	28.69
93	13.12	16.57	8.95	22.04	36.54	20.74
94	13.82	17.66	9.51	24.74	40.84	24.08

形状编号	S_1	S_2	S_3	S_1^2	S_2^2	S_3^2
95	14.02	17.63	9.44	25.20	41.92	24.91
96	13.21	16.51	8.84	21.96	36.02	21.93
97	14.02	18.26	9.87	25.00	42.06	24.84

在此顺序中，L 类和 C 类是仅次于 F 类的最大的类型。下面再现了选择的 F、L 和 C 类形状的形状和。因为地理学理论已经指出，对于大社区而言，很有可能是圆形或星形的，所以这两种形状亦包括在内。

形状类型	形状编号	S_1	S_2	S_3	S_1^2	S_2^2	S_3^2
F …………	82	11.82	10.80	5.92	18.40	19.24	10.99
L …………	11	14.39	18.65	10.08	26.24	44.20	25.73
C …………	97	14.02	18.26	9.87	25.00	42.06	24.84
H，圆形……	57	14.42	18.85	10.20	27.04	44.76	26.04
其他，星形…	54	10.02	13.31	7.09	14.96	22.16	14.96

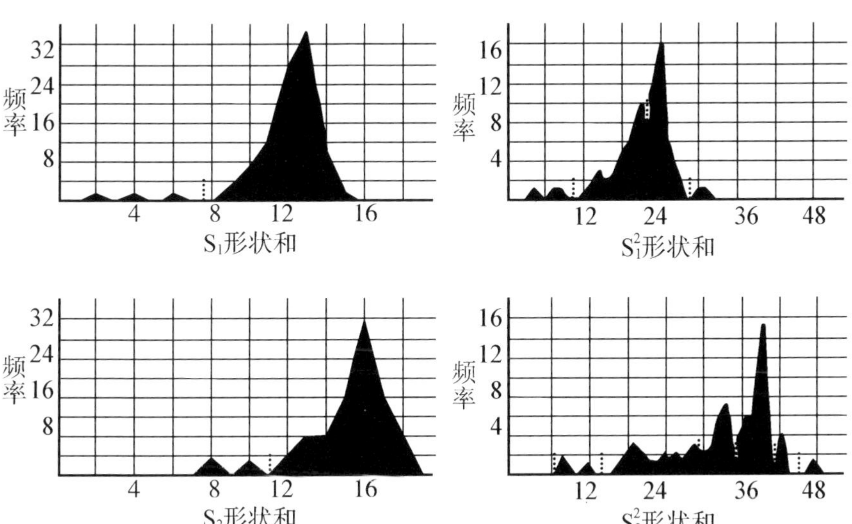

图 3.8　形状的度量频率图

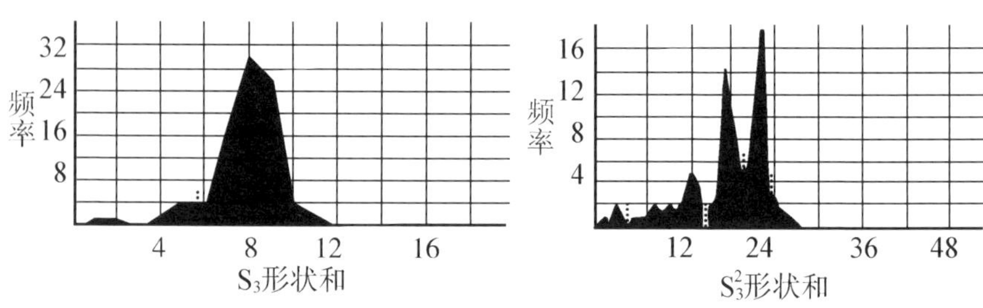

图 3.9 形状的度量频率图

有趣的是 L 和 C 类形状最接近圆形，F 类最接近星形。这可以使人联想到 F 类城市是在与 L 和 C 类非常不同的环境下形成的。用于圆形和星形形状的定义在两者之间明显地产生巨大的差别，也就是说，它们的形状和非常不同。鉴于这样的事实，很难解释像芝加哥这样一个城市是星形还是圆形方面怎么会存在不一致看法的。这可以被看成是这种形状的度量失败的证据，否则它就是人们无法以肉眼区别形状之间差异的证据。

表 3.2 **每一类形状的平均面积和面积的标准偏差** （单位：km^2）

形状类型	聚落数	平均面积	面积标准偏差
A	6	.27	.31
B	14	.34	.54
C	9	.37	.26
D	7	.19	.20
E	5	.24	.21
F	3	.59	.75
G	4	.11	.02
J	3	.21	.17
K	2	.03	.02

续表

形状类型	聚落数	平均面积	面积标准偏差
L	2	.49	.15
其他	8	.25	.25
总数	63	.30	.36

三、有待完成的工作和结论

在形状的度量的讨论中，没有考虑讨论对象的连接性和维数这两个重要的拓扑学上的区别。[①] 如果讨论对象不是简单地相连，即如果在讨论的对象中有洞穴，这一度量方法就不适用。[②] 幸运的是，对有着任何维数的讨论对象，其形状定义的外延似乎没有理论上的困难。例如，应该能用列联表对有储油构造的穹隆形状进行分类，从而预言找到石油的可能性。同样的想法可以应用于四维客体，像一个时期的暴风雨，这样，天气预报可以得到改进。

为了给任何客体的平均形状抽样，必须用自变量取代 S_1、S_2、S_3……以及与其对应的平均数。[③] 能找出平均形状是具有重要意义的。例如，尽管尚未获得各自情况下的市场区形状，但市场区的平均形状可能是六边形的。

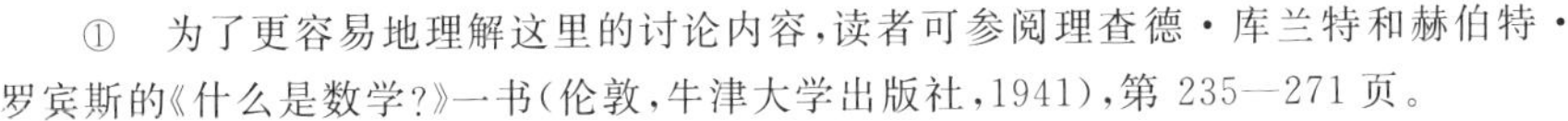

① 为了更容易地理解这里的讨论内容，读者可参阅理查德·库兰特和赫伯特·罗宾斯的《什么是数学?》一书（伦敦，牛津大学出版社，1941），第 235—271 页。

② 从数学上讲，在简单连接物体和其他物体之间有很大差别。已经写出了（但尚未出版）关于有孔洞形状的度量方法的论文，它与这里讨论的度量非常不同。

③ 这是巴克在对第二原理进行非正式证明中完成的。他对 S 值进行了一些运算后，利用雅可比转换建立了无关性。巴克记不清这一运算过程了，所以这一过程还需重新研究。

这一章最重要的一点不是对形状的评论，而是对于度量那些迄今只能在地图上表示的空间特性的可能性的说明。形状的度量的实例，使人们看到了度量方位、类型、均一性和其他重要的地理特征的方法能为人们发现的希望。这样的发现将使地理学从对地图主观利用的依赖中解脱出来。

第四章　描述数学

因为所有数学都能应用于空间，因而对地理学而言，所有的数学都具有潜在的价值。可用于地理学的数学的量是如此之大，因此，这里只考虑已经成功地应用于空间的部分。在这里“空间”不仅仅指距离①，而是指地表的所有几何特征，如形状、维度、类型、距离以及连接性。在标题为《距离、邻近性和几何学》的一章中拓展了这一空间概念。排列空间数学的一种可取的途径是从描述到高度抽象。描述数学被机械地应用于资料而不要作过多的理论考虑。当数学变得更抽象时，通常需要更加深刻的概念。

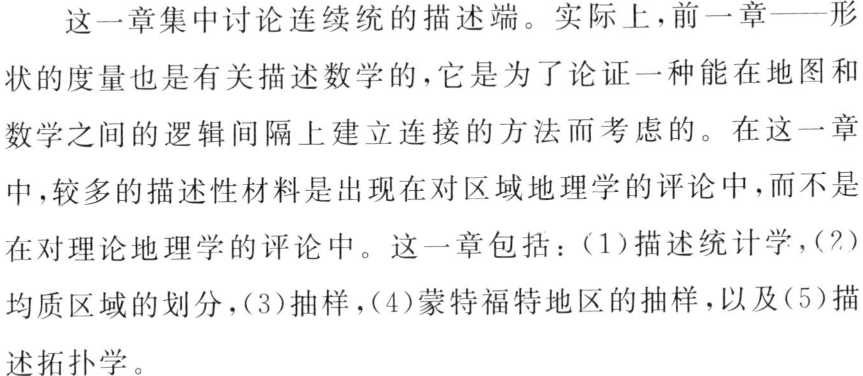

这一章集中讨论连续统的描述端。实际上，前一章——形状的度量也是有关描述数学的，它是为了论证一种能在地图和数学之间的逻辑间隔上建立连接的方法而考虑的。在这一章中，较多的描述性材料是出现在对区域地理学的评论中，而不是在对理论地理学的评论中。这一章包括：(1)描述统计学，(2)均质区域的划分，(3)抽样，(4)蒙特福特地区的抽样，以及(5)描述拓扑学。

① 正如沃森所论证的，距离是一个重要的空间变量。J. W. 沃森：《地理学——一门距离的学科》，《苏格兰地理杂志》，第71卷第1期(1955)，第1—13页。

一、描述统计学

对地理学家而言，最熟悉的数学领域是描述统计学。几乎所有的地理学家都计算过地区现象的平均数或百分数。这门数学是如此普及，以至存在着把数学地理学与描述统计学相混淆的危险。

尽管在地理学中广泛和长期使用统计学，但仍然有许多人对其持怀疑态度。例如，经常听到“无意义的平均数”这种说法。事实正好相反，平均数或任何描述统计学总是富有意义的。它的质不是从一组资料到另一组资料而变化。例如，如果某个县只有面积为 500 英亩和 50 英亩的一批农庄，则平均大小的农庄就不会作为一个可观察到的农庄而存在。另一方面，某个县的所有农庄面积都可能是 160 英亩，则其平均数是 160 英亩，它当然存在。批评家们错误地声称，在第一种情况下，平均数是无意义的，而在第二种情况下，平均数是有意义的。这里所不同的是平均数的离中趋势。解决的办法是度量这种离中趋势，而不是抛弃平均数。有几种离中趋势的度量方法，最常用的是标准偏差。

在奥·达·邓肯、雷·卡佐尔特和贝·邓肯的《统计地理学：分析地区数据中的问题》[①]中，可以得到描述统计学的一个彻底而且极其有价值的处理方法。他们揭示了空间统计学中固有的许多问题，介绍了几种相对地鲜为人知的统计学。由于这一著作的完

① 奥·达·邓肯、雷·卡佐尔特和贝·邓肯：《统计地理学：分析地区数据中的问题》，伊利诺伊州，格伦科，自由出版社，1961。

善性和新近性，建议读者直接参考该书以了解这一方面的内容。在加里森、麦凯和雷诺兹的著作中有其他一般的评论。①

在统计学的意义上说，关于地理统计学的一个普遍看法是：分布经常是特有的。这种特有性的一个原因在于地表空间的有限性。例如，从总体上说，“世界正在缩小”的看法已经得到普及，强调人类旅行可以更快，而且运输费用更为便宜。与这种变化有关的统计分布问题可以用政治地理学来说明。当然，幼稚的交通技术对于古代大量君主国家的存在是重要的，因为，如果两个实力不等的国家进行征服性的战争，实力强的国家就处于优势。但是如果力量较强和力量较弱的敌国相距很远，那么它们能够共存。于是，距离在政治单位中具有充分的作用，防止它们竞争。如果交通费用减少，距离缩短，那么，平均来说，政治单位将在数量上减少，面积上增大，因为一些弱的国家将被征服。作为初步近似，假设所有独立国家是有着占优势的交通技术所决定的等半径圆。② 再假设圆的周围的每一个君主国家都是一个潜在的敌人，而且与每个国家的战争可能性相等。那么，随着交通改进，战争的可能性是什么呢？如果其他的一切都相等，战争的可能性就取决于这个国家

① 威廉·加里森：《统计推论对地理研究的可用性》，《地理学评论》第46卷(1956)，第427—429页；罗斯·麦凯：《区域地理学：定量方法》，《加拿大地理论丛：献给拉乌尔·布兰查德》，拉瓦尔大学地理学院主办，魁北克，拉瓦尔大学出版社，1959，第57—63页；罗伯特·雷诺兹：《地理研究中的统计方法》，《地理学评论》，第46卷(1956)，第129—132页。

② 皮特里支持这一看法，他断言埃及和美索不达米亚早期城邦的首府都一致地相距20英里，其原因在于粮食的运程超过10英里就无利可图了。见弗林德斯·皮特里《古埃及的社会生活》，伦敦，康斯特布尔出版公司，1923。

所面临的潜在敌国的平均数。这个数字是一个敛集(packing)几何问题。[①] 当国家的范围小的时候,即交通技术是原始的时候,则如果紧紧敛集,邻国数是6,随着国家面积的增大,平均说来,潜在敌国越来越隔开。这一过程并非是无限地继续下去,因为地球的面积是有限的。当政治半径大的时候,平均6个潜在敌国的存在是不可能的。相隔最远的政治敌国可能在对跖点上,半径为6 250英里,相距12 500英里。那时仅有一个潜在敌国。这样,当其他一切相等的时候,随着潜在敌国之间距离的增加并接近对跖点的界限,当世界性征服变得逼近时,战争的可能性较小。图4.1表明了近似分布。至于精确分布,要先回答以下的问题,即在地球上能放上多少给定直径的、大小相等的圆或六边形?

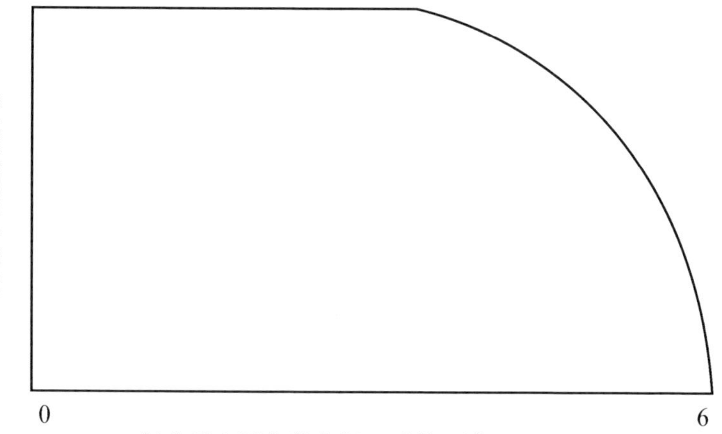

图4.1 国家面积增大时的战争概率

反映地球表面有限范围的另一种分布可以用政治地理学来说

① 关于敛集入门的讨论,见D.希尔伯特和S.科恩-沃森:《几何和想象》,P.尼门伊译,纽约,切尔西出版公司,1952,第32—52页。

明。假设两个对抗的国家把它们实力高度集中在自己的国土上，而且假设它们的对抗通过不发达经济的经济支撑进入消耗战。双方都被吸引到争议上来，而且这种争议在地球各处都随机地表现出来。为了进行紧急的经济援助，在距一个国内基地的各种距离上将可能需要什么样的运输能力呢？为了简化问题和揭示基本的统计分布，这一问题可以被看成寻找球面上随机分布点之间最短表面距离的分布。可以期望这种分布接近世界主要城市之间表面距离的分布。图 4.2 表示的是世界里程图的结果。[①] 最小可能距离是 0 英里，而最大值为 12 500 英里左右。因为分布实际上不是根

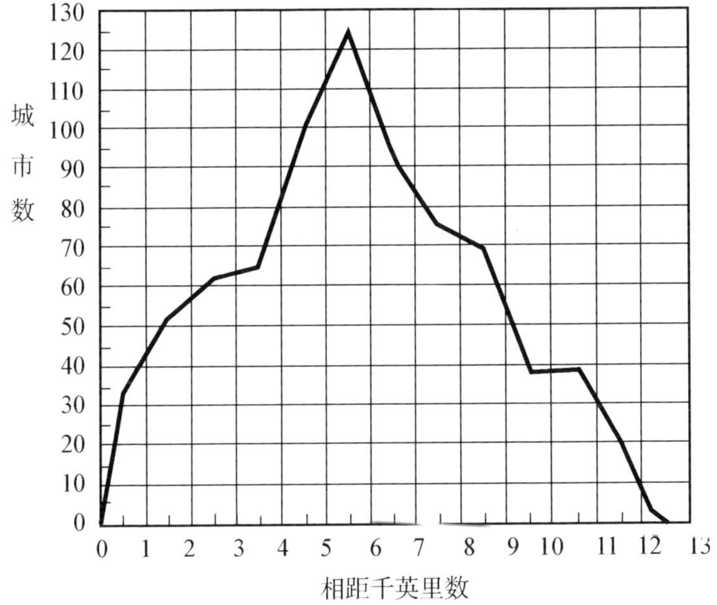

图 4.2　世界主要城市间距离的统计分布

① 《不列颠大百科全书世界地图集》，G. 唐纳德 · 赫德森编，芝加哥，不列颠百科全书出版公司，1952，图 3。

据随机点作出的，欧洲和北美城市的群集就导致较短的距离。随机分布的绝对峰值围绕着 6 250 英里群集，在图上表明为 6.5 列柱而不是 5.5 列柱。图 4.3 中的截正弦曲线表明了由完全随机分布形成的曲线形状。这一论断的非正式证明是：从任何一个所给定的点，在一个给定的距离上，遇到一个随机点的概率与地球表面上以给定距离为半径的一个圆的圆周线成正比，这里的给定距离是从给定点起沿着地球表面测量的。当在地表上测量的半径增加时，同心圆的圆周的相对长度与遇到一个随机点的概率成正比。如果正巧选择一极点作为给定点，问题进一步简化成纬线圈的相对长度问题，这就形成了极大值在赤道处的截正弦曲线。

为了确定可能运输尝试曲线，分布必须用距离即运输费用来加权。为了简单起见，假设每英里有一个费用常数，以使正弦曲线可以与距离成正比来加权。图 4.3 中原来的正弦曲线如图 4.4 所示偏

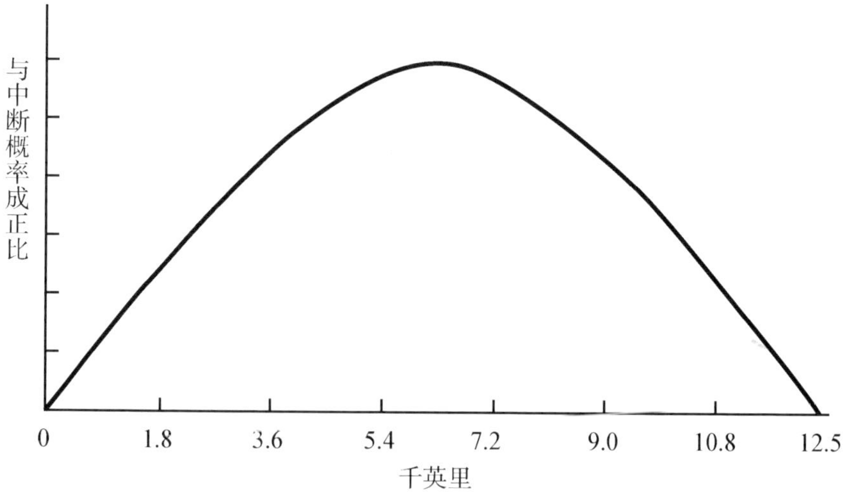

图 4.3　地表随机点之间距离的概率分布

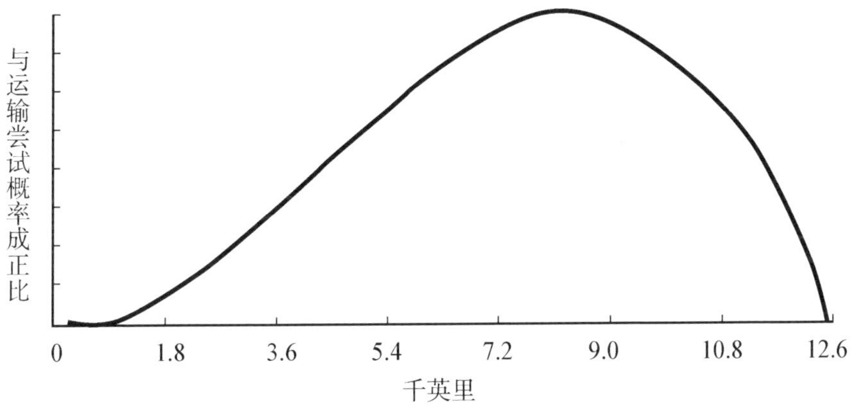

图 4.4　从地表上一点到其他所有点的可能运输尝试曲线

斜到右边。这一最终曲线有相当大的用途。例如，它可被用来建立海外供应基地之间的距离。如果在对跖点建立另一个基地，在紧急情况下，服务于世界的可能运输费用将大大降低，因为图 4.4 的右半边将被左半边的对称映象所取代，这种取代导致该曲线下面积的巨大减小。

地理问题的有限性并不限于地球本身的有限性。假定瑞典人越来越流动，直到内部迁居与移动的距离无关。当然，由于瑞典的大小和形状，这种距离将存在一个上限，这就产生另一特有的统计分布。还可想象出许多其他特殊的有限分布。

二、均质区域的划分

正如在方法论一章所假设的，均质区域的划分本质上是有效分类中的统计学问题。每一种分类的尝试都涉及到在无数可观察事实中究竟哪些事实应该考虑的问题。没有关于显著性的度量，就不可能在无数的事实中决定取舍。就现象本身来说，它们都没有意义，它们的意义仅仅存在于与其他现象的关系。必须建立一种联系，这意味着至少必须包括隐理论。客体不能根据它们本身来分类，至少总是需要对真实世界的某些了解。用正式的统计方法处理均质区域划分的最完美的方法，可以从奥·达·邓肯、雷·卡佐尔特和贝·邓肯的文章中找到。[①]

为了划分均质区域，贝里、麦凯和雷诺兹把分组技术引进地理学。[②] 贝里的成果是最先进的。佐布勒在两篇论文中写到了给定区域组显著性检验的问题。[③] 在统计学中，"显著"(significant)是指一个抽样观测是否真正存在于该样从其中抽出的整体之中。例如，可能有一个 0.0001 显著相关，这意味着 0.0001 的相关确实存在，尽管这种相关是不重要的。因为在地球表面，显然没有两个地区是完全相同的，所以，如果抽取容量足够大的样本，在统计意义

① 奥·达·邓肯、雷·卡佐尔特和贝·邓肯：《统计地理学：分析地区数据中的问题》，第 128—160 页。

② 布·贝里：《关于分类方法的评论》，美国地理学家协会《年鉴》，第 48 卷(1958)，第 300—303 页；布·贝里：《分组和区域划分：使用多元分析问题的方法》，美国国家科学院——国家科学研究委员会关于地理研究中数学问题会议《论文集》，格伦科，自由出版社，待出版；罗·麦凯：《区域地理学：定量方法》，第 61 页；罗·雷诺兹：《地理研究中的统计方法》，第 129—132 页。

③ 伦·佐布勒：《区域边界的统计检验》，美国地理学家协会《年鉴》第 47 卷(1957)，第 83—95 页；《区域建立中的决策》，同上，第 48 卷(1958)，第 140—148 页。麦凯提出的《用做区域研究工具的 X^2》，美国地理学家协会《年鉴》第 48 卷(1958)，第 164 页；佐布勒在《把 X^2 用于区域分析中相对频率和绝对频率的区别》中回答了麦凯的问题，美国地理学家协会《年鉴》第 48 卷(1958)，第 456—457 页。麦凯和贝里在《关于使用 X^2 的讨论》中也讨论了这一问题，美国地理学家协会《年鉴》，第 49 卷(1959)第 89 页。

上，所有地区将是显著不同的。因此，佐布勒的方法没有指出应产生出多少区域或区域界线该定在哪里。

贝里和佐布勒认识到确定均质区域的基本问题是，与区域之间的差异相比，存在着区域内部的绝对差异减少。正如佐布勒指出的那样，对于解决这个问题从而决定区域的最佳选择，方差分析是有前途的途径。但在区划中，最基本的困难是由于对均质区域性质的不断混淆。例如区域等级意味着什么？区域数越大，区域描述的精度就越高，但是，精度的这种提高很可能不是常数。把英国分成两部分描述，则会提高描述的精确度，但如果把其分成三部分，就有可能导致精确度惊人的提高，如图4.5所示，因为在描述的

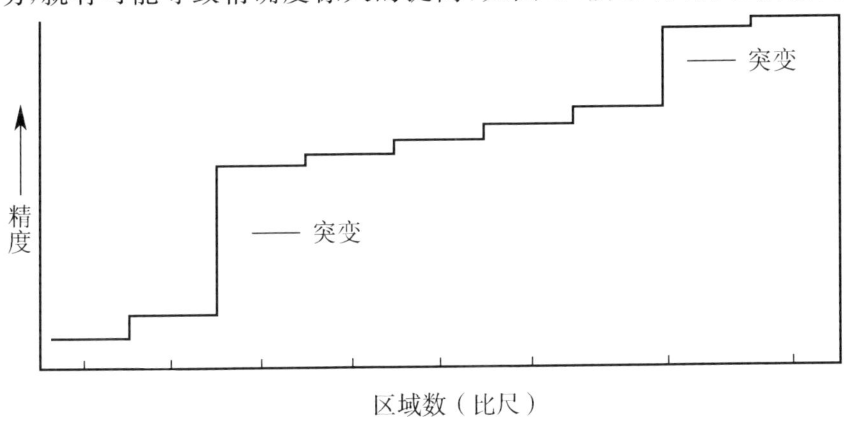

图 4.5　区域描述的精度随着区域数量的增加(类别增加)而突然增加

精确度中的突变可能因地而异，它们可能打乱惠特尔西提出的区域等级的简单概念。[①]

均质区域最佳划分的统计学问题没有全部得到解决，一个基

① 德·惠特尔西：《区域概念和区域方法》，《美国地理：回顾和前景》，普·詹姆斯和克·琼斯编，纽约，锡拉丘兹大学出版社，1954，第 47—51 页。

本的障碍仍然是糊涂的区域概念。把均质区域和地区分类等同看待，这一概念即可澄清；地区分类在方法论一章中已经完成，不过，也许有一些其他的解决办法。

三、抽样

抽样这一主题是非常广泛的，这儿所考虑的仅仅是地区方面的一些情况。在这一节中，抽样的讨论是一般性的。在下一节中，为了扩展这一讨论，并给讨论以某些具体性，从威斯康星州的蒙特福特地区作了实际抽样。

地区抽样是统计学中一个特别可疑的部分。许多人感到像图4.6中a和e这样有系统的抽样，比图中b、c、d和f这样的随机抽样要更加可靠。他们解释说，一致性比随机性更具有代表性，因为可以保证再现每一个地区。然而，随机抽样可以保证每一个点在被选择中有相等的机会，而系统抽样则不能保证这一点，因为一旦选择了系统样本中的首批两个点（或第一条线），其他所有的点亦就被确定了。被选**机会**的一致性比被选点的一致性更为重要，因为随机抽样具有预示自己错误的优点，因此，它不仅给出被抽样本真值的估计，而且还告诉使用者这种估计可能的不准确程度。一般地说，估算精度随着抽样规模的增加而增加。因此，在了解这种估算的可能不精确度情况下，地理学家知道，对于一定的精度来说，何时停止收集数据是可靠的，这种知识可以使我们节省大量的工作。

林务员和生态学家对地区抽样深感兴趣，格雷格-史密斯和乔利对这项工作有两段很好的评论。格雷格-史密斯写道：

> 假如抽样是系统的，可以得到一个平均数的估算值，至少在一些情况下，它比随机抽样所给出的平均值较小地偏离真值，但是，其精度无法表示，而且不可能评价它与另一个地区平均值差异的显著性。[①]

乔利评论道：

> 实验人员经常喜欢用某种系统（即非随机）的方式排列他们的抽样单位，比如把一块地分成若干方块，从每个方块的中心取一个抽样单位。这种类型的样本确实具有许多优点。它是客观的，它能表示这块地的每一部分，而且在抽样单位一定的数量下，它的精度通常比用随机抽样时的精度稍高。缺点在于不可能有效地估算这种抽样的误差。因此，为了估计实际精度，牺牲少量的精度通常是可取的，而这种牺牲的精度可以通过稍微增加样本容量来补偿。如果实验人员将这个地区分成若干较大的方块，而且在每个方块中随机地确定两个或更多的抽样单位，则在相同的样本容量下，他可以估算抽样误差，同时在很大程度上保持表现这块田地的每一部分的优点。[②]

正如所强调的，系统点和系统导线使我们不能从样本本身来估计误差。因而，应该避免系统抽样，但是，如科克伦所解释的那样，如果把抽样地区系统模式的每一次随机定位看成是一次单独的观测，这一观测可与随机点样中的一个点相比，而且对相同区域最少两次使用这种模式，则可以估计样本的精度。[③] 这种方法可能有一些优点，运用这种抽样技术的误差可能较低。与随机抽样相比，在获得系统点或系统导线方面更为切实可行。岩相学家对

---

① P.格雷格-史密斯：《定量植物生态学》，伦敦，巴特沃思科学出版社，1957，第21页。

② G.M.乔利：《抽样理论》，包括在多・布朗的《植被调查和测量方法》第二章中，欧洲共同体农业局，英国，巴克斯，1954，第11页。

③ 威廉・科克伦：《抽样技术》，纽约，约翰・威利父子公司，1953，第161—162页。

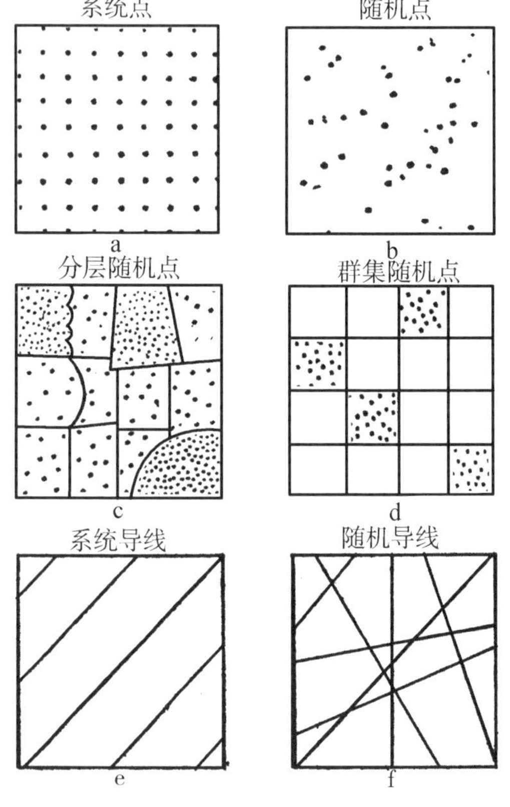

图 4.6　地区抽样设计的各种类型

系统导线抽样特别有兴趣。蔡斯[①]评述而且发展了这项工作。他赞同系统抽样方法，虽然他完全意识到系统样本的精度取决于抽样现象的地区随机性，并且所产生的周期性误差从样本本身是不能发现的。岩相学的机械真实性以及认识某些岩石类别中先验周期性的可能性，与地理学中的条件是不同的，这就使蔡斯的见解对岩相学来讲是可接受的，但对地理学来说则不能接受。

抽样设计本身是一门学科，这是科克伦引进的，他强调地区抽样[②]，但从图 4.6 可以了解到一些地区抽样不同设计的性质。b 中所示的随机点使我们可以估计误差，但它通常不及分层随机抽样或群集随机抽样，而它们也使我们能估计误差。分层随机样本是

① 费·蔡斯：《岩石形态分析：基本统计评价》，纽约，约翰·威利父子公司，1956。

② 威廉·科克伦：《抽样技术》。

在区域每个子域内至少随机抽取两点的样本，如 c 所示。子域的大小或形状不一定要相同。如果在区域的每一子域中随机抽取两点或更多点(通常是更多点)，就有可能预告每个子域中的误差，从而估计出在每个子域中还必须随机抽取多少点才能获得整个区域的所需要的精度。一般说来，分层随机抽样比单一随机抽样所需要的点要少，就可获得同样的精度，因为抽样者可以集中观察产生疑问的变化区域。在群集随机抽样中，仅仅从随机选择的子域内随机选点，如 d 所示。为了获得相同的精度，这种方法一般比简单随机抽样需要更多的点。对地理学家而言，群集随机抽样的优点是，如果观测是在野外进行，则通过深入细致地研究少数几个地区，可以大大减少旅行费用。f 类随机导线具有两个优点：第一：每一根导线都是具有低方差的独立观测；第二，在野外容易收集样本。

伍德和索尔兹伯里是很少利用随机抽样的地理工作者中的两个。因为这个原因，他们在地貌工作上的成果是重要的。[①]

四、蒙特福特地区的抽样

为了说明正确抽样过程的一些概念和对地理学的益处，对芬奇有关威斯康星州蒙特福特地区的经典工作[②]进行了部分的再研究。

---

① 瓦尔特·伍德：《土地利用研究中分层随机样本的使用》，美国地理学家协会《年鉴》，第 45 卷(1955)，第 350—360 页。尼尔·埃利奥特·索尔兹伯里：《明尼苏达地形的一般分类》，明尼苏达大学未出版的博士论文，1957。

② 弗纳·芬奇：《地理调查》和《蒙特福特——威斯康星州西南部景观类型的研究》，《地理调查》第一、二两部分；查尔斯·科尔比编，芝加哥地理协会通报第 9 期，芝加哥大学出版社，1933，第 3—44 页。

简单随机抽样被用来决定土地利用的百分数。在这种方法下，随机数表被转换成坐标，以产生一张随机点图。如果两次或更多次地选了同一个点，那么，这个点则被计算两次或更多次。在图上，每一百个点用一种颜色的铅笔标上，这样，如果只需要较小的样本，就可以只利用某些颜色。在一张 12 × 12 英寸的纸上放置 1 000 个点。这张随机点图被转换到标准描图纸上。下一步是把随机点图放到要抽样的材料上，数出在这些点下某一现象出现或不出现的次数。出现的用符号 x 表示，总数用 n 表示，x 除以 n 就是估计百分数，这一数字是地理学家在土地利用研究中通常最感兴趣的数字。以这种可以由真百分数组成的样本为基础的单个最佳估计是 x/n，但是最佳估计可能与真值不等。假如在芬奇的蒙特福特地区的普拉里区，草地的真百分数是 24.1，从样本所获得的数字很有可能与这个准确的数字不同。很难期望第二个随机样本产生出的 x/n 与第一个样本的 x/n 精确相等，第三个样本的 x/n也不可能与前两个 x/n 完全相等。

但是应当知道误差，否则，x/n 可能会太大或太小，相差 2—3 倍。很幸运，用随机样本就能估计出误差，实现的方法被称之为置信界限。[①] 也许最好是用实例来说明置信界限。把随机点图用到芬奇的普拉里区来确定草地的百分数。对于估计百分数 21.0，结果是 x 为 60，n 为 286。经常选择的 95％的置信界限是 16.2％和 25.5％。这意味着 x/n 真值介于 16.2％和 25.5％之间有 95％的

① 在保罗·赫尔的著作《数学统计学入门》中可以找到这一方面的讨论。纽约，约翰·威利父子公司，1954，第 203—208 页。

确定性。也就是说，具有相同 n 的第二个随机样本不可能产生出相同的 x 数，因此，将产生不同的 95%置信界限。但是，如果抽样重复足够多的次数，则可以肯定，各种 95 %的置信界限包括 x/n 的真值。在实践中仅仅取一个样本，但刚才所讲的意思仍然要使用。芬奇值是 24.1%，这并非是完全精确的，因此，21%的估计稍稍偏小，或者是芬奇的测量是不准确的。认为芬奇的数字是正确的人多，而认为他的数字不精确的人少，两者人数之比为 77:23。

有时，地理学家掌握土地利用的地图或航片，但他不能准确阅读。在试图确定特定土地利用的百分数时，如果这块土地被分成许多小的不规则的碎块，就会发生上述情况。求积仪的使用是不精确的，且经常使人厌烦。随机样本能够克服这种困难。从本质上讲，既然能以同样的方式来处理航片和地图，那么只要考虑地图就行了。

被测量地区的类型、大小、形状和数量对样本不会产生任何影响。计数可以迅速地进行。作者能在 30 分钟内对蒙特福特地区普拉里区草地数出 286n 并以 95%的置信界限计算出 x/n。这里要重复一下主要的发现，样本 x/n 为 21.0%，95%的置信界限是 16.2%和 25.5%。

为了发现普拉里区内草地百分数的类型，要做的只是将这个区按需要再加细分，并把样本用到每一个子区。可以指定每一个子区中间的估计百分数(x/n)和置信界限。利用 x/n 值，可以作出等值线；利用置信界限可以作出“等带图”。等带是细长条，在这些条内，包括真等值线的机会为(比如说)95%。

为了把这一方法用到野外，精确的地图或航片虽然不是绝对必要,但有很大的帮助。在进入野外之前,应在这个地区的地图或航片上放上随机点图,然后所需要的只是在野外定出这些随机点。这一工作不像看起来那么困难,因为只需要仔细地给位于被考虑的土地利用的边界附近的点定位就行。例如,在普拉里区,有大片的完全无草地区。如果 20 个小点落到这些地区中的一个地区中间,它们不需定位。如果在一些努力后还不能确定一个点是位于一个地区或位于另一个地区,作为最后一种手段,可以用抛硬币的方法来确定。

随机抽样的优点是很多的,如前所述,知道误差,而这本身也使地理工作者可以只去作为达到他们的目的而必须进行的工作。在蒙特福特地区的研究中,误差是不大的。如果样本容量为 286,其真值为 24.1%,则在 50%的时间内,样本 x/n 将在 24.1%的 1.7% 范围内。在野外,以相当小的随机样本比芬奇利用的方法所获得的精确度要高。考虑一下芬奇技术的误差,野外填图产生的误差,还要加上地图墨水线的宽度、纸张的伸缩,以及用求积仪求积中的误差。尽管这些误差中有一些能够彼此抵消,但如果 24.1%是在真值的 2%内,误差可能是惊人的。这些误差都不会进入随机抽样的野外应用中。芬奇在野外大约用了 120 天,然而他暗示他的结果只表明当时的情况。利用这种速度更快的随机抽样方法,误差减小。可以估计,芬奇用了一年时间做出的土地利用图[①],用随机抽样法可以在 3 天中做出,并且精度更高。这样至少提高效率 100 倍。利用随机抽样技术,完全有可能获得对大洲或

① 弗·芬奇:《地理调查》,第 10 页。

全球土地利用的估计值，同时费用节省。

五、描述拓扑学

统计学是数学中最似是而非的，而拓扑学则是直观可理解的。像统计学一样，拓扑学的应用从描述逐渐向抽象变化。在这一节，仅仅讨论其描述作用。

斯图尔德和沃恩兹谈到由马克斯韦尔发展的与表面上顶点、洼地和隘口数有关的定理。[①] 马克斯韦尔的文章《丘陵和溪谷》[②]适用于任何统计学上的表面，但对于地貌地理学家具有特别的意义。他论证了几个有趣的关系，比如顶点数等于隘口数加1。马克斯韦尔富有想象力地评论了分水岭和水道。他在评论中证明，流域的界线不能严格地确定为围绕着湖泊或海，除非湖底和海底的形态是已知的。

韦布写过关于马蒂安运河网的拓扑学描述，提供了运河不具自然特征的证据，他发展了能够容易地应用于地理学的技术。[③]这一工作近似于图论的拓扑学研究。

图论本身是研究现象连缀性的。例如，在空间意义上讲，法国和西班牙是相连的。可以用线来描绘连接，用点来表示现象以形

---

① 约翰·斯图尔德和威廉·沃恩兹：《总体分布物理学》，《区域科学学报》，第1卷(1958)，第119—121页。

② J.C.马克斯韦尔：《丘陵和溪谷》，《伦敦、爱丁登和都柏林哲学杂志和科学学报》第40卷，第4系列(1870)，第421—427页。

③ 韦尔斯·艾伦·韦布：《马蒂安运河网分析》，《太平洋天文协会会刊》，第67卷(1955)，第283—292页。

成图形。从哈拉里和诺曼的著作中[①]可以了解到关于描述图论的初步知识。普里哈尔很好地利用了这一技术。[②] 地理学家刚刚开始利用图论。两个例子是加里森的美国公路网连缀性分析[③]以及奈斯图恩和达西的电话通话数据在华盛顿州枢纽地区的运用。[④]

另一种运用是在政治地理学中。已经提及的就运输技术而论,世界正在缩小。但是,世界正在缩小不仅仅在于费用日益减小、速度日趋加快的通讯和交通,而且在连缀性方面也是如此。如果假设军队最初可通过陆地,然后可通过海洋,最后通过空中,那么,欧洲的连缀性就发生了变化。考虑一下陆上力量连缀性的时代里所选择的欧洲国家的图形。

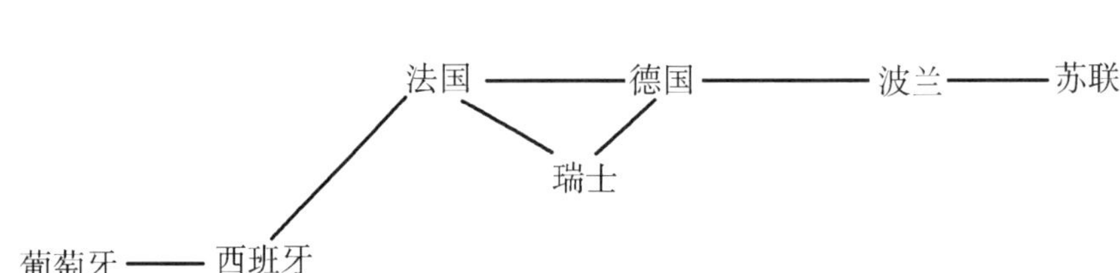

图 4.7　假设仅有陆上力量的欧洲连缀图

注意法国和德国连接得最好,英国是孤立的。如果可以在大海上旅行,并且英国控制海域的话,上图便发生变化。显而易见,

---

① 弗兰克·哈拉里和罗伯特·诺曼:《作为社会科学教育模型的图论》,密执安大学社会科学院(安阿伯),1953。

② 兹维·普里哈尔:《电讯网的拓扑性质》,《无线电工程学会论文集》,第 44 卷(1956),第 927—933 页。

③ 威廉·加里森:《州际公路系统的连缀性》,区域科学协会《论文集》,第 6 卷(1960),第 121—137 页。

④ 迈克尔·达西和约翰·奈斯图恩:《华盛顿州主要通讯网研究》(正在写作中)。

现在英国处在一个较好的位置上。

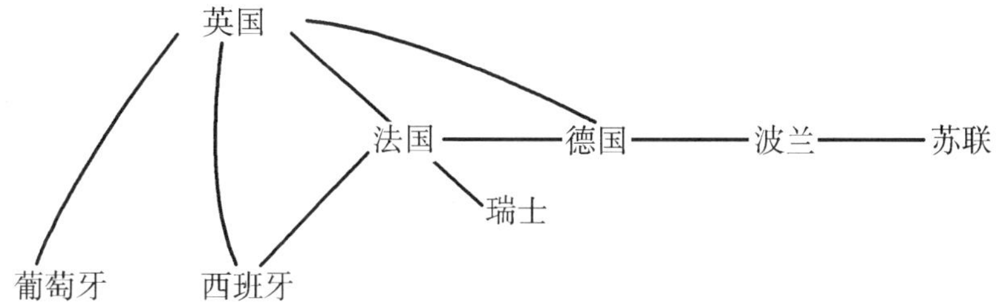

图 4.8　假设不仅有陆上力量而且有海上力量的欧洲连缀图

如果我们把导弹引入此图，假如苏联是唯一拥有导弹的国家，则苏联的连接最好。英国仍被假设为控制海域。这种图解只是在或然论的意义上作出的。

这里并非在鼓吹连缀性决定了拿破仑、大英帝国和目前俄国实力的崛起，但是，作为影响政治力量一种要素的政治单位连缀性的重要性是肯定的。世界已经缩小，原因就在于它的连缀性好了，而且“真实”距离缩短了。

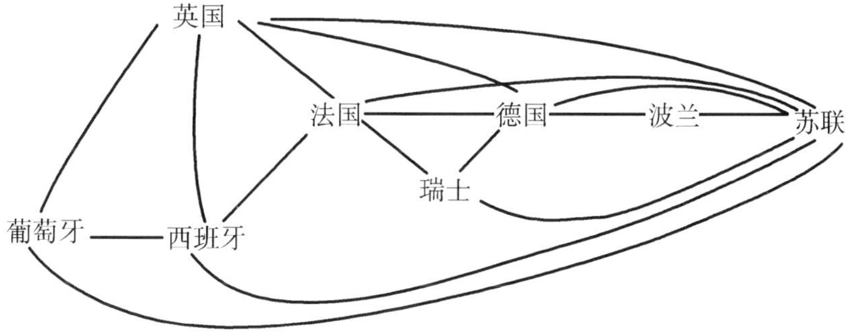

图 4.9　假设有陆、海和导弹力量的欧洲连缀图

图论在政治地理学上应用的一个不大惹人注目的实例是纽约州的特殊位置，从该州可通过大西洋到达加拿大，把新英格兰与这个国家的其他部分隔开。在图上，它形成一个连接点，结果，新英

格兰所有把货物运出的卡车司机都必须遵守纽约的货运规则。[1]

对地理学来说,图论具有多样的描述可能性。例如,主要水体被这样排列而使得一些水体成为死胡同(像黑海),而另外一些水体较好地连接起来,像大西洋。一些水体是这样分布的,使得它们比其他水体更加迅速地进行暖流、化学流和生物流的扩散。陆块也被特殊地连接起来,这有助于解释文化、动物和植物的不均匀传播。这些见解不是新的,但图论对处理这些概念提供了有效的明确的方法。

量纲分析是具有地理意义的拓扑学的另一个方面。一维客体能被零维客体所限定——两点限定一条线;两维客体需要一维客体来限定——面上的闭合线。普遍规则是一个客体能被比这个客体维数少一的客体所限定。[2] 这一规则对政治地理学是有意义的。直到最近,军事力量主要是在两维空间输送的,即海上、陆上以及在较低的大气层。一个国家的边界是沿着它的边缘的一条线。边境是与这条线邻接的一个地区,内地是离边境较远的,相对安全的地区。现在,在洲际导弹时代,军事运输系统事实上是三维的,这就使国家边界以及相关的边境和内地的维数发生变化。现在的边界必须是两维的,也就是一个国家的整个面,而不是它的边缘,内地是这个面下的地下部分。

对政治地理学而言,地球不是炸面包的形状这一事实有巨大的意义。如果地球是这种形状的话,为了确保在世界地图上所有

① 这是密执安大学地理系的约翰·奈斯图恩建议采用的。

② 理查德·库兰特和赫伯特·罗宾斯:《什么是数学?》,伦敦,牛津大学出版社,1941。

的邻国都有不同的颜色，将需要7种颜色而不是4种颜色。一个国家可能有的邻国的数字可能大大地增加，贸易限制的效应将趋向减少，由于边界摩擦而产生的战争危险将增加，等等。地球上大规模孔洞的钻凿，像英国和法国之间的海峡隧道，具有深刻的空间影响，因为称为亏格(genus)的地球基本拓扑学性质正在受影响。当然，穿过地球的大洞在它大到足以引起边界主权争议之前，是不会给政治地理学带来问题的。作为旁观者，我知道还从未估算过地球上隧洞和桥梁的总数，因此，地球的亏格尚未确定。

六、结论

描述数学就其全部用途而言，仅仅是数学应用到地理学的开始。正如上面所述，这儿介绍的数学是可以机械地使用的一种方法。由于这种数学对地理学家来说是最熟悉的，因此有人可能会错误地认为地理学中利用的数学不需要过深的理解，只需要重新陈述明显的事实就行了。事实上，数学的所有的应用，除最基本的描述应用以外，都需要透彻的地理洞察力，而数学的应用本身又能进一步产生出地理洞察力。以下几章将研究在地理理论的发现中数学的进一步使用。

第五章　关于运动的一般理论

本章及下一章所讨论的运动理论和中心地理论，是组成迄今为止所发现的理论地理学的基本部分。运动理论非常之广泛，然而尚未像中心地理论一样得到发展。另一方面，中心地理论由于其迅速发展的严谨性，它的应用范围尚很狭窄，到目前为止，只是用于人类聚落。这两个理论显然是相关的，因此可以期望，终有一天它们之间的统一会建立起来。

一般运动理论的研究结果有很大一部分来自其他领域，当然也包括地理学，但正是地理学家厄尔曼开始了空间运动理论及其暗示的"什么使物体在地球表面运动"这一问题的基本统一研究。可以论证厄尔曼的问题包含了所有的地理理论，因为在解释物体是怎样获得其位置时，难以回避运动的概念，甚至是像高山和海岸这一类"静止"特征，也是用长期发生的运动来解释的。

本章包括：(1)关于一般流动模型的简单评论，(2)传统范畴内各种主要物质的空间运动理论的回顾，(3)这些理论抽象的(数学的)空间性质的讨论，这一讨论导致这些理论的重新分类，(4)关于地理学统一性的结论。

一、一般流动模型

最近，波特使似乎互不相连的地理学的几个部分融合了起来。[①] 他第一个主要成就是从交错机会模型导出沃恩兹和其他社会物理学家所用的流动模型（著名的“pp 除以 d 方程”）。波特的第二个主要成就是在新模型的数据和目前的经济应用中引进了最简单、最有吸引力的交错模型，这是第一个在交错机会方面实质性的、不是由研究先驱斯托弗作出的革新。[②] 波特指出，他的交错机会模型是厄尔曼的互补性、交错机会和可转换性概念的显式表达式，这一点将在本章的后一部分详细地讨论。波特的另一个主要贡献是根据沃恩兹的社会物理学建立了一系列模型：交错机会模型、竞争移民模型、线性规划模型。波特指出这 4 个模型越来越清晰，越无平均性。换言之，空间一致性的假设越来越松弛，因此这 4 个模型的精度连续增加，当然也越来越复杂，并产生计算的困难。

波特的成就宣告了一般流动模型孤立状态特别是沃恩兹的成果的终结。这种孤立的状态一直在阻挠地理学正视社会物理学的巨大的实际成就和明显的经验成就，而同时，社会物理学似乎在方法论和理论方法上也处于隔绝状态。

---

① 赫尔曼·波特：《流动模型：人、商品和信息》，西北大学地理系博士论文（正在写作中）。

② 塞缪尔·斯托弗：《交错机会和竞争中的移民》，《区域科学学报》第 2 卷第 1 期（1960），第 1—26 页。

二、各种主要物质运动理论的回顾

传统上，运动理论已经按其主要物质进行了分类，比如水、人、电和商品。在这里保持这一大家所熟悉的按主要物质进行的分类。只讨论4种传统的理论形式：经济、电、流体和运动气体，如果列举太多的例子就显得重复了。读者将会注意到这种组织形式是不能令人满意的，因为各种主要成分的讨论和运算运动理论的数学难以勉强混杂在一起。为了补救这种传统上的混淆，在第二节中引入并扩展了厄尔曼的运动理论分析，而且对这些理论在其抽象的空间统一性基础上作了试验性的重新分类。

1. 经济理论

地理学家莫里尔已经进行了三种有关经济区位问题的经验调查。[①] 莫里尔的成果有着经典地理学的感染力，因此在这里对他讨论医生服务的例子进行比较透彻的回顾。他写道：

> 医疗服务是许多主要涉及到人（而不是货物）的运动的许多服务的一个例子。由于其可处理性，它被用作主要成分来检查在货物或服务方

① 理查德·莫里尔：《面粉工业中小麦和面粉贸易的实验研究》，华盛顿大学，尚未出版的硕士论文，1957；《贸易区和运输的规范模型：特别考虑公路和医疗服务》，华盛顿大学，未出版的博士论文，1959；后来在威廉·加里森、布·贝里、杜·马布尔、约翰·奈斯图恩和理·莫里尔的《公路发展和地理变化的研究》第12—14章中部分发表（西雅图，华盛顿大学出版社，1959），第227—276页；及《区域之间的运动模型：适合于不完整的资料和/或非经济性人类反应的现实条件》，在海洋研究局主办的地理学定量问题学术讨论会上的论文，芝加哥，1960年5月5—6日。

面所产生的某些地理问题。是什么力量支配着这种服务的分布以及各地利用这些服务的差异呢？尤其是公路的变化对医生的分布和利用，他们服务地区的规模和形状，以及病人问医生的运动有些什么影响呢？[①]

莫里尔所探讨的问题是一种叫做空间价格平衡的问题。他评论说：

空间价格平衡把贸易看成是区域差别和相对位置的结果。一些区域生产过剩，一些区域生产不足。所有的区域都是同涉及运输费用的线路连接在一起的。存在着一个由过剩地区向不足地区输出的诱因。区域之间为了最有效地满足所有地区需求而进行的必要的运动，取决于供求条件的地区差异以及地区之间的运输费用。地区差异包括在使商品消费与有关地区地理差别相关的需求方程中，地理差别有相对人口和相对收入等。同样地，相对位置的经济影响是通过区域之间有代表性的运输费用来表示的。简言之，空间价格平衡是贸易口头解释的对应物——正式的和符号的解释：它有效地告诉我们，在区域之间流动的是什么货物和服务、流动量有多少，以及在什么方向上流动。[②]

表5.1、图5.1和图5.2给出了宾夕法尼亚西部公路修筑前后的贸易形势。[③] 也许图5.2最使人感到兴趣，因为这幅地图预言随着公路网的预期变化而可能发生的医疗服务区域的实际变化。这是预言区域论。

在后来的研究中，莫里尔假设了对其医疗服务地点作出最佳选择（68.4％）、第二最佳选择（27.2％）和第三最佳选择（4.4％）时各个医生的泊松分布，从而更进一步地改善了他的成果。[④]在他

① 莫里尔：《贸易区和运输的规范模型：特别考虑公路和医疗服务》，第1页。

② 同前书，第17—18页。

③ 表和数字出处同前书，第93—95页。

④ 莫里尔：《区域之间的运动模型：适合于不完整的资料和/或非经济性人类反应的现实条件》，第1页。

表 5.1 宾夕法尼亚西部:平衡贸易解

县	专科医生		县内价格	平衡价格		净消费		贸易	
	供	求		筑路前	筑路后	筑路前	筑路后	筑路前	筑路后
阿勒格尼…………	670	546	—7.0	—.5	—.3	572	596	—98	—101
阿姆斯特朗………	5	27	27.2	14.8	15.0	15	14.9	10.0	9.9
比佛………………	27	64.5	21.4	8.5	8.7	49.5	49.4	22.5	22.4
贝德福德…………	2	10.5	10.8	14.6	14.6	4.5	4.5	2.5	2.5
布莱尔……………	38	45	5.0	6.0	6.0	36.6	36.6	—1.4	—1.4
巴特勒……………	18	33	14.4	8.8	9.0	24.5	24.3	5.5	5.3
坎布里亚…………	60	69.5	4.5	6.2	6.4	56.5	56	—3.5	—4.0
卡马伦……………	—	2.5	35.7	16.3	16.0	1.35	1.3	1.35	1.3
森特………………	12	20.5	12.9	12.9	12.9	12	12	—	—
克拉里翁…………	1	12	28.8	19.6	19.6	4.5	4.5	3.5	3.5
克利尔菲尔德……	10	26	18.6	18.6	18.6	10	10	—	—
克林顿……………	5	12	19.2	15.0	15.0	6.5	6.5	1.5	1.5
克劳福德…………	15	26	13.9	13.9	13.5	15	15.3	—	.3
埃尔克……………	4	12	23.2	22.3	23.0	4.25	4.1	.25	.1
伊利………………	67	81	6.4	6.4	6.5	67	66.7	—	—.3
费耶特……………	30	60.3	16.1	13.0	13.0	36	36	6.0	6.0

续表

福雷斯特……………	—	1.5	30.6	20.3	20.3	.5	.5	.5	.5
格林……………………	9	14.5	12.1	12.1	12.0	9	9.1	—	.1
印第安那……………	7	23.5	21.4	17.8	18.0	9.8	9.6	2.8	2.6
杰斐逊………………	9	15	12.2	14.9	14.9	7.8	7.8	—1.3	—1.3
劳伦斯………………	34	38.5	4.3	4.3	4.3	34	34	—	—
麦基恩………………	18	20	3.5	7.3	8.0	15.75	15.5	—2.25	—2.5
默瑟……………………	36	42	5.4	5.0	5.0	36.35	36.35	.35	.35
波特……………………	1	4.5	20.8	17.7	14.4	1.5	2.1	.5	1.1
萨默塞特……………	5	24.5	23.8	14.5	14.7	12.5	12.6	7.5	7.6
韦南戈………………	16	21.5	8.4	11.9	11.9	13.9	13.9	—2.1	—2.1
沃伦……………………	11	14	7.0	8.6	8.6	10.4	10.4	—.6	—.6
华盛顿………………	35	71.5	17.4	6.1	4.7	58.5	62.2	23.5	27.2
威斯特摩兰…………	60	107.5	15.7	5.5	5.7	90	89.2	30	29.9
宾夕法尼亚西部……	1 206	1 466	6.2	6.2	6.2	1 215	1 215	±109.15	±112.9
相邻县………………	—	—	—	—	—	—	—	—9	—9
其他地区……………	—	—	—	—	—	—	—	—60	—60
（这一部分是估算的流出部分，不包括在上面的数字中）									
合　计……						1 275	1 275	±169.15	±172.9

预言的流动和观测的结果更紧密匹配方面，莫里尔获得了大大增加的真实性，交叠贸易区形成了，而且不合理性得到了解释。莫里尔改进后的成果有一个有趣的特征，这就是考虑到了不合理费用的估算。不合理费用令人迷惑，因为它有消除的可能性。

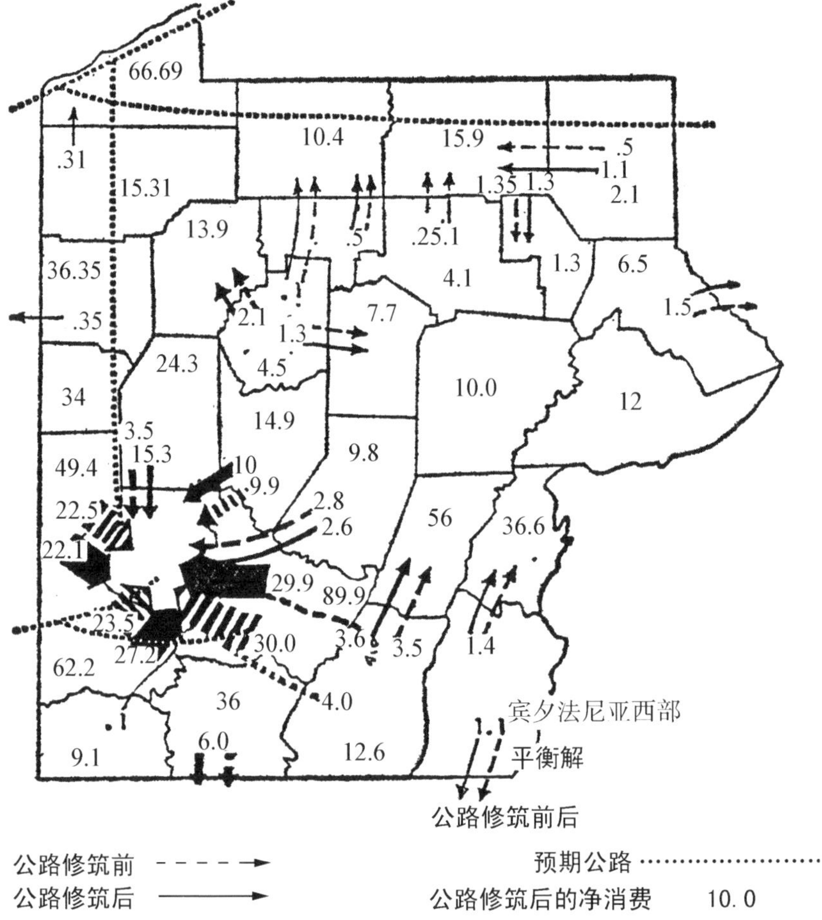

图 5.1 医疗服务的目前流动和流动预测

莫里尔所使用的数学——线性规划是代数，它在有着极端大量的可能性的情况下能产生出最佳解，这种极端大量的可能性常

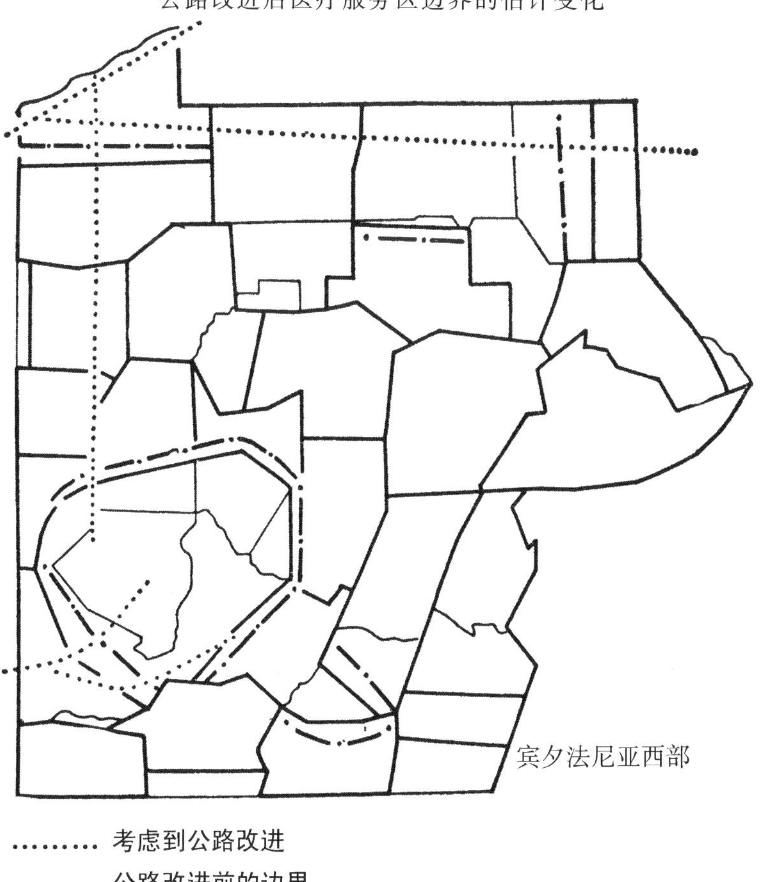

图 5.2　医疗服务区的变化预测

常在经济地理学中出现。更正式地讲就是：

这是一种问题的分析方法，在这种分析中，当变量受线性不等式形式的许多制约时，这些变量的线性函数被最大化（或最小化）。①

① 罗伯特·多尔夫曼、保罗·塞缪尔森和罗伯特·索洛：《线性规划和经济分析》，纽约，麦格劳-希尔出版公司，1958，第8页。关于这一问题的介绍也可（接下页）

最佳解,不管是否是线性规划的最佳解,被称为极值或最高值,并且总是可以说成是最大值或最小值问题,从而呈现出二重性。二重性是与阴影变量联系在一起的,因此在空间经济学中,真正的货物总是与其价格相对立的。

几位地理学家在用于经济地理学的规划公式变化方面非常活跃。达西对基础数学作出了贡献。[①]马布尔已经完成了一本有用的参考文献目录以及一些可以解决的地理问题的简短描述。[②]加里森和马布尔已经把线性规划用于公路网。[③]加里森已经在几份未发表的论文中扩大了这一成果。加里森已经写了一系列的评论文章,主要评述把线性规划用于区位问题的经济学家和区域科学家的成果。[④]要获得对于这一问题的看法,必须阅读他的这一系列评述。

在农业生产的空间分析中已经使用了线性规划[⑤],但更为传统的方式是使用微积分。冯·杜能[⑥]的方法已为邓恩[⑦]所发展。

(接上页)在约翰·凯梅尼、劳里·斯内尔和杰拉尔德·汤普森的《有限数学入门》中找到,新泽西州,普伦蒂斯-霍尔出版社,1957。

① 迈·达西:《旅行推销员问题初始解选择》,华盛顿大学地理系讨论论文第16号,1959年3月5日。

② 杜·马布尔:《运输问题》,华盛顿大学地理系讨论论文第23号,1959年9月1日。

③ 威·加里森和马布尔:《公路网分析:线性规划公式》,《公路研究委员会论文集》,第37卷(1958),第1—17页。

④ 威·加里森:《经济的空间结构》"第一部分",美国地理学家协会《年鉴》第49卷(1959),第232—239页;"第二部分",同上,第471—482页;"第三部分",同上,第50卷(1960),第357—373页。

⑤ 詹姆斯·亨德森:《农业土地的利用:区域法》,区域科学协会《论文集》,第3卷(1957),第99—117页。

⑥ 冯·杜能:《孤立国同农业和国民经济的关系》,汉堡,1826。

⑦ 埃德加·邓恩:《农业生产区位》,佛罗里达大学出版社,1954。

奈斯图恩已经把这一方法用于美国新鲜产品的生产。[①] 加里森和马布尔[②]已经对空间农业生产作了基本的重新考察。在使用微积分时，假设农业经济在空间是连续进行的，而线性规划则假设农业区域是集中于点上的。

2. 电流理论

这里并非是打算把电流置于地理学这一主题中，而是要检查一下电流理论中一些有趣的抽象空间性质。像线性规划一样，电网的数学可以处理为最大化问题。塞缪尔森写道：

> ……简单无源电网的平衡可以用极值原理来描述——"总电力损失"最小。[③]

另外，像在线性规划中一样，存在着对偶[④]，最为有关的是电压和电流这一对对偶。

从这些相似性看，毫不奇怪，原先为经济学而设计的数学规划可以用来解决电路系统中所产生的问题。[⑤] 当然，反过来也是可能的。在发明线性规划之前，前一节中所描述的空间价格平衡问

① 约翰·奈斯图恩：《区位理论和新鲜产品向市中心的流动》，华盛顿大学地理系，未出版的硕士论文，1957。

② 加里森和马布尔：《农业活动的空间结构》，美国地理学家协会《年鉴》第47卷(1957)，第137—144页。

③ 塞缪尔森：《空间价格平衡和线性规划》，《美国经济评论》第42卷(1952)，第285页。

④ 厄·吉尔曼：《电路理论入门》，纽约，约翰·威利父子公司，1953，第43页。

⑤ 杰·邦·丹尼斯：《数学规划和电网》，纽约，约翰·威利父子公司，1959。

题是恩克借助于电路模拟来解决的。[①] 在他的电流公式中，价格用电压表示，货物用电流表示。塞缪尔森讨论了线性规划和恩克的空间价格平衡电流公式之间的关系。[②]

霍特林提出了用热流表示的人类迁移理论。[③] 这不是网络问题，即并不假设这种流动限于沿线路进行，比如沿导线进行，而是在连续表面上进行，比如在铜板上进行。他把这一二维理论用于人类的迁移，并用历史上横穿美国向西部迁移的例子作了说明。边界条件把迁移问题的种类限制，在今天可以用数学完全解决。

3. 流体理论

液体和气体的位流理论在海洋学和气候学中具有传统的意义。在这里，流体理论亦可称为极值原理，在这种情况下，是把源点和汇点之间的压力差减至最小的问题。对偶性是以压力对流动的形式一再出现的。

在贝克曼的两个有趣的成果中[④]，水动力学理论被用于经济地理学和人口地理学。在人口模式中，贝克曼把水动力学理论和社会物理学与“人口势”关联起来。在经济模式中，贝克曼把压力和价格、液流和货物的流动关联起来。正如在其他水动力学模型

---

① 斯·恩克:《空间分隔的市场间的平衡:电模拟解》,《计量经济》第 19 卷(1951),第 40—47 页。

② 塞缪尔森:《空间价格平衡和线性规划》,第 285 页。

③ 哈罗德·霍特林:《迁移的数学理论》,华盛顿大学未出版的硕士论文,1921。

④ 马丁·贝克曼:《运输连续模型》,《计量经济》第 20 卷(1952),第 643—660 页;《人口的空间平衡分布》,《数学生物物理学通报》第 19 卷(1957),第 81—90 页。

中一样,边界条件使我们不可能得到完全的解法,但他的例子是有意义的。这个问题类似于莫里尔和恩克提出的空间价格平衡问题。最重要的差别在于价格和流体是在连续面上确定的,而区域是被创造的,不是给定的。流体理论被理查兹①以及莱特希尔和惠瑟姆②用在另一场合,即用来描述道路上的车流。

应当指出,在经济理论、电流理论和流体理论的讨论中,所着重提出的例子源于经济地理学,其目的是强调这些理论的可交替性。但经济地理学和人口地理学或气候学一样,并非是普遍通用的,这些理论的交叉使用甚至会造成更大的令人迷惑的混乱。

4. 气体运动理论

原来作为气体运动理论而提出的统计运动理论与上述理论是不同的,它们并非是明显的极值问题,也不包含对偶。在它们的基本公式中都涉及概率的使用,因此从本质上说是统计性质的。

用于理论建立中的统计学与描述统计学相距甚远,因为理论的建立不能通过已知技术的使用来自动地完成。然而对所有统计理论仍然存在着普遍怀疑,这种怀疑部分归因于统计学的令人意想不到的性质。费勒提供了一个例子,他问道“在两个人生日相同

① 保罗·理查兹:《公路上的震动波》,《美国操作研究协会学报》第4卷(1956),第42—51页。

② M.J.莱特希尔和G.B.惠瑟姆:《运动波》,第二部分,《远距离拥挤道路上的车流理论》,《伦敦皇家协会论文集系列A:数学和物理科学》,第229卷第1178期(1955),第317—345页。

这一五十对五十的对等机会面前，房间里必须有多少人?"[①]怀疑的另一个原因在于这么一种感觉，即统计理论不像非统计理论那么确定。但统计理论在概率的意义上来说是非常确定的，在这一点上，上述的感觉是一种误解。有人争论说，用假设的概率理论来预言，比如说人类的寿命是"不真实"的，因为这意味着如果人数足够地多，会有人能活到一千岁。但是难道假设没有人能活到121年5天3小时就更真实了吗?[②]

源于气体运动理论的运动理论，相对来说是很多的，并已用于生态学、天文学以及传染病的研究。从内曼和斯科特的文章中可以找到这些理论应用的例子。他们提出了动物在时间上的空间分布扩展的问题。[③] 他们写道:

> 用直角坐标系统必然使栖息地理想化而成为一个无限的平面("栖息平面")。所假定的概率机理由4个单独的"基本"概率机理的相互作用所组成:(i)在由一代小动物出生地的点(比如说"群集中心")组成的栖息平面上的概率分布，(ii)在小动物出生时各胎小动物数目的概率变化，(iii)各胎小动物散布的概率机理，以及(iv)到预先指定的时间各胎小动物成活数的概率机理。[④]

另一个稍有不同的统计方法是纽厄尔统计方法，他建立了公

---

① 答案:23人。威廉·费勒:《概率论及其运用入门》，纽约，约翰·威利父子公司出版，1950，第1卷，第29—30页。

② 威廉·费勒，同前书，第8—9页。

③ 杰齐·内曼和伊丽莎白斯·斯科特:《密聚人口数学理论》，《定量生物学冷泉港学术讨论会论文集》第22卷(1957)，第109—120页。同时参见诺曼·贝利:《传染病数学理论》，纽约，哈夫纳出版公司，1957。

④ 同前书，第109页。

路上汽车流动的理论。[①]

哈格斯特兰是第一个寻求发展统计运动理论的地理学家。他已经把这一理论用于民族的运动和思想的扩散，并已收集了大量支持他的理论的经验资料。[②] 在他关于观念扩散的理论中，他假设一个均匀平面，或像他自己所称的一个各向同性表面。在均匀分布人口中的一个人被称为一种观念的递送者，被置于这一平面的中心。假设只有两人对话。某一观念为非递送者所接受或为其所拒绝，这取决于非递送者对某一特定观念的态度。在非递送者接受这一观念而且自己变成递送者之前，递送者必须给他讲的这一观念的次数，被称为他的"临界值"。临界值是一种表示概率的说法，它随着被考虑的某一特定观念而变化。对话以被称做"代"的常时段发生，在每一"代"的时段内，每一个递送者把该观念告诉一个人，这个人可以是递送者，也可以是非递送者。某一特定的人与某一特定的递送者对话的概率取决于两者之间的距离，距离越大，对话的概率越小。图 5.3 表示通过 8"代"对话后某一观念的假想分布。这些简单的理论假设已经被成功地和经验数据作了比较。

观念扩散论可以扩展，从而包括两种观念的空间竞争。在瑞典，共产党人并非是在全国均匀分布的，而是集中于人口密度高的

① G. F. 纽厄尔：《自由流动公路交通的数学模式》，《美国操作研究协会学报》第 3 卷(1955)，第 176—186 页。

② 托·哈格斯特兰：《新事物波的传播》，《隆德地理学研究系列 B》，《人文地理》第 4 期，瑞典隆德皇家大学，1952 年；《移民和地区》，瑞典移民，《隆德地理学研究系列 B》，《人文地理》第 13 期，瑞典隆德皇家大学，1957，第 27—158 页。

一些小地区。哈格斯特兰声称,这种现象表明了高临界值,即表明了对共产党人思想的高抵制力。反对派政府是应该鼓励共产党人的分散并且帮助这种思想的扩散,还是应当寻求使共产党人更为集中呢?换言之,共产党人为了扩散他们的观念是应该分散还是集中呢?在过去,这类政治策略问题常常处理不好。哈格斯特兰还认为,为了解释洲际范围的运动,他的扩散论还必须加以补充。他断言,存在一个最少由三组不同递送者组成的等级——局部的、区域的和国际的,而且唯一可能的在国际范围内传递新观念的途径是通过国际递送者,在区域范围内则通过区域递送者。这就包括了这样的事实,即政府首脑比普通公民通讯联络的距离要远得多。这一理论中的这种分级修正,如果在事实中得以证实的话,并不预示基层的民主有良好的前途,由于那些控制着区域和国际交往的人而造成的不流行的观念很少有传播的机会。为了支持在交往中有分级的存在和影响的论点,哈格斯特兰引用了这样的例子:在省城中出现的奇装异服通常传播不远,但在首都出现的奇装异服却作为高级式样在全国范围内传播。如果保罗未去罗马,那么基督教的情况会怎样呢?

许多有趣的问题还有待于用哈格斯特兰的方法来研究。例如,中国人很晚才在满洲和东南亚出现这一现象[①],也许可以解释为在东北方向由于宗教习惯和至东南亚的距离遥远而产生的不对称概率分布。换言之,由于认为向东北迁移是不吉利的这一原因,

① 我国东北地区满族等少数民族是中华民族的构成部分,也是中国人。清朝政府认为东北是清朝的发祥之地,所以长期禁止山海关内人民迁居开垦。——译者

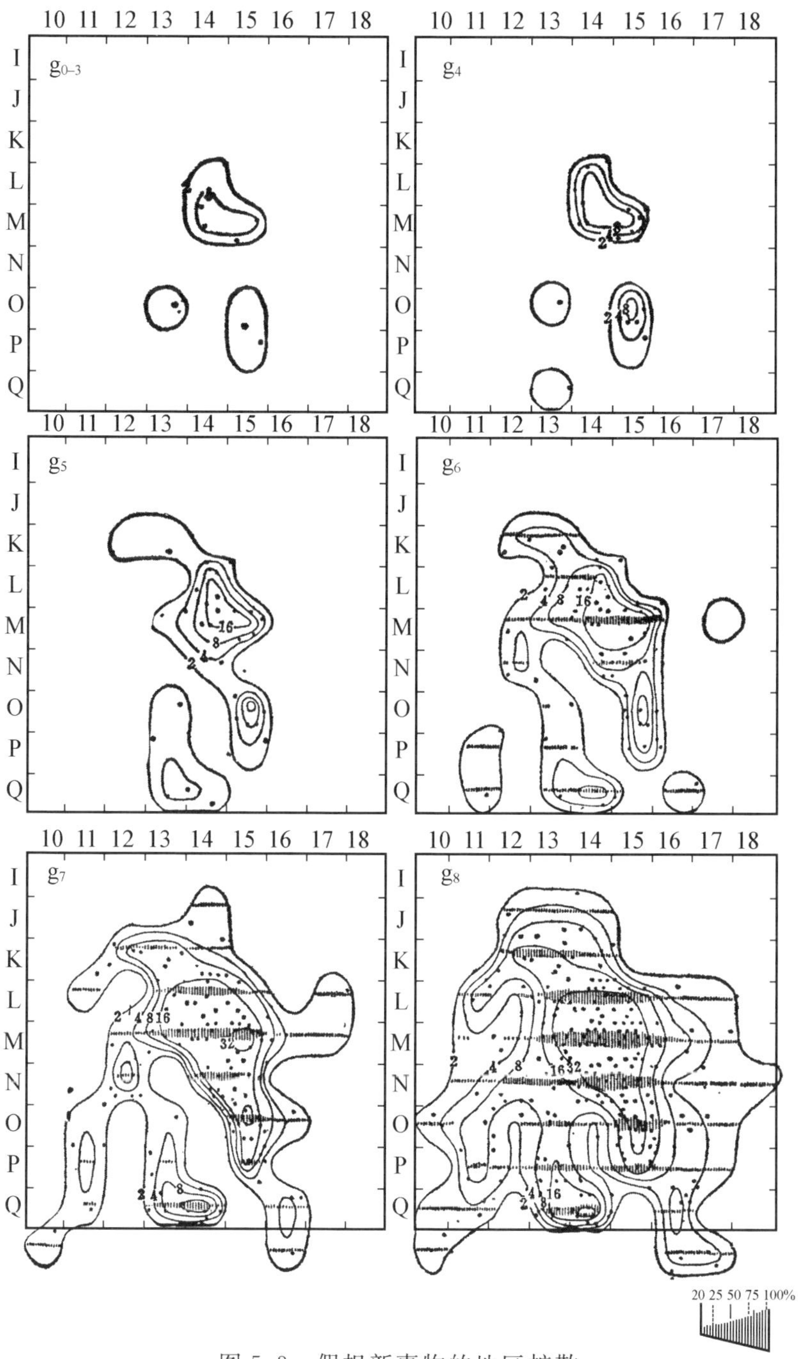

图 5.3　假想新事物的地区扩散

以前满洲没有人；而东南亚则可解释为由于距离的遥远，因而尚未有足够的时间来完成迁移。

非对称的概率分布可以由于物理因素而引起，比如海洋上的盛行风和洋流。另外，这一统计模型可以反过来使用，以找到过去各种观念和民族的由来，对历史地理学家来说，这是一种有用的工具。

三、运动理论的抽象考虑

1. 厄尔曼的贡献

厄尔曼的文章《运输的作用和交互影响的基础》[①]在三个方面是卓越的。第一，他根据重大的发现来处理这一问题。第二，他的概念有普遍性。他虽然有意使理论避开自然地理学，但他仍然包括了经济理论和社会理论。第三，他使用的术语具有启发性，因为他的术语中没有任何特定学科中难懂的行话。他的文章中引进了三个概念：互补性、交错机会和可传递性。在谈到互补性时，他写道：

> 已经断定循环或交互作用是地区差异的结果。在一定程度上这是对的，但纯粹的差异并不产生互换。世界上许多不同的地区是互无关系的。
>
> 为了使两个地区互相作用，必须有一个地区需求而另一地区供应。因此一个地区的汽车工业会使用另一地区生产的轮胎，但不会去使用

---

① 爱德华·厄尔曼：《运输的作用和交互影响的基础》，收入《人在改变地球面貌中的作用》，威廉·托马斯编，芝加哥大学出版社，1956，第862—880页。

第三个地区生产的马鞭。在交换发生之前,必须有专门的互补性。①

关于交错机会,他写道:

然而,只有在没有交错供应源的情况下,互补性才会产生两个地区之间的交换。②

他是这样评论可传递性的:

在交互作用体系内所需要的最终因素是可传递性或距离,它是用传递耗费和时间耗费来度量的。③

2. 各运动理论一般属性的比较

利用厄尔曼的三个普遍概念,再增加四个,就可以通过检查并比较前面讨论过的四个运动理论的例子——经济理论、电流理论、流体理论和气体运动理论——中七个方面的属性来了解运动理论。

(1) 互补性

正如厄尔曼所指出的,在互补性中有一种供求关系,因此适用于经济理论。它也可以被看成是霍特林称之为"自我排斥"的原理。霍特林说:

热传导的数学理论中有许多部分与物理学的其他部分有着高度的类似性,比如电和扩散。其原因在于热、电和溶液有着一个共同的基本性质——从众多的地方向稀少的地方运动的倾向。这一特点表现为自我排斥,它使傅立叶的传导方程具有多重意义,而且使数学物理学中一

① 爱德华·厄尔曼:《运输的作用和交互影响的基础》,第867页。

②③ 同前书,第868页。

个问题的解答常常可以用于相当不同领域中的其他问题。[①]

这一说法表明，自我排斥在电流理论和流体理论中是存在的。熵，能量扩散的趋势是到处存在的。它也可用于气体运动理论，因为这些理论包括着扩散原理。“扩散”一词本身的意义就是集中的消散。因此，互补性或自我排斥在关于空间运动的理论考虑中似乎广泛存在。

(2) 交错机会

最小运动的概念是交错机会概念的基础。这样，空间极值问题之所以与交错机会的概念做伴，是由于极值问题寻求通过单一最佳线路的选择使运动最小。关于这一点需要进一步的解释。想象站在一片均质平原的中央，并以某一特定的点作为目的地。显然，到那一点只有一条最短的路，即直线。如果要求找出第二条最短的路，那么就有无穷多的可能性，因为稍微偏离最短的路有无穷多条。如果要求找出到达目的地的最坏的路，同样有无穷多的、可能永远到达不了目的地的路。事实上，只有要求找出最直接的路，问题才能有单一的答案，而所有其他问题的答案都是无限的。也许，这就是为什么极值问题如此流行的原因。经济、电和流体理论是极值问题，因此遵循着交错机会的原则。然而，气体运动理论并非是极值问题，从而交错机会对它并不成立，对其中原因简单地作一讨论。

为了得到单一答案，不仅仅必须进行最大化或最小化，而且必

① 哈·霍特林：《迁移的数学理论》，第1页。

须有一个而且只有一个可以进行最大化或最小化的最佳物。例如，运动的时间和运动的距离不可能同时最小化。齐普夫写道：

> “最佳物的单一性”这一概念是简单的：在动力学中，所有的问题只有用一个最佳物才能适当地阐述，而这里的最佳物被称做最小值或最大值（例如最小工作费用亦可称为最大工作效果）。如果一个问题有两个或更多的最佳物，则问题本身就变得毫无意义而且不确定了。[①]

在承认运动极值理论优点的情况下，问题就是计算最佳线路，这一点在制超图学一章中已经讨论过了。这一有趣的最经济运动问题是沃恩兹、勒施和其他人提及的。[②] 沃恩兹考虑过两个不同运输费用的简单情况，在这一情况下，岛上的货主试图选择出运输的最低费用线路，如图5.4所示。发现最低费用线路和折射光的线路相同，这是最经济法则的一个例子。沃恩兹在后来的文章中所

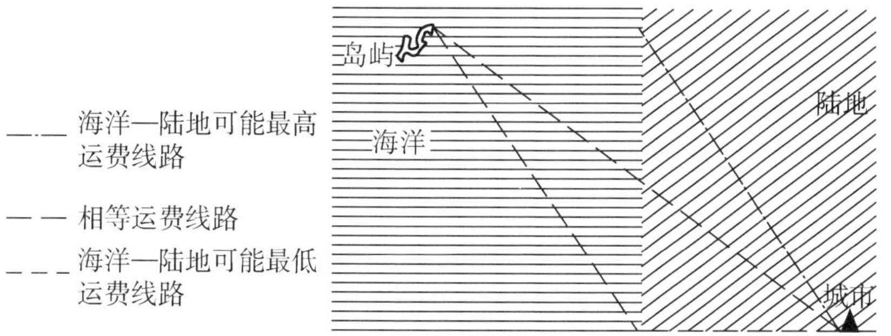

图5.4　从岛屿到内陆城市的最佳运输线

① 乔治·金斯利·齐普夫：《人的行为和最小努力原理》，麻省剑桥，艾迪生-韦斯利出版公司，1949，第2页。

② 威廉·沃恩兹：《运输、社会物理学和折射定律》，《职业地理学家》第9卷第4期（1957），第2—7页；奥古斯特·勒施：《区位经济学》，威廉·沃格洛姆译，纽黑文，耶鲁大学出版社，1954，第184—187页。

发展并应用的一个更为普遍的原则，是考虑逐渐改变陆、海的运输率，而不是使用两个不变的比率。[①] 例如，假设问题是在最短的时间内从 A 点步行穿越沼泽地到 B 点，而沼泽地的可通行情况是变化的(图 5.5)。为了找出这条线路，可以对这一区域的各小区(理想

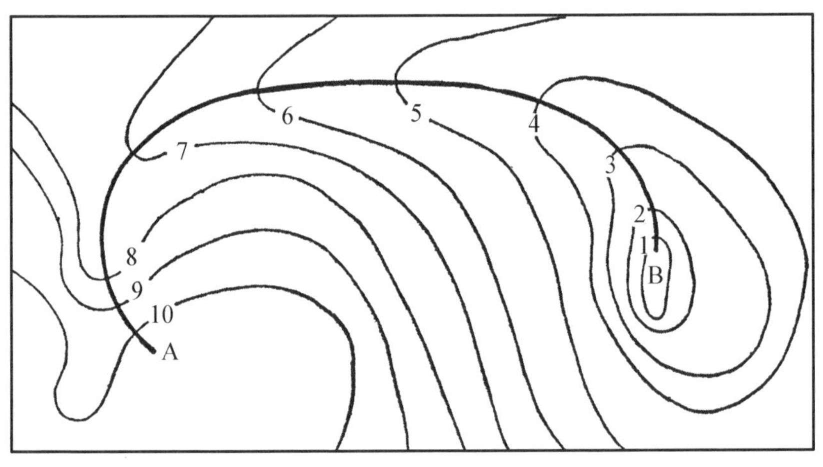

图5.5 步行穿过沼泽地的最佳线路。图中数字表示从 B 点起步行的分钟数

点)绘制出用每分钟可行走英尺数表示的最大步行速率图。这些速率可以对 B 点求和(用积分法)，来产生第二幅地图——以 B 点为基础的等时图，这幅图表明在给定的单位时间内到达 B 点或离开 B 点的最大步行距离。从 A 点到 B 点的最快线路(最短时间距离)与起于 A 点的梯度线成直角。如果注意到平行于等时线的运动并不会减少完成这一步行的时间，读者也许就容易理解只考虑与等时线成直角的运动的必要性了。[②] 除气体运动理论以外的

① 威·沃恩兹:《横渡大西洋航程和压力模式》,《地理学评论》第 51 卷(1961)第 187—212 页。

② 这一提法是威斯康星大学里德·布赖森所建议的。

所有这些理论都表现了这一性质，这就使交错机会成为一个相当普遍的性质。

遗憾的是最佳线路的确定并非像这里讲的那么简单。考虑市区的车速图。高速公路上的车速应该怎么表示呢？在高速公路的方向上速率显然是高的，然而在与高速公路相交的方向上速率是低的。高速公路对于穿越它的交通来说也许是严重的障碍，如果交叉点的分布太稀的话。这些复杂性以及类似的复杂性，使最佳线路的问题难以解决。要注意的是，对于许多诸如气流和水流的现象不存在这种复杂性。

(3) 可传递性

厄尔曼的最后一条原理是关于距离的摩擦力。在经济、电和流体理论中，在距离上的运动被迫要对作为运输费用、阻力或摩擦力付出代价。在气体运动理论中，这种补偿似乎存在于概率公式本身之中，因此不以明显的形式出现。[①] 例如，如果可传递性的花费不高，它就反映在较远距离运动的概率增加之中。

(4) 对偶性

可以识别出厄尔曼提出的运动理论属性以外的四个属性。第一个属性是对偶性，正如在讨论各传统理论时所提到的那样，这种对偶性在经济、电和液体理论中是存在的，但在气体运动理论中并不存在。在前三个理论中，对偶分别为货物和价格、电流和电压、

① 这是西北大学赫·波特所提出的。

水流和压力。货物、电流和水流可合称为“真实流”，价格、电压和压力可合称为“诱因”。在物理学中，诱因被称为势。在这里，气体运动理论与此不同，因为它无明显的对偶。

对于对偶来说，有趣的是真实流与低值诱因成直角运动，即沿梯度线向下运动。这种运动限定着最小努力解，这一点在交错机会的讨论中尚未识别。对偶与最小努力运动的结合，就使我们有可能来消除用伪装形式出现的纯粹对交错机会进行重复阐述的对偶性质。

(5) 物质守恒

所有的运动理论都使用这一概念，即可以严格地计算出所考虑现象的量。例如，流出管道的量和流入管道的量相同，进入公路的汽车数和离开公路的汽车数相同。在某些涉及生命有机体的气体运动理论中，比如某一特定种类的动物扩散，存在着死亡和出生的概率，但这些因素可以考虑为外源变量，即外部源点和外部汇点。重要的一点是，在不能用构成理论基础的假设来进行计算的体系中，从物质的角度说，在任何地点或任何时间实际上不存在任何东西。

(6) 线路

经济运动理论通常用两点(零维)之间的线路(一维)来表示，如恩克和塞缪尔森公式。然而，可以假设经济是在平面(二维)上连续分布的，这是贝克曼所用的方法。电理论可以分为线路理论和面连续理论。电路是线路性的，而铜板上的电流是面连续的，流体理论可以用于管道中的流体，或连续分布的流体，如移动的气团。

在这里，气体运动理论也是不同的。如果运动的概率在空间是均匀分布的，那就不存在线路。然而，可以创造出几种可能运动的带。如果在这些带外运动的概率逐渐地降为零，而且使这些带越来越窄，那就会渐渐地接近划分线路的条件。概率模型最终收敛于一条线路带。

（7）回运

回运是物体不必要的和不合理的运动，比如把煤从纽卡斯尔运到伦敦，又从伦敦运回到纽卡斯尔。因为这不是最佳运动，所以它不是极值问题，这样就不必在经济、电和流体理论中考虑回运。这些理论都是“标准的”，即是完全合理因而是最佳的。在这里，气体运动理论又不一样，因为在这一理论中，可以把回运表达为随机因素。回运的概率可以改变，使其越来越小，最终完全消失。

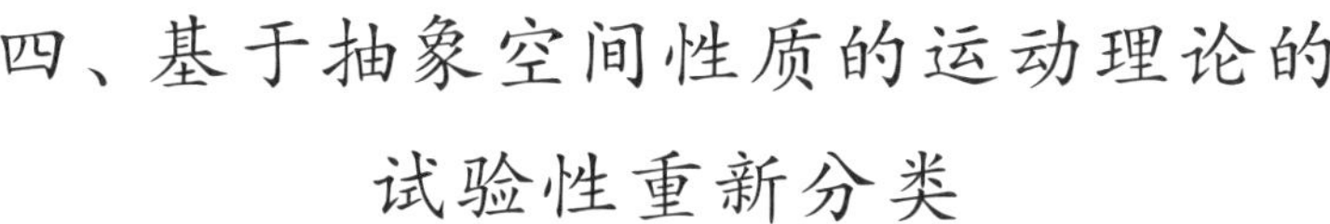

四、基于抽象空间性质的运动理论的试验性重新分类

在本章的开始，对通常以主要物质为基础的运动理论作了传统的区分，并讨论了四个例子——经济理论、电流理论、流体理论和气体运动理论。在此将进行比较有效的重新分类，这种分类取决于在运算这些理论中所需要的技术和理解的空间分隔。

1. 非统计性线路理论

在《线路》那一小节中，曾经指出经济、电和流体理论都有线路形式和非线路形式。这一区分非常重要，因为如果理论涉及线路，那只需要考虑用线连接起来的各点之间的关系。把问题简化为相连的点，就可使用有限数学。这样，规划——一种有限数学——可以用于线路问题而不能用于空间连续问题就绝非偶然了。连续问题涉及无穷数量的点，因而规划就无法适用。

在线路问题中可以使用图论。经济学家和电气工程师都使用了图论。[①] 它所以有用，是因为它在方程系统中加上了制约。因为可以把规划和图论用于所有的空间线路运动理论，因此，为了把从运算一种线路理论中所获得的技巧和见识用于其他线路理论，把这些理论合并在一起来研究是有效的。

2. 非统计面连续理论

第二组理论研究以二维形式出现的经济、电、流体和其他现象。连续考虑二维或三维空间的运动理论必须考虑其空间中的无穷数量的点，因此，这些理论需要用于分析的无穷数学。线路问题是相对比较容易解决的，连续问题却比较难。边界条件导致微分方程的出现，而这些微分方程常常没有数学解。然而，只要有解，这些解就比较通用，因为它们包含了空间的所有点，而不仅仅是几个选择的点。

---

① 吉尔曼:《电路理论入门》，第 43 页。

3. 统计理论

这一类型的理论似乎包括了线路理论和连续理论。概率含蓄地反映了已讨论过的七种运动属性中的许多方面，而这些属性的结果是产生了极其简单和普遍的概念。例如，高运费（可传递性）反映在远距离运动的低概率中，然而运费并不明显地出现。如果说统计扩散在概念上更为简单，而且包括线路和面连续理论，则必须承认，在进行数学计算时它是最困难的。

由于这三种理论的普遍性是以线路—连续—统计的顺序增加的，因此可以暂时认定线路理论是连续理论的子集，而连续理论又是统计理论的子集。

五、结论

本章中的大部分论点是探索性的。为了解释原来由厄尔曼所提出的问题，有必要在数学上使它们明确起来。尽管本章在数学上是模糊的，然而数学确实表明了它在地理学中的完全有用性，这是由于理论的数学框架可以被用来传递描述统计所不能表示的、直观明显结果范围之外的地理学思想。

第六章　实验中心地和理论中心地

如果没有中心地理论的存在，也就不可能如此强调独立于其他母体科学的理论地理学的存在。地理学所以是一门基础科学，是因为它产生出新的理论，这一论断的证据就在于最清楚地存在着中心地理论。作者认为除地图学外，中心地理论的开创并不断增加完美是地理学最优秀的智慧结晶，应该把克里斯塔勒置于巨大荣誉的位置上。

为了答复谢弗的批评，本文通过实验科学和理论科学这一传统的科学区分，把中心地理论从与地理学通常在各门科学中所占据的例外地位中移出。① 实际上，对于这样来划分其工作的科学来讲，能产生出一定的效率。并非是把这种划分强加于中心地工作，它是自然产生的，虽然许多研究者和许多文章，比如本文，呈现出了某种交叠现象。

本章的第一节大致回顾中心地研究的理论方面。这里的回顾集中了前人所积累的见识，因此作者希望它是最透彻的。除了论述克里斯塔勒和勒施的经典著作外，还研究了博格、加里森、贝里、

① 弗雷德·谢弗：《地理学中的例外论——方法论的检验》，美国地理学家协会《年鉴》，第43卷(1953)，第226—249页。

贝克曼、托马斯和其他许多人的成果。还回顾了一些新的成果，而这些成果与理论中心地的联系过去未被人们所认识，包括希尔伯特和科恩-沃森关于密堆积的成果，以及麦克阿瑟关于随机大小“市场”区的成果。本文还揭示了这些不同理论成果之间的许多新关系。

第二节回顾实验中心地工作，实验工作和理论工作之间的明显区分使问题更为清楚。该节还介绍了几个新的课题，包括变换、市场区形状的度量、关于等级—规模分布连续性讨论的适当处理，以及加里森-马布尔实验意义的评价。另外，还修正了某些文献中一些尚未纠正的错误。

第三节介绍新理论。报道了定值 K 假设的理论重要性，介绍了把中心地成果延伸到自然地理学的可能性。这一延伸有着严肃的方法论含义。维数研究是几何问题，而且已经证明在应用到消费者、地点和市场区时，它具有巨大的价值。距离分析产生出了也许可以认为是本章最重要的内容，即“旅行推销员”距离的定义在中心地理论都市方面的应用。旅行推销员距离的定义产生出一个中央商业区→沿市郊区公路发展的一系列建筑→较小商业区→孤立的食品杂货店和教堂这些所有都市中心地区位的完整、严密、而且简单的理论。最后一部分包括几个影响聚落型式的理论因素。这些因素有：多目标旅游、考虑到临界值功能的自然簇集、腹地的袭夺，以及终点站效应。

第四节简单讨论区位理论。

一、理论中心地的评论[1]

1. 克里斯塔勒[2]

克里斯塔勒把他的理论建立在人类聚落的最小单位上。他假设了基本人口的均匀分布,并假设这种均匀性是三角形的,如图6.1A所示,而不是如图6.1B所示的正方形的。三角形分布比正方形

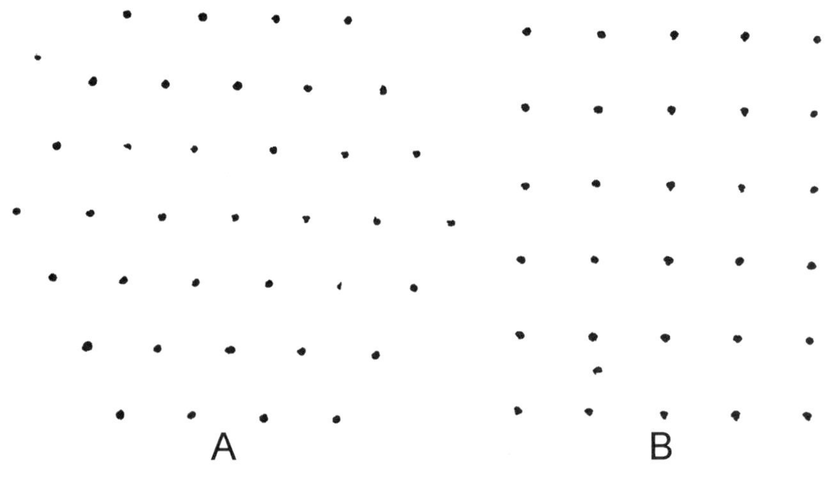

图6.1　三角形和正方形均匀分布

① 对中心地理论的其他评论,参见以下文献:布·贝里和艾·普雷德:《中心地研究——理论及应用的文献》,费城,区域科学研究所,1961;贝里和威·加里森:《中心地理论的最新发展》,区域科学协会《论文集》第4卷(1958),第107—120页;约·奈斯图恩:《消费者运动的地理分析和零售业区位:(1)理论,(2)衣阿华州锡达拉皮兹的经验模式,(3)运动的模拟模型》,华盛顿大学地理系未出版的博士论文,1959;卡·巴斯金:《对沃尔特·克里斯塔勒的〈德国南部的中心地〉的评论和解释》,弗吉尼亚大学未出版的博士论文,1957;拉·维宁:《经济体系某些空间情况的描述》,《经济发展和文化变迁》第3卷(1955),第147—195页;约·布拉什:《威斯康星西南部的中心地等级》,《地理学评论》,第43卷(1953),第380—420页。

② 沃·克里斯塔勒:《德国南部的中心地》,耶拿,费希尔出版公司,1935年。

分布更为密集。[①]

他推断在给定均匀分布的情况下，六角形市场区（图 6.2）对于消费者来讲需要到中心的平均运动距离最短。这些假设限制了任何给定市场消费者的可能人数。例如，不可能有一个只有 5 个消费者的六角形市场区，因为不可能使六角形和均匀三角形分布相配合同时又包括 5 个消费者。克里斯塔勒假设了一个聚落（消费者）等级体系，使得每一个级别都包含某一个聚落定值 K。例如，如果这一等级体系由城市、镇和村庄组成，而且 K 假设为 7，则对每一个城市来讲有 6 个镇围绕它（包括城市内的一个镇），而围绕每个镇又有 6 个村庄。常数K的假设进一步严格地限制了市场区内存在的消费者

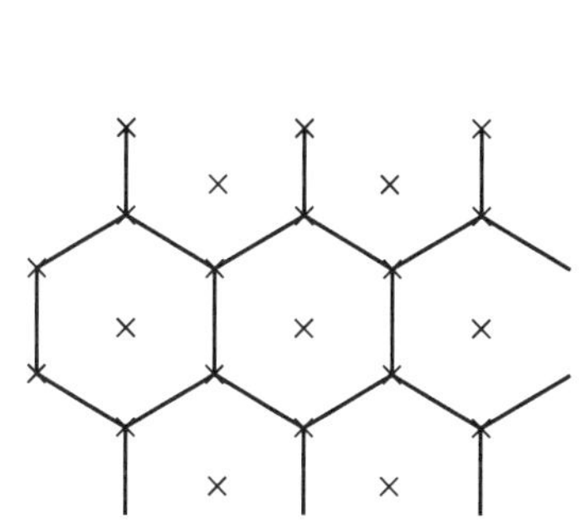

图 6.2　根据克里斯塔勒假设的市场区

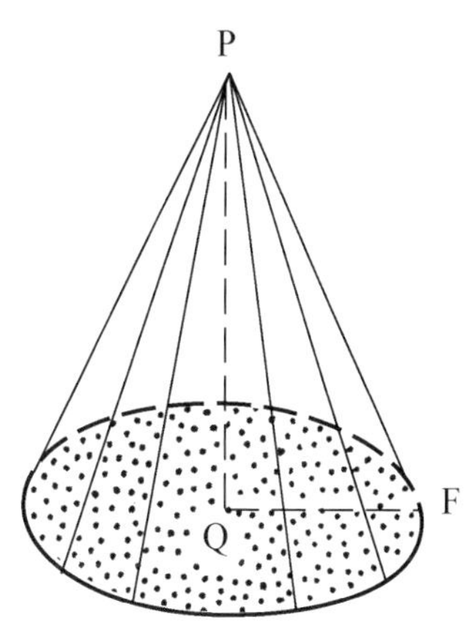

图 6.3　勒施的需求锥

的可能人数。例如，在 K 为 7 的条件下，每个村庄的消费人数必定为 7，每个镇的消费人数必定为 49，而每个城市的消费者人数必定为 343。

① 戴·希尔伯特和科恩-沃森：《几何学和想象》，P. 内门伊译，纽约，切尔西出版公司，1952，第 32—44 页。

克里斯塔勒认识到他需要某种机制，给可能市场的被限制数目的消费者赋予不同的活动，因此他引入了“货物范围”的概念。他认为存在一个下限，在这一下限以下就没有足够的消费者来维持某一活动。如果在 K 为 7 的情况下，某一活动的下限为 34，则这一活动在村庄里就不存在，但在镇里和所有更大的聚落中会出现。他的假设所带来的结果就是处于该等级体系中某一级别的每个聚落——村庄、镇和城市——大小相同，有着赋予它的相同的活动，而且较大的聚落包含了较小聚落的所有活动。

2. **勒施**[①]

勒施也把他的体系建立在人类聚落的最小单位上，但更为精细。首先，他假设运输费随距离的增加而增加，因此，在市场区的边缘价格较高，从而需求量较低。这就产生了“需求锥”，如图 6.3 所示，图中 PQ 为市场中心的需求量。这一需求量沿 PF 减小，因为价格（距离）沿 Q 到 F 增加。勒施通过计算需求锥的体积来确定市场区的总需求量。通过直接计算，他证明，当一平地遍布市场，并且需求曲线 PF 假定为直线时，图 6.4 所示以六角形为底的锥的体积比其他类型的锥的体积都大。

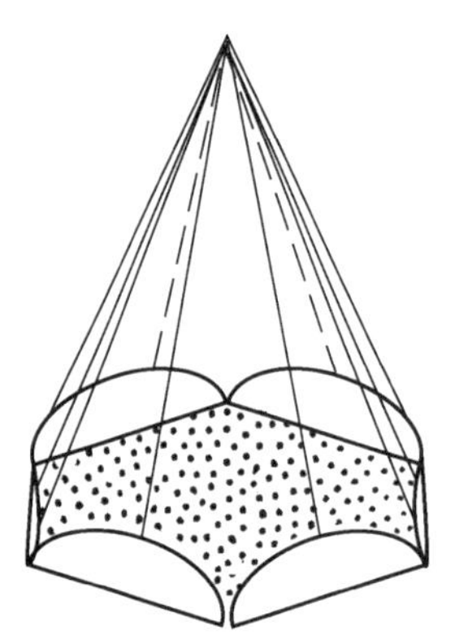

图 6.4 在六角形锥底上的需求锥

---

① 奥·勒施：《区位经济学》，威·沃格洛姆译，耶鲁大学出版社，1954。图 6.5—6.9 和表 6.1 的复制得到了出版者的许可。

和克里斯塔勒一样，勒施假设了基本人口的三角形均匀分布和六角形市场区。图 6.5a、b、c 表示三个最小的市场区，表 6.1 中给出

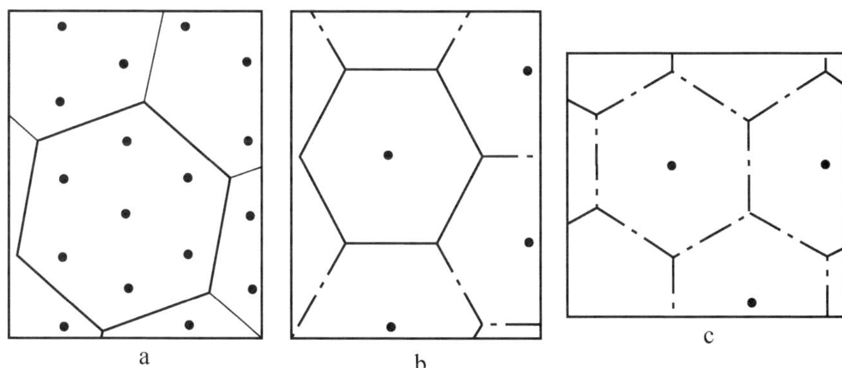

图 6.5　3 个最小的可能市场区，n＝3，4，7

了聚落消费者（称为“聚落”）的可能数目和由勒施假设所产生的其他参数。然后，他对面积各不相同但中心集中于一点的六角形群进行转动，使重合的城市数目最大，如图 6.6 所示。勒施并未提出获得最大值的证据。他把每个被转动的区域叫做景观。转动产生出 6 个“多城市”部分和 6 个“少城市”部分。对于公路系统来说，转动是有意义的，因为它反映了聚落等级区体系以及城市相对集中的程度，如图 6.7 所示。

与克里斯塔勒不同的是，勒施的公式并未得出较大市场区包含所有较小市场区的全部活动，也未得出在所有规模相同的聚落内活动相同的结果。这一体系比较灵活，因为勒施没有直接假设定值 K。这样，就存在一个有限制、但有多种可能的市场区。勒施是后来才考虑克里斯塔勒的定值 K 体系的，并且仅作为特殊情况来看待。图 6.8 表示假定不同定值 K 时的结果。这一假设大大简化了空间排列，这一点可以从图 6.9 表示的勒施的完整体系和定值

K 体系的比较中看出。

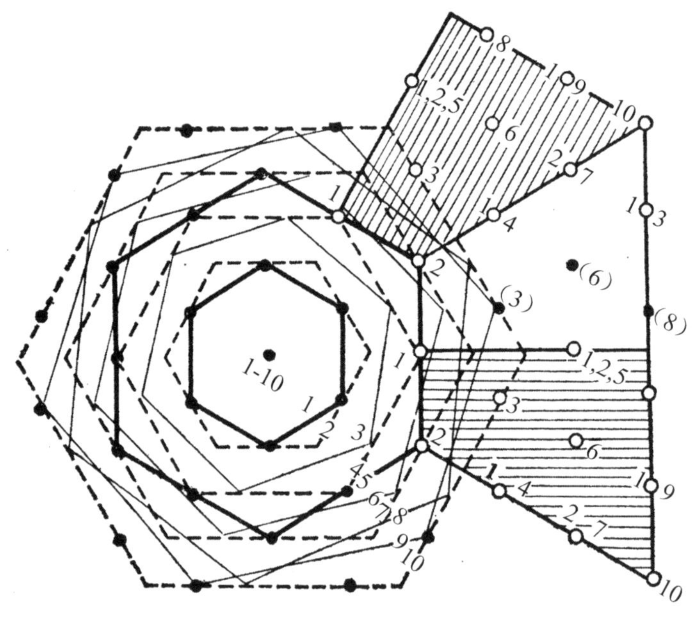

图 6.6 10 个最小经济区

影线部分为包含许多镇的部分。可替换的区域中心放在括号内，黑点表示原来的聚落，圆点为用数字表示其大小的市场区中心。

表 6.1 10 个最小市场区的特点

地区号	n	b	nV
1	3	a$\sqrt{3}$	a
2	4	a$\sqrt{4}$	a
3	7	a$\sqrt{7}$	a
4	9	a$\sqrt{9}$	a$\sqrt{3}$
5	12	a$\sqrt{12}$	2a
6	13	a$\sqrt{13}$	a$\sqrt{3}$
7	16	a$\sqrt{16}$	2a
8	19	a$\sqrt{19}$	2a
9	21	a$\sqrt{21}$	a$\sqrt{7}$
10	25	a$\sqrt{25}$	a$\sqrt{7}$

n＝完全供给的聚落数，包括供给点。部分供给的聚落用完全供给的聚落数的相等数考虑。

b＝供给点间的距离＝地区中心之间的距离＝内接圆半径。

nV＝必要的运输距离＝从最远的售货员到必须消费者之间的距离。

a＝原聚落之间的距离。

n的计算

地区号	n	地区号	n
1	$(1\cdot\sqrt{3})^2+0^2=3$	3	$(1\frac{1}{2}\cdot\sqrt{3})^2+(\frac{1}{2})^2=7$
2	$(1\cdot\sqrt{3})^2+1^2=4$	4	$(1\frac{1}{2}\cdot\sqrt{3})^2+(1\frac{1}{2})^2=9$
5	$(2\cdot\sqrt{3})^2+0^2=12$	8	$(2\frac{1}{2}\cdot\sqrt{3})^2+(\frac{1}{2})^2=19$
6	$(2\cdot\sqrt{3})^2+1^2=13$	9	$(2\frac{1}{2}\cdot\sqrt{3})^2+(1\frac{1}{2})^2=21$
7	$(2\cdot\sqrt{3})^2+2^2=16$	10	$(2\frac{1}{2}\cdot\sqrt{3})^2+(2\frac{1}{2})^2=25$
11	$(3\cdot\sqrt{3})^2+0^2=27$	15	$(3\frac{1}{2}\cdot\sqrt{3})^2+(\frac{1}{2})^2=37$

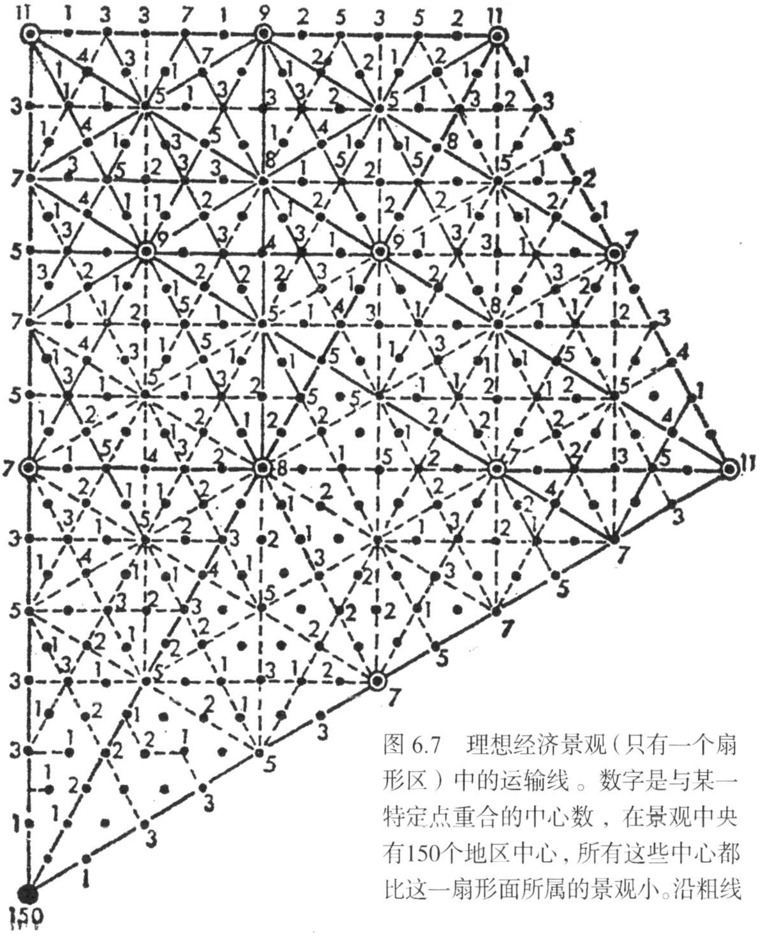

图 6.7　理想经济景观(只有一个扇形区)中的运输线。数字是与某一特定点重合的中心数，在景观中央有150个地区中心，所有这些中心都比这一扇形面所属的景观小。沿粗线

的中心数是沿虚线中心数的两倍，沿细线的中心数大约为沿虚线的中心数的1.5倍。可以容易地看出左边多城市部分和右边少城市部分之间交通密度的差异。

勒施还试图引入经济平衡条件，但贝克曼发现这些条件不合适。[①] 另外，勒施提出了对前人成果的批评，并提出区位理论必须考虑利润的最大化。

3. 博格[②]

博格假设没有城市等级体系——只存在完全覆盖着这个国家的都市社区。在美国，假设有67个这样的社区，它们与67个最大的城市在一定程度上相一致。所有其他的城市假设为这些都市的附属部分。

地区大小（实际大小）	中心之间的距离			区域大小，完整体系中的数目		
	k=3	k=4	k=7	k=3	k=4	k=7
1	$a\sqrt{3^1}$	$a\sqrt{4^1}$	$a\sqrt{7^1}$	1	2	3
2	$a\sqrt{3^2}$	$a\sqrt{4^2}$	$a\sqrt{7^2}$	4	7	19
3	$a\sqrt{3^3}$	$a\sqrt{4^3}$	$a\sqrt{7^3}$	11	24	106
4	$a\sqrt{3^4}$	$a\sqrt{4^4}$	$a\sqrt{7^4}$	30	81	?
5	$a\sqrt{3^5}$	$a\sqrt{4^5}$	$a\sqrt{7^5}$	77	?	?
6	$a\sqrt{3^6}$	$a\sqrt{4^6}$	$a\sqrt{7^6}$	?	?	?
7	$a\sqrt{3^7}$	$a\sqrt{4^7}$	$a\sqrt{7^7}$	?	?	?

a=原聚落之间的距离，k=次小亚地区的数目。根号中的数字同时表示有关区域中聚落的总数。

① 马丁·贝克曼：《对勒施区位论的一些看法》，区域科学协会《论文集》，第1卷(1955)，第N1.—N9.页。

② 唐·博格：《都市社区的结构》，密执安大学，1949。

博格的都市社区和勒施的景观有着非常的相似性。博格还引入了勒施的一个城市有12个扇形区的概念。不妨回忆一下勒施

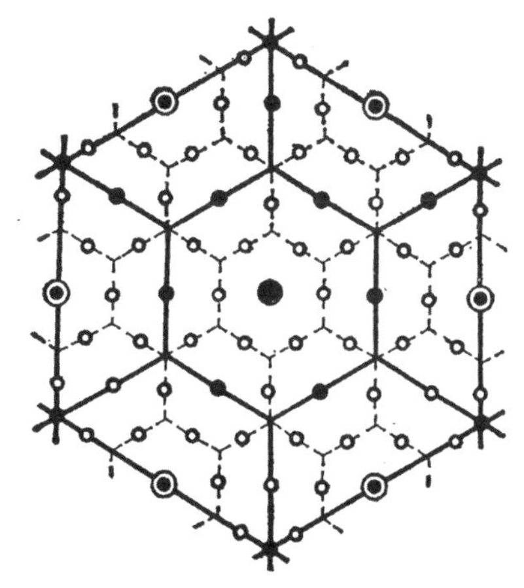

具有相等结构的区域
（2）k＝4，每一个镇支配着3个次一级的完整镇。

具有相等结构的区域
（3）k＝7，每一个镇支配着6个次一级的完整镇。

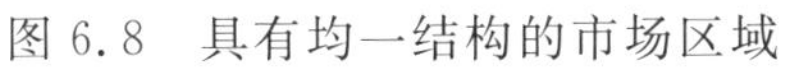

图 6.8　具有均一结构的市场区域

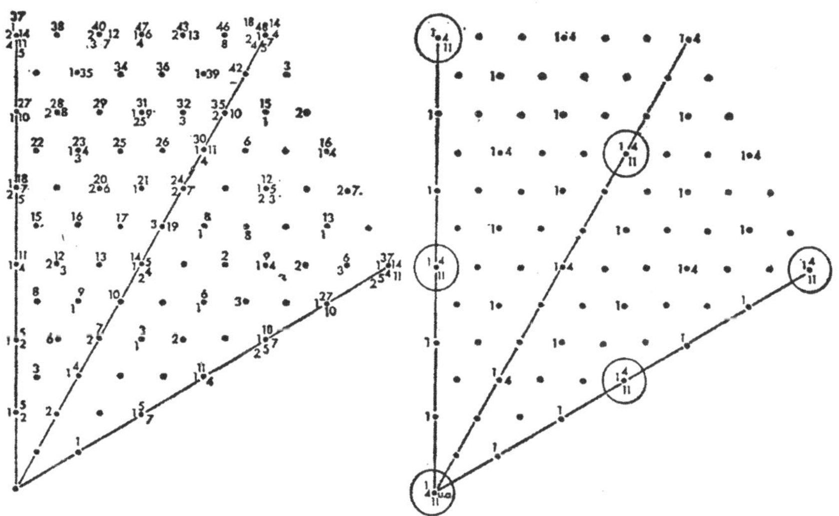

图6.9　勒施的“完整”体系和克里斯塔勒的有定值 K 或相等结构体系的比较

的多城市和少城市部分。博格的扇形面含有三种类型：大都市之间扇形面，它包含都市之间的主要交通线路；次主要扇形面，它不包含主要交通线路，但最少包含一个主要的腹地城市；局部扇形面，它不包含运输线路，也不包括腹地城市。

4. 近年来的发展

贝里和加里森[①]强调了克里斯塔勒关于“货物范围”和“临界值”的概念。临界值被定义为在一市场区维持某一特定活动所需要的最低消费者数量，与克里斯塔勒的“低限”相同。这些假设使他们避开了克里斯塔勒和勒施关于消费者均匀分布和市场区六角形状的假设。然后，他们假设存在一个能解释中心地等级体系的货物等级体系顺序。他们没有解释：(1)为什么货物集中于某些特定的位置，或(2)为什么在货物等级体系中断时发生市场区等级体系的中断。尽管他们的阐述有着较大的模糊性，然而，他们对中心地理论的阐述有着高度灵活性的优点。放弃基本人口均匀分布和市场区六角形的假设，就可以把理论用于都市之间和从市郊区公路沿线的活动。在另一篇文章中，贝里作了这样的引申。[②] 贝里的文章还包含着对有关研究的很好评论，这些评论大部分是实验性的。放弃基本人口均匀分布和市场区六角形假设的第二个好处在于，它可以使线性规划用于中心地。线性规划也许可以解答在贝里和加里森的文章中尚未回

---

① 贝里和加里森：《中心地理论的最新发展》，第107—120页。

② 贝里：《城市商业类型中沿市郊区公路的发展》，美国地理学家协会《年鉴》第49卷(1959)，第145—155页。

答的两个问题。[①] 维戴尔使用地图来解决线性规划无法解决的问题[②]，如果作出克里斯塔勒均匀性假设，则维戴尔的方法就像中心地理论那样产生六角形市场区；如果放弃均匀性假设，维戴尔的方法就可以有非六角形的最佳解。莫里尔既应用了线性规划也采用了维戴尔的绘图法，这也许是这些技术在地理学上最令人愉快的应用了。[③] 钱伯林[④]及鲍莫尔和艾德[⑤]认识到多目标旅游的重要性，即，一个消费者在一次旅程时在两个或两个以上的地方停留。但是彻底认识到多目标旅游对中心地区位巨大影响的是奈斯图恩。由于不能确定在一次旅行中究竟有哪些目的，奈斯图恩自然地转向统计学来解决这一问题。[⑥] 他借助实验资料，用到目前为止最成功的方法来模拟都市运动。鲍莫尔和艾德及马布尔也使用了概率的概念。马布尔利用对策论概述了一种雄心勃勃的概率论方法。[⑦]

① 加里森：《经济的空间结构》第二部分，美国地理学家协会《年鉴》第 49 卷(1959)，第 471—482 页；《经济的空间结构》第三部分，同上，第 50 卷(1960)，第 357—373 页。

② 马・维戴尔：《运输问题图解法》，《美国操作研究协会学报》，第 4 卷(1956)，第 193—203 页。

③ 加里森等：《公路发展和地理变化的研究》，西雅图，华盛顿大学出版社，1959，第 227—276 页。另，莫里尔：《区域间运动模型——适用于非理想信息和(或)非经济人反映的真实条件》，1960 年 5 月 5—6 日在芝加哥由海洋研究局主办的地理学中定量问题学术讨论会上提交的论文。

④ 爱・钱伯林：《垄断竞争理论》，剑桥，哈佛大学出版社，1933，第 196—197 页。

⑤ 威・鲍莫尔和爱・艾德：《零售种类》，《管理科学》，第 3 卷(1956)，第 93—101 页。

⑥ 奈斯图恩：《消费者运动的地理分析和零售业区位》，1959。

⑦ 鲍莫尔和艾德，同前书；杜・马布尔：《个人旅行行为的一些模式》，1960 年 5 月 5—6 日在芝加哥举行的地理学中定量问题学术讨论会上提交的论文。

现在已经从理论上注意群集了，这一问题是由于想获得最大腹地的愿望而引起的。这个问题首先是由霍特林以一维的形式提出的[①]，后来又作为给两个冰淇淋自动售货机在一条拥挤的长海滩上定位的问题重新提出。这两台售货机应放在哪里？霍特林证明，它们应互相紧挨着放在海滩的中央。放在其他任何位置上则有可以移动的优点。钱伯林发展了霍特林的例子，他说明，如果有三个或更多的自动售货机，即数量越多，它们就会越分散。[②] 事实上，在通解中最大的组合就是最紧靠邻近物的完全自反偶、并且所有高一级的邻近物是完全均匀的。柯里把这一概念用于二维的情况，并指出中心地所以趋向于群集在较大地点的周围，是由于要通过排斥较大地点的影响来保护自己的腹地，而不是像社会物理学家所提出的是因为这些较大地点的“吸引作用”。[③]

最新的关于解释群集的理论方法是由托马斯提出的。[④] 他指出，如果说人口和大小都相同的城市之间的距离是由许多因素所决定的话，那么，同样规模城市之间的距离分布则是对数正态分布。他还指出，如果给地点的第一组随机指定缺少共同职能的第二组，那么这个第二组很有可能位于这么一个地方：它与离相对远的最近近邻的地方相比，有一个相对近的近邻。

① 哈·霍特林：《竞争中的稳定性》，《经济学报》第3卷(1929)，第41—57页。

② 钱伯林：《垄断竞争理论》。

③ 莱·柯里：《城镇内服务中心地理学：操作法要素》，提交给1960年8月15—19日在瑞典隆德举办的城市研究学术讨论会的论文，第10页。

④ 爱·托马斯：《1900—1950年衣阿华州城镇的距离-人口-规模关系的稳定性》，提交给1960年8月15—19日在瑞典隆德举办的城市研究学术讨论会的论文，第11—14页。

最近，关于定值 k 问题做了一些重要的研究。斯图尔特提出了生产的“不可分性”，例如，各种运输方式的不连续能力和费用。[①] 斯图尔特指出，这将会使我们预料会有城市规模、职能数目等等的不连续分布，因此，他倾向于支持克里斯塔勒的定值 k 概念。然而，斯图尔特在引入了分布中的不连续性的同时，他思想上并不支持不连续性具有固定间隔的观点。因此，他对克里斯塔勒的支持是模棱两可的。波特对克里斯塔勒的支持则更为坚定，他提出较小等级的腹地不会在较大等级的中心之间分裂其支撑，即存在着社区集体采购习惯。[②] 这种推理至少会导致“定值 k 或多值 k”假设。例如，一座城镇将为其周围的所有村庄以及一圈、二圈或三圈贸易区服务，而一座城市将为其周围的一圈、两圈或更多圈的城镇以及它们的腹地服务。托马斯单独推导出与上述方法密切相关的方法。托马斯提出，市场区以类似于二维结晶的形式扩大和缩小。[③] 他寻求结晶学数学，以便把它用到中心地理论上去。应该注意的是，定值 k 假设似乎迫使人们把注意力放到极其需要的、关于中心地的动态理论方法上去。

贝克曼[④]及贝里和加里森[⑤]对城市等级-大小规则进行了评论

① 查·斯图尔特:《城市规模和分布》,《地理学评论》第 48 卷(1958),第 237—238 页。

② 赫·波特,西北大学地理系,1960 年的一次谈话。

③ 爱·托马斯,衣阿华州立大学地理系,1960 年的一次谈话。

④ 贝克曼:《城市等级体系和城市大小的分布》,《经济发展和文化变迁》,第 6 卷(1958),第 243—248 页。

⑤ 贝里和加里森:《都市等级—大小关系的其他解释》,美国地理学家协会《年鉴》,第 48 卷(1958),第 83—91 页。

和统一。等级-大小规则是这样一条一般的丁字形曲线:最好从特殊空间假设开始寻求对曲线的解释,而不从用曲线本身来进行解释。然而在几点建议之中,只有三点在概念上是空间性的,其中又只有一点基于克里斯塔勒假设并得到充分的发展。贝克曼和贝里-加里森的文章都各自对克里斯塔勒的假设作了解释,但贝克曼的解释要清楚一些。他共用了三条假设:①任何城市的大小与它服务的包括城市本身在内的人口成正比;②除最低级城市以外的每一等级的城市,都有几个次一级的卫星城,这一假设也就是定值 k 假设;③一个随机变量。贝克曼指出,这三条假设必然能导致等级-大小规则。对于克里斯塔勒的中心地理论来讲,这是一项重要的确证,因为他的理论包含着一个没有指定的事实(等级-大小)。另外,贝克曼的假设能再现等级-大小规则的连续分布,同时,通过简单地增加一个随机变量而保留了定值 k 的假设,这就几乎摧毁了那些根据观察到的城市等级-大小规则连续分布而对克里斯塔勒的定值 k 假设的攻击。明确地说,维宁所批评的克里斯塔勒的假设会导致城市人口对城市等级的不连续阶跃函数而不是导致所观察到的连续函数[①](如图 6.10 所示)这一点,在理论上是完全失败了。

齐普夫对等级-大小规则作了另一种空间证明[②]。他坚持认为,由于原材料是分散的,所以人们趋向分散以便进行收集;但是由于大部分商品是在城市消费的,所以那些把原材料变成商品的人趋向于聚集,以便把运送商品的费用减至最小。他没有明白地

① 拉·维宁:《经济体系某些空间情况的描述》,第 147—195 页。

② 乔·齐普夫:《人类行为和最小努力原理》,麻省剑桥,艾迪生-韦斯利出版公司,1949,第 352 页。

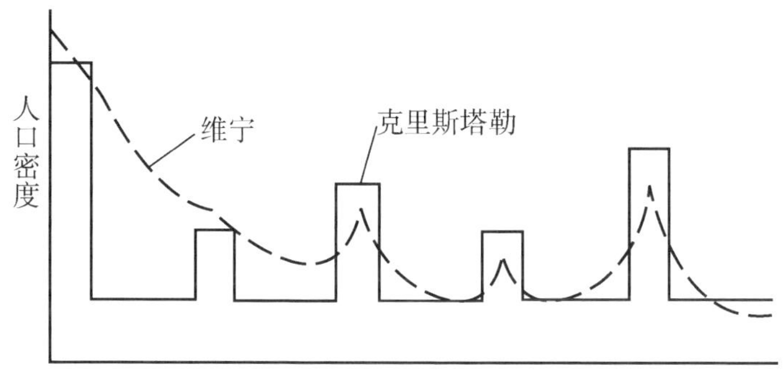

图 6.10　关于聚落等级和人口多少的克里斯塔勒假设与维宁假设的比较

解释他的看法是怎么得出等级-大小规则的。生态学家麦克阿瑟提出了一个处理动物种类的方法，虽然这一方法不能直接用于城市的等级-大小问题，但却有启发性。[①] 他作了相当于随机-大小不交叠市场的假设，并由此确定各类城市数，他说明这些城市数和等级-大小规则相一致。但是在麦克阿瑟的阐述中，“大小”(size)指等级体系中某一特定等级的聚落数目，而不是指居住在这一聚落的人数多少。这种对城市等级-大小关系的解释与博格的指定作为都市社区的非交迭市场区的假设非常相似。产生出等级-大小规则的随机-大小地区的基本概念本身就是很吸引人的。

二、关于实验中心地的评论

关于克里斯塔勒理论的实验工作似乎分成两类。相当多的研

① 罗·麦克阿瑟:《论飞禽种类的相对丰富性》，国家科学院《论文集》，第 43 卷(1957)，第 293—295 页。

究是试图断定空间间隔的均匀性、各类群集聚落的存在、各不同社区所起的职能类型等等。但这些研究都不可能清楚地证实或否定克里斯塔勒的成果。困难在于这些测试还不够严密，并且（或者）显然与克里斯塔勒作为基础的假定不相适应。布拉什的研究也许是这类实验工作中最好的例子。最新的、更为严密的研究仍然常常不能公正、确实地检验克里斯塔勒的理论，但是研究人员非常清楚地知道困难的所在，尽力追求对克里斯塔勒工作成果的严密检验。

有一个现代实验人员比早期实验人员更处于不能充分进行工作的领域，那就是他们应用测试的各种条件。现代实验人员严重表现出对区域差异缺乏兴趣，虽然每个科学家都知道，只有能经受各种严峻条件考验的理论才是充分证实了的理论。迈耶和贝里现在正在进行一项研究，他们的确考虑了广泛的条件，但所有这些条件都是限于美国范围内的。[①] 只有一项严密的研究是在非西方文化条件下进行的，那就是梅菲尔德关于印度的研究。[②] 我们还需要更多的区域地理学。

1. 变换

在用实验方法处理中心地的工作中，最大困难之一是实验人

---

① 贝里和哈迈耶：《芝加哥大学关于中心地等级体系研究的设计和初步成果》，1960 年 8 月 15—19 日在瑞典隆德举办的城市研究学术讨论上提交的论文。

② 罗·查·梅菲尔德：《服务结构和零售活动——不发达地区内较低等级城市体系中的一个例子》，1960 年 8 月 15—19 日在瑞典隆德举办的城市研究学术讨论会上提交的论文。

员不能使均匀承受人口的假设和均匀变换场相配合。由于存在着这一困难，大部分实验是非结论性的，正如许多人所指出的，在承受人口密集居住的区域，城市的配置应当密集，市场区将不再是基本的六角形，等等。由于变换影响而产生的空间变形是尤其麻烦的。例如，就真实时间距离而论，仅停靠两端终点站的班车会使终点的位置比中间各点的位置更为靠近。这样就颠倒了空间，并使中心地理论的假设大大发生畸变。最近，制图学家托布勒以他地图变换的优秀成果解决了这一方面的许多困难。[①] 现在，空间不仅可在地图上颠倒，它还可以压缩、省略、错位等等，这就大大减少了变换系统的失真影响，并使克里斯塔勒的理论可以被更仔细地检验。

2. 城市配置

达西已经应用并发展了点分布的最近相邻度量的研究成果。可以区分出三类分布型式：簇状分布、随机分布和均匀分布。在对衣阿华、康涅狄格和亚利桑那的中心地研究中，达西发现这三个州的中心地分别是均匀分布、随机分布和簇状分布的。[②] 他没有讲他的结果是对克里斯塔勒均一性结果的检验。当然，承受人口的基本分布的变化很大。进行必要的地图变换，再重新应用达西的检验是有意义的。为了和克里斯塔勒的理论一致起来，这三个州的中心地都必须是均匀分布的。达西还把这一技术用于布拉什的

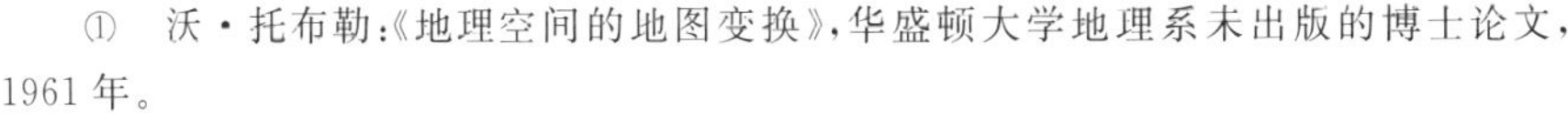

① 沃·托布勒：《地理空间的地图变换》，华盛顿大学地理系未出版的博士论文，1961 年。

② 迈·达西：《用最近相邻法进行的地图分布分析》，华盛顿大学地理系讨论论文第 1 号，1958 年 3 月 8 日。

有关威斯康星州西南部的资料。[1] 由于承受人口在著名的无漂流区不是均匀分布的,因此结果仍然是非结论性的。

有一个观察到的事实并不完全符合克里斯塔勒的理论。博格、托马斯、斯图尔特、沃恩兹和其他人收集的大量证据表明,大城市代表着人口密度、财富、社区的数目及重要性、运输设施等等的峰值。[2] 这些峰值从这些中心向外渐渐变缓。较小的城市代表了局部峰值。例如,如果绘制美国的人口密度图,那么纽约市则是最高的峰值,在其侧缘有局部的较低的峰值,如费城、芝加哥、波士顿等。这一事实至少修正了克里斯塔勒关于峰值是在中心周围对称分布的假设。科尔布和布伦纳提出了第三个看法,即小村庄倾向于避开较大的中心,而不是在它附近簇聚。[3] 其中的原因也许是这样:在博格所用的小比例尺和中比例尺图上,中心的确是簇聚一起的;但是在科尔布使用的极大比例尺地图上,存在着局部的空白。看来尚需进行更多的实验。

3. 市场区的形状

由于缺少这一空间性质的度量,因此试图通过市场区形状的度量来研究克里斯塔勒的理论以检验六角形性质碰到了障碍。然

① 迈·达西:《用最近相邻法进行的中心地和点型式分布》,1960 年 8 月 15—19 日在瑞典隆德举办的城市研究学术讨论会上提交的论文。

② 博格,同前书;托马斯,同前书;约·斯图尔特和威·沃恩兹:《人口分布物理学》,《区域科学学报》第 1 卷第 1 期(1958),第 99—123 页;杰·卡罗瑟斯:《人类互相作用的重力和势力概念的历史回顾》,《美国规划院学报》,第 22 卷(1956),第 94—102 页。

③ 科尔布和爱·德·布伦纳:《乡村社会研究》,威·奥格本编,波士顿,霍顿·米夫林出版公司,1946。

而，正如在《形状的度量》一章中所描述的，主要的绊脚石已经被搬开了。现在可以度量任何形状，包括六角形的关键性质。为了说明这一技术，已经把它使用在墨西哥社区的形状上。这种度量技术应当使用在市场区的形状上，以检验其平均形状趋向于六角形的假设。这种检验的有效性取决于这样的假设，即：承受人口的非均匀性和运输的变异不会导致六角形形状的变化，也就是说，在形状影响上它们是随机的。

4. 临界值大小

克里斯塔勒的基本假设之一是，在某一类型给定职能可以存在之前，需要某一消费者数目的底线。这一底限后来被称为“临界值”大小。在临界值大小方面，已经做了一些实验工作，经济学家贝恩试图度量大、中型活动的临界值。[①] 贝里和加里森试图研究小型活动的临界值。[②] 然而他们的工作实际上与临界值无关，因为他们并未研究对于某一项活动的存在来讲所必需的消费者的总数，而只讨论出现于这些活动中心的人口。他们忽略了乡村和公路消费者，这些消费者在小镇每一活动人数的几何下降中起着作用。在小镇中，乡村和公路买主构成了消费者相当大的比例。[③]

① 乔·贝恩：《二十个制造工业的规模、集中和人口条件经济学》，《美国经济评论》第44卷(1954)，第15—39页。

② 贝里和加里森：《关于中心地理论和货物范围的评论》，《经济地理学》第34卷(1958)，第304—311页。

③ 巴斯金关于这一关系的展览资料：《对沃尔特·克里斯塔勒〈德国南部的中心地〉的评论和解释》，第8页。

乡村社会学家和其他人[①]对小型中心作了研究，然而同样地，这些研究是相当不充分的。

5. 体系和等级-大小规则

对于事实上是否存在聚落等级体系（小村庄、村庄、小镇等），还是存在一个由不同大小和不同功能的地点组成的连续区有着激烈的争论。如前所述，由于贝克曼的理论贡献，这一争论的重要性大大减小了。然而，如果克里斯塔勒是完全正确的话，他的定值 k 假设将会使城市的等级-大小分布成为：(1)非连续的，和(2)在系统形式上非连续的。到目前为止，争论集中于克里斯塔勒的简单的非连续性含义。争论的两方是：一方持有低等级城市的证据，另一方持有高等级城市的证据。维宁对于等级-大小分布是连续的批评系以高等级城市为根据的。[②] 贝里和加里森对于一些大城市进行了一次不成功的实验。[③] 他们的实验所以失败，是由于他们把一条连续曲线与观察到的等级-大小分布相适合，然而，如果这一分布事实上是一条不连续的阶跃函数的话，这条曲线是不可能和这一等级-大小分布相适合的。因此，对于高等级城市的连续性来说，仍然有待于进行有效的检验。

贝里和加里森、梅菲尔德，和贝里都在小区域内对低等级城市体系的存在作了检验，他们都使用了类似的技术，而且都证实了等

① 巴斯金关于这一关系的展览资料：《对沃尔特·克里斯塔勒〈德国南部的中心地〉的评论和解释》，第三章；斯图尔特，同前书，第 241 页。

② 维宁，同前书。

③ 贝里和加里森，同前书，第 304—311 页。

级体系的局部存在。[①] 应当注意的是，这丝毫不与贝克曼作为整体的大经济区连续等级-大小分布的理论相冲突。很有可能是，局部的不连续等级体系融合成整个国家的连续分布。

所有其他的等级-大小分布的划分是任意的。托马斯使用了涉及概率概念的定义，但也是任意的。[②] 他从已知的人口中抽样，然后使用具有统计显著性的试验。应当指明，在统计意义上的“显著性”(significant)与地理学意义上的“重要性”(important)毫不相关。统计上的显著性意味着对于已被接受的概率来说，在人口上的确存在着差异。但是在抛弃部分数据之前，就已经知道了各座城市大小之间的确切差异，因此，根据样本来估计它们事实上是否的确存在差异，似乎没有什么意义。

6．加里森-马布尔的往返-频率实验[③]

加里森在华盛顿州西部的乡村地区进行了研究，马布尔用从衣阿华州锡达拉皮兹取得的资料进行研究，他们试验性地确定了令人惊讶的事实。至少，在他们研究的，相对来讲较短的距离内，往返频率不是距离的函数。即，不管人们住在哪里，他们为采购各

① 贝里和加里森：《中心地体系的功能基础》，《经济地理学》，第 34 卷(1958)，第 145—154 页；梅菲尔德，同前书；贝里：《扩大都市社区对中心地体系的影响》，美国地理学家协会《年鉴》第 50 卷(1960)，第 112—116 页。

② 托马斯：《关于扩大的中心地模型》，《地理学评论》，第 51 卷(1961)，第 400—411 页。

③ 加里森：《道路和街道费用的分摊》，《乡村道路对乡村财产带来的裨益》第 4 部分，华盛顿州公路研究委员会，1956 年；马布尔：《城市住宅地的运输输入》，华盛顿大学地理系讨论论文第 15 号，1959 年 1 月 9 日。

种货物和取得各种服务的旅行次数是相同的。这一观察结果有力地表明勒施的“需求锥”是不存在的，也就是说，在短距离内，需求不因距离而下降。加里森-马布尔实验暂时确定的第二个事实是：人们常常往来于能提供他们所追求的货物和服务的最近地点。这两个观察到的事实使我们可以进行巨大的理论简化。

三、其他的理论中心地

1. 定值 k 假设

克里斯塔勒有五个基本假设：均匀运输面、承受人口的等边三角形分布、六角形市场区、定值 k 和货物范围。在这五个假设中，只有定值 k 假设既不是显然最佳也不是十分清楚的。如果定值 k 的假设可以成立，那么这将是克里斯塔勒最伟大的天才主张。在它不外显但它为理论中心地提供了对称性和简单性这一方面，它与牛顿对质量概念的“任意的”引入非常相似。

大部分的理论和实验工作可以划分为定值 k 和非定值 k 工作，如下表所示。下表旨在给读者以启发，因此许多人的工作并未列出。

表 6.2　定值 k 和非定值 k

	定值 k	非定值 k
都市地点的一般区位理论	克里斯塔勒	博格，勒施
空间等级-大小解释	贝克曼	麦克阿瑟，齐普夫
聚落及功能的连续分布或等级体系分布	贝里-加里森	维宁，托马斯

非定值 k 研究人员要求更高的精度，而定值 k 研究人员主张理论的更为严密。本书作者倾向于赞成定值 k 研究者的意

见，因为贝克曼指出了一条可以成功地获取两者优点的途径。[①]他假设定值k，增加一个随机变量，产生出了等级-大小规划的连续情况。这一技术和莫里尔在他的空间价格平衡研究中成功地使用的技术一样。[②] 一旦研究出了一个吸引人的理论模式，它总是可以与某一随机因素掺和在一起，从而更好地与可观察世界相适合。

2. 主题的拓展

地理学家在把克里斯塔勒的思想延伸到地理学的其他领域中去的时候，行动是缓慢的。例如，为什么那些有着足够动物学知识的实验区域地理学家中，没有一个人试图把理论中心地应用到动物的分布上去呢？有些优点似乎是十分明显的，比如克里斯塔勒的均匀运输面和均匀承受人口的假设，对于非洲萨瓦纳草原似乎比对任何近代经济的铁路公路交叉区域更为适合。如果动物成群的话，那么动物群可考虑作为基本单位，就像克里斯塔勒在没有分散的农庄的情况下使用巴伐利亚村庄一样。食物链提供了中心地及其等级体系。例如，草原上的斑马提供了两级体系，反过来斑马又是狮子的"牧草"。当然，存在着难以克服的实验困难。

在试图用最佳方式清理门前草坪的时候，存在着一个更为常

① 贝克曼，同前书。
② 莫里尔，同前书。

见的非地理学的中心地问题。必须确定落叶堆的数目和位置。必须用最佳线路来选定适当的落叶堆位置,混合肥料堆也必须置于正确的位置。所有这些事情都必须相伴地进行。较小的堆可以看成是等级体系中的小地点(小村庄),大一点的堆看成是大地点,落叶看成是基本承受的人口等等。

从这些新的研究课题中产生出了对克里斯塔勒的某种有力的支持。例如落叶堆的等级-大小显然表现出了肯定的不连续性,而且,这种不连续性是由于运输方式、草耙和各种篮子之间关系的不可分性所造成的,这一点也正是斯图尔特所已经指出的。[①] 动物链也含有类似性质的不可分性。

3. 维数分析

维数研究是拓扑学的一个分支,它为地理学问题增加了巨大的清晰性。中心地理论对拓扑学在地理学中的应用起着重要的作用,因此,讨论将借助于中心地来进行。

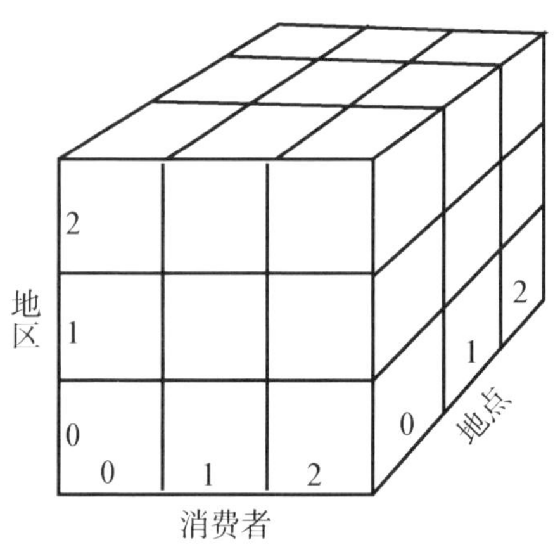

图 6.11　中心地理论维数分析的中心地位立方体

可以把消费者作为至少三个不同因次中的任意一个来考虑:点(零维)、线(一维)或面(二维)。因次的选择是以两点

① 斯图尔特,同前书,第 237—238 页。

考虑为依据的：要使用的数学的类型和与可观察世界的一致性。线性规划需要把消费者作为点来处理，而微积分是把他们作为连续分布来考虑的。对于可观察的世界也需要进行某些因次的选择。例如，如果要研究少数分散的消费者，那么最合理的是作点定位的假设。如果消费者是固定的，例如他们从事耕作而又没有方便的交通手段，用点来表示也许是可取的。在考虑沿公路的消费者的位置时，最好假设消费者是分散在一条线上的。如果消费者密集地聚在一起或者（并且）有很高的流动性，则可以考虑他们分散在一个地区。

在中心地研究中，使用“地点”（place）一词似乎坚持认为所有的消费者都是由一个点来服务的，但是考虑人们是由可以方便地用一条线表示的公路或河流来服务的也未尚不可。同样地，一片煤田可以用地区来绘制。

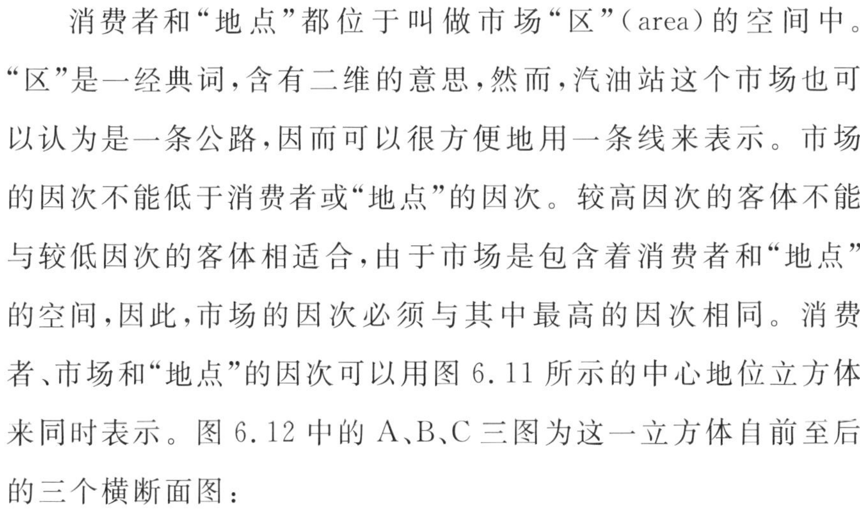

消费者和“地点”都位于叫做市场“区”（area）的空间中。“区”是一经典词，含有二维的意思，然而，汽油站这个市场也可以认为是一条公路，因而可以很方便地用一条线来表示。市场的因次不能低于消费者或“地点”的因次。较高因次的客体不能与较低因次的客体相适合，由于市场是包含着消费者和“地点”的空间，因此，市场的因次必须与其中最高的因次相同。消费者、市场和“地点”的因次可以用图 6.11 所示的中心地位立方体来同时表示。图 6.12 中的 A、B、C 三图为这一立方体自前至后的三个横断面图：

地点为零维，用X表示

2 地区 1 0

不可能 不可能 不可能

0 1 2 消费者

A

地点为一维，用━表示

2 地区 1 0

不可能 不可能 不可能 不可能

0 1 2 消费者

B

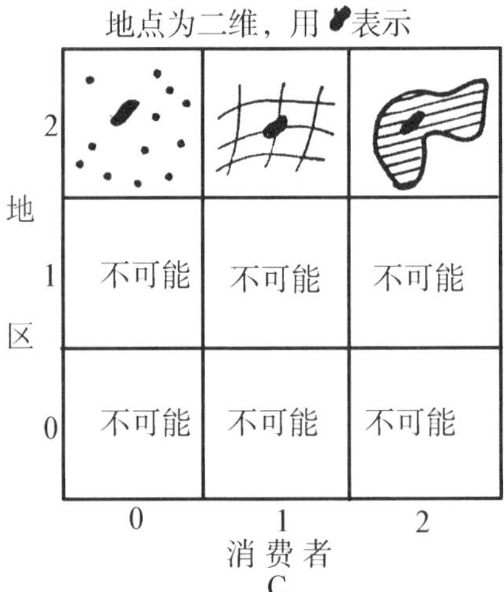

图 6.12 中心地位立方体横断面图

借助于中心地位立方体，可以对中心地理论方面已完成的工作进行更为彻底的分类。因为以前的中心地理论都把地点作为点来考虑，因此这里只使用中心地位立方体的零维地点横断面。为了使区分更为简单，横断面用图 6.13 表示，而各种情况分别用有关图形中的大写字母表示。

情况C包括克里斯塔勒提出的、由勒施发展的经典中心地理论。在这一理论中，消费者是二维的，而地点是零维的，注意这是存在着市场边界和形状的唯一情况。克里斯塔勒和勒施在维数方面都弄错了。一般说来，他们都假定了二维消费者，但有时并不如此。在图6.5中，边界区分的是什么呢？消费者是用点表示的，因此，如果把边界按与市场区成正确比例所确定的相同的点（消费

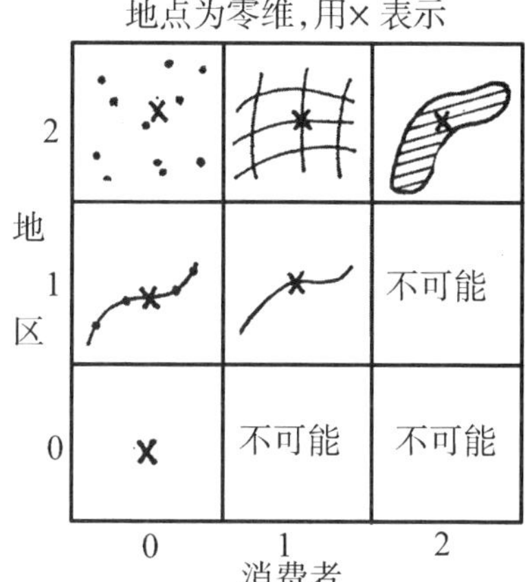

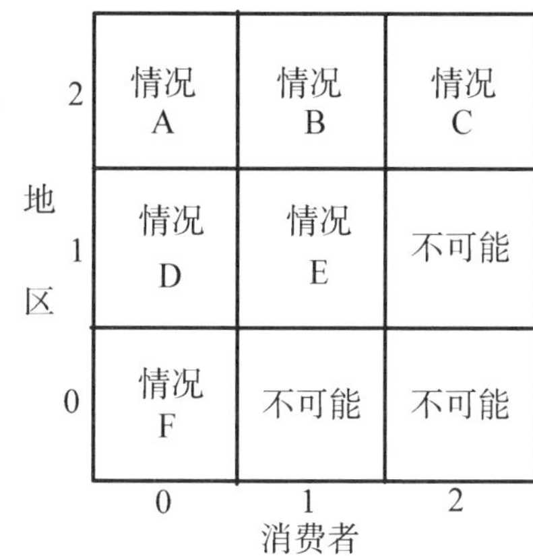

图6.13　中心地位立方体横断面

者）之间移动一段距离，那又会有什么差别呢？这并不意味着克里斯塔勒理论的整个支座是脆弱的，因为其基本规则是置于消费者的均匀分布和定值k体系上的。如果用把消费者和最近中心联系在一起的规则来取代确定消费者的六角形，那也会得出完全相同的结果。在这里，消费者至最近中心的距离必须随市场区大小的增加以阶跃函数的方式增加。如果在较高等级的市场区有着大量用点表示的消费者，那么六角形边界的缺陷也就减少了。研究情

况 C 时可运用的技术是微积分和维戴尔方法。[①]

在情况 A 下,消费者和地点都是点,有必要确定中心地的位置以及在这些中心地有哪些消费者。贝里-加里森关于中心地的阐述适合这一情况,因为他们的阐述与市场形状无关。贝克曼提供了把情况 C 和情况 A 连接起来的有趣的桥梁,他讨论了在情况 C 下的勒施理论,然后阐述了情况 A 下的问题。[②] 贝克曼应用了规划,在这些维度的情况下,规划是一种适用的数学。

霍特林[③]提供了情况 E 的例子。在这一情况下,市场区和消费者都是线,而地点是点。

情况 F 是无空间的例子,在这一情况下,消费者、地点和市场区都位于一个点上,这对地理学家来讲没有什么意义。按伊萨德所说,这一情况表明了盎格鲁-撒克逊人对无空间经济体系的癖好。

情况 B 和 D 尚未引起人们的注意。

4. 用于公路的维数分析

通过中心地位立方体,地理学家可以寻求适当维数来表达中心地理论。这种可能性的一个例子就是把情况 E 用到研究顺应公路方向的中心地上去。

一段时间以来,研究人员已经意识到白天和夜间城市人口的差异、上下班流动的重要性,以及经常进行远距离旅行人数的增加。但就笔者所知,只有贝里考虑到了把公路作为人的家,就像工

① 维戴尔:《运输问题图解法》,第 193—203 页。

② 贝克曼:《对勒施区位理论的一些看法》,第 N. 1—N. 9 页。

③ 霍特林:《竞争中的稳定性》,第 41—57 页。

作地点和住处一样。[①] 在一天中相当多的时间内，有成百万的人在世界各地的公路上，他们代表了成百万元的购买力。

流动人口的购买力对景观的影响随所使用的交通类型而变化。乘船舶、飞机和火车旅行就使消费者和他们所路过的景观隔离开来。其他形式的交通，比如步行、骑自行车、驾驶汽车就使旅行者可以沿路在不同的地方采购。这里的一般差别在于公共交通手段和私人交通手段。公共交通用具必须为其用户的集体需要服务，不能按照个人的意愿而停下。典型的差别是需要长时间运行的公共交通设施在运行中为乘客提供基本服务。水上运输或空中运输对于沿线的设施当然没有影响，因为沿线没有这些设施。

在各地公路的定位上，汽车起着重要的作用。购买力和需求量与距离以及在公路上花费的时间相对应。购买力和需求量导致以下四个结果。

(1) 汽车的各种需要，这与旅行距离有关。最明显的需要就是燃料。

(2) 人的各种周期性需要。这些需要是时间的函数，而且由于一般的驾车人在单位时间内行驶一定的距离，因此这些需要反映在周期性距离上。最值得一提的例子是对厕所的需要。汽车的需要和人的需要两者都是空间需要的函数。也就是说，如果在公路上流动的人数是恒定的，那么购买力将是一个常数，但是人的需要在距离上有所波动。

① 贝里：《城市商业类型沿市郊区公路的发展》，美国地理学家协会《年鉴》第 49 卷(1959)，第 145—155 页。

(3) 人在一天中不同时刻的各种需要。因为大多数人在一天中他们喜欢的某一时间启程,而且每小时行驶差不多的距离,这些需要表现为一种模糊的周期性空间需要。最突出的例子是食品和休息。这些需要在空间的波动与上述两种有着本质上的不同,因为它们是由购买力的空间变化所引起的。

(4) 均匀分布的空间需要。一些需要是在时间和空间上连续产生的。考虑汽车的损坏。汽车损坏是沿公路随机发生的,它们发生的多少与行驶的汽车总数直接有关。这一均匀分布可以用其宽度与交通量成正比的无波线表示。这并不意味着修理设施是随机分布、连续地分布或不需要。相反,对于一个给定的交通量来说,每一英里中有一平均的汽车损坏数,因此,每一个修理设施需要一个固定的英里数来维持它的需要,这样,修理设施是规则地分布的。在城市内存在着与此密切有关的情形。许多服务设施,如五金店、食品店、杂货店等等是沿着有足够购买力的主干道来维持它们分布的。服务设施的数目与交通量直接有关。商店的数量最终取决于道路容量,这一容量在美国城市常常得到满足。

5. 距离

距离的"旅行推销员"定义在从理论上使用到中心地概念上时有巨大的优点,这一点可以用以下的问题来说明。一个消费者每天从家里(H)去工作地点(W)并返回。他只是在上班的路上购买汽油。他离汽油站(S)有多远?(图 6.14)

如果把"邻近性"定义为从家到汽油站的最短距离,那么从家里到汽油站的距离就是 HS。几乎在所有的中心地研究中都使用邻近这一经典定义。如果我们从维数的观点出发,假设消费者事实上“住在”HW这条线上,那么汽油站与他的“邻近”就与直线HW到点S的垂直距离相同。如果我们假设汽油站与他的邻近是他必须行驶的路线以外一个附加距离,那么汽油站离该消费者的距离为HS+SW−HW。最后这一距离的定义与最短总线路有关,而且似乎是最合理的定义。这是距离的“旅行推销员”定义,因为它寻求固定点间的最短环行线。

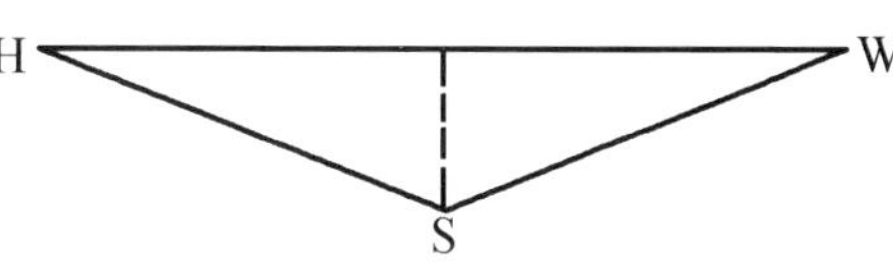

图6.14　距离的各种定义

6. 城市中心内中心地区位的一般理论进行了六点假设

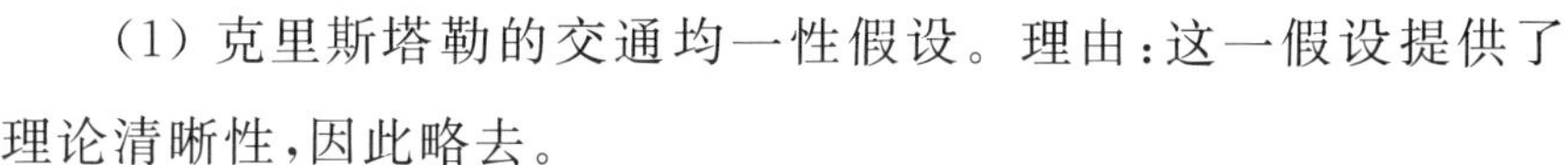

(1)克里斯塔勒的交通均一性假设。理由:这一假设提供了理论清晰性,因此略去。

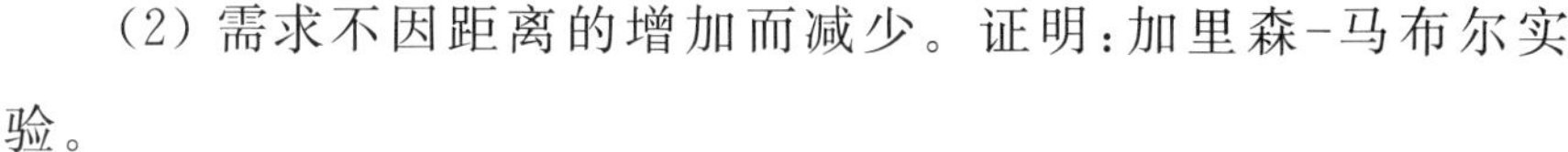

(2)需求不因距离的增加而减少。证明:加里森-马布尔实验。

(3)消费者常常去能给他们提供最佳服务的最近地点。证明:加里森-马布尔实验。

(4)各项服务设施是从消费者的角度来进行最佳定位的。证明:加里森-马布尔实验中没有中间人。第2、3、4条假设可以使经济处理大大地简化。

(5)距离定义为“旅行推销员”距离。证明:这产生出最佳总距离往返,这是一条关键的假设。

(6)接受临界值概念,并定义为某一给定活动存在所必需的消费者数量。证明:用一临界值可以在不丧失信息的情况下表示唯一的直角费用曲线。大部分费用曲线渐渐变平,因此表明有一个特定活动可以存在的范围,而不只是表明存在一个数字。但考虑到可能出现的临界值的大小,这一误差是不大的。例如,街角一个食品店和一个汽车制造厂之间的临界值的差异,比临界假设的可能误差要大得多,因此这一误差可以忽略不计。(图 6.15)

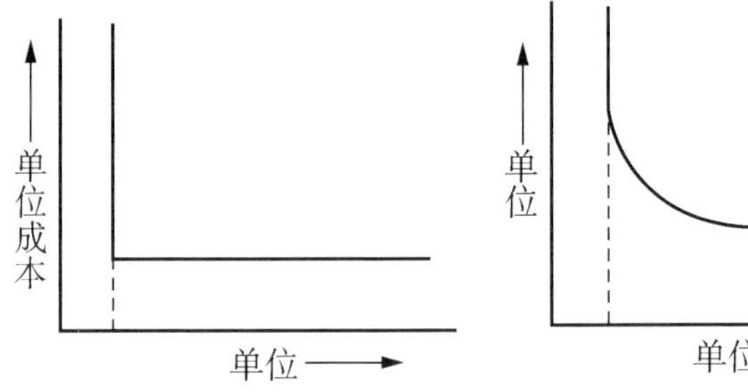

图 6.15　费用曲线和临界假设中的误差项

现在可以直接转到定位问题。想象一座小岛,消费者均匀分布在二维空间,而且有足够的购买力以维持一个杂货店(A)和三个食品店(B)。这些商店该放在哪儿呢?唯一的一个杂货店总是放在中央,而三个食品店的位置如图所示(图 6.16),假设的误差可以忽略不计。

但是,如果我们考虑同时去这两类商店,问题就不是这样简单了,因为如果每一消费者去食品店时也去杂货店,那么所有商店的最佳位置是位于中央,如图 6.16b 所示。为了认识这一点,研究一下图 6.16c 和 d 中的位置 1、2 和 3 的往返总距离。注意,只有从 A 经过并超过 B 的直线上的位置 3,不能从把 A 和 B 放在一起中得益。如果存在单一和多目的采购的混合,食品店将位于图 6.16a 和 b 所示的极端位置之间。为了把行程减至最短,多目的采购的比

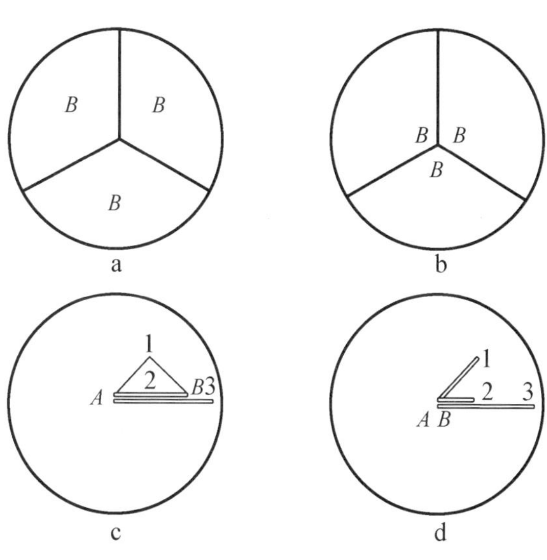

图 6.16　有一个杂货店(A)、三个食品店(B)和样本消费者(1、2 和 3)的假想岛

例越大，食品店离中心的距离就越近。如果这一岛被堵塞成几块，使得消费者和服务设施的位置只有一有限的可能性，那么这一问题就是旅行推销员问题的综合形式，即通过一起选择最佳商店位置把几条线路的总距离减至最小。这一区位理论由于其简单性而有着巨大的吸引力，但必须承认，我们不能从数学中获得有效的计算程序。

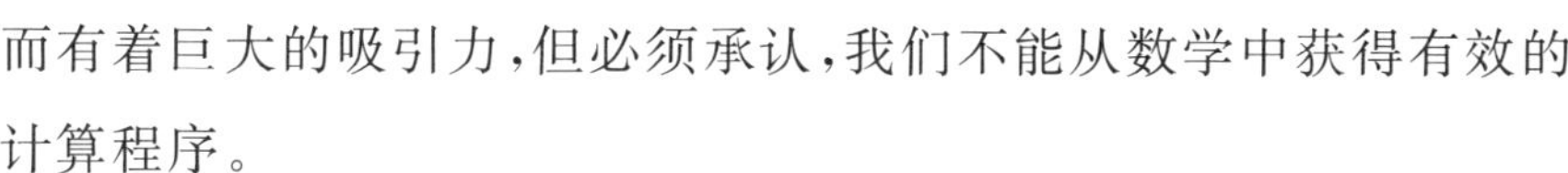

如果把上例改为都市地区内的功能定位，则可以更清楚地看出关于位置的影响。在图 6.17 中表示住户的 H 和表示工厂的 F 为给定的。虽然这些固定位置的假设是不必要的，然而它便于这一理论的讨论。另外，有理由假设住宅区的空间定位主要取决于社会强制力，而不是经济力量①，且工厂明显地靠近铁路设施，因此，在城市里的位置多少是固定的。阿拉伯数字下标表明隶属不同工厂的不同住户。

① 沃·伊萨德在《区位和空间经济》(麻省理工学院，理工出版社，1956)中写到非经济的“空间选择”。同时参见邦奇《相邻区位理论》，衣阿华大学地理系未出版的底稿，1960 年 11 月。

如果只是在上、下班时采购汽油，并且如果这里的住户数只能维持一个用G表示的加油站，那么，如果该加油站的定位使得所有消费者的总行程减至最小，如图6.17a所示，则该加油站离消费者最近。这一问题可以概括以包括更多的工厂、住户和加油站，如图6.17b所示。如果增加活动，比如增加干洗店，用C表示，问题就复杂化了。这就意味着单一往返可以由4次停靠组成，如图6.17c所示。可以增加其他许多活动和位置变化的住户，而且，往返目标可以是多重的，也可以是单一的，如图6.17d所示。

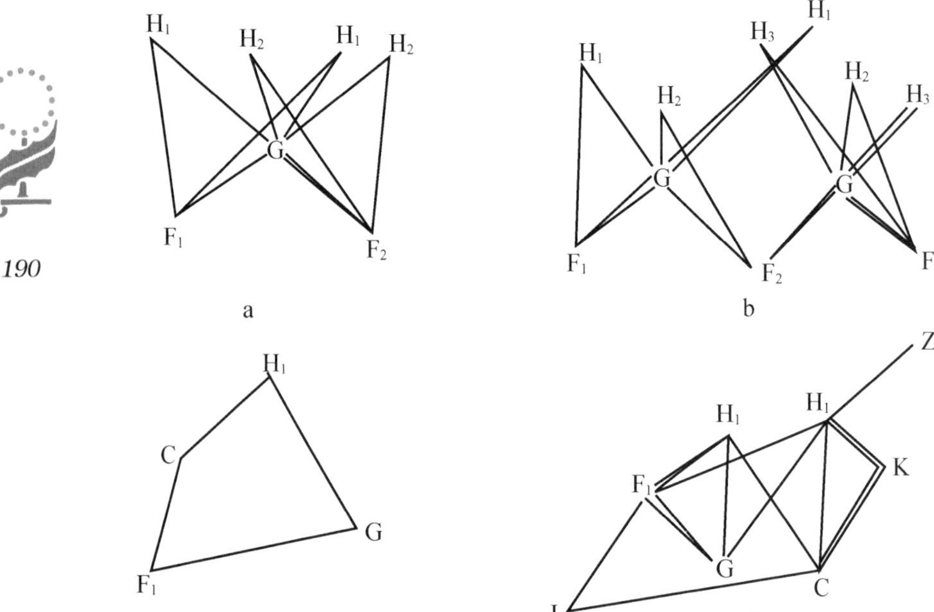

图6.17 用旅行推销员距离定义确定的都市区位

为了再现可观察的世界，并使这种再现为人们所认识，可以用以下的方法来表示分区法，即根据对任何给定城市观察到的规律，把它分成数目有限的块(可能位置)，并且限制商业活动。为了考虑由于交通网络所造成的购买力的集中,可以使用所观察的给定城市的公路网。这样考虑的结果应该能产生出如图 6.18 所示的城市聚落内活动的分布。中央商业区包含着那些需要全部人口维持的活动以及多目的往返所引起的其他活动。沿干道的带状发展是由于干道上购买力的集中、分区法的限制以及多目的往返所引起的。低一级的购物中心出现在干道交叉处,从而把购买力提高到必要水平的地方。如果分区法允许的话,孤立的活动则分散在整个住宅小区。这些分散活动有着高比例的单一目标往返,例如,去学校和教堂。

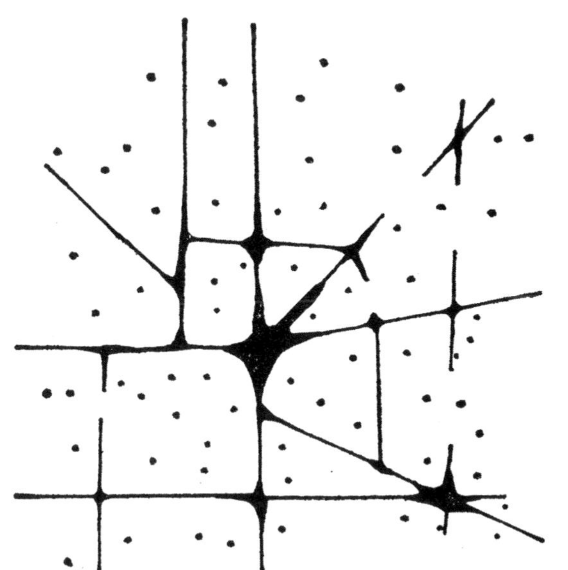

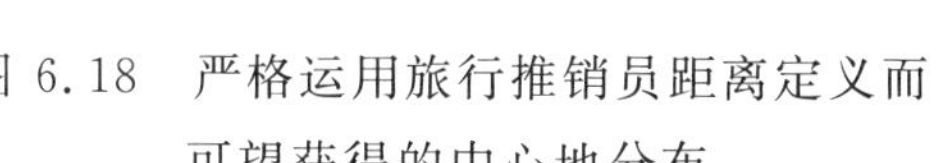

图 6.18　严格运用旅行推销员距离定义而可望获得的中心地分布

在直观水平上,这一理论也是有吸引力的,因为人们并不把从他们家里开始的实际距离看成是到达某一食品店或其他服务设施的距离,而是考虑他们行程附加的增量——离他们必须走的路线有多远。利用多目标旅行推销员的邻近性定义可以解释多目标往返。

7. 关于中心地的统一理论

如果已知一个区域的技术资源和潜在资源，那么一般的区位问题就是确定最佳经济区位结构。下面的讨论将通过强调其空间状况来说明这个问题。

（1）基本假设和一般评论

前面所使用的假设这里仍然使用，尽管有着如下事实：即如果距离很远，而假设需求量并不因距离的增加而减少，这是很不合理的。因此，这里所讲的应用只是启示性的，不一定可行。

在解释都市活动的时候，曾提到可以把人的，而不是货物的运动减至最小。在把经济作为整体考虑时，货物是不能忽略的，货物和人的运动都可以简化为运费，从而使其最小。

在经济学中，位置用成本表示。生产成本常常绘制成 U 形成本曲线，如图 6.19 所示。假设每项生产成本降低，然后随生产的增加而上升。降低是由于比例合算，而上升是因为比例不合算。然而，可以论证生产成本曲线是 L 形而不是 U 形的。这里有三个理由（图 6.19 和图 6.20）。第一，如果出于技术原因兴建某一规模的炼钢厂来生产单位成本最低的钢，那么是什么原因阻止另一相同规模的炼钢厂与其并列呢？很难想象为什么在第一个单位旁边放置同样效率的其他单位会使成本上升。第二，在两个生产变量起作用、一个使成本下降另一个使成本上升时，U 形曲线是复杂的。第三，被经典地确定为比例，不合算的东西现在被重新确定为运费。产量越多，货物运输就越远。[①] 可以像经济学家一样论证说，资源的缺乏最终会使费用上升。但是应当指出，这里所讨论的是

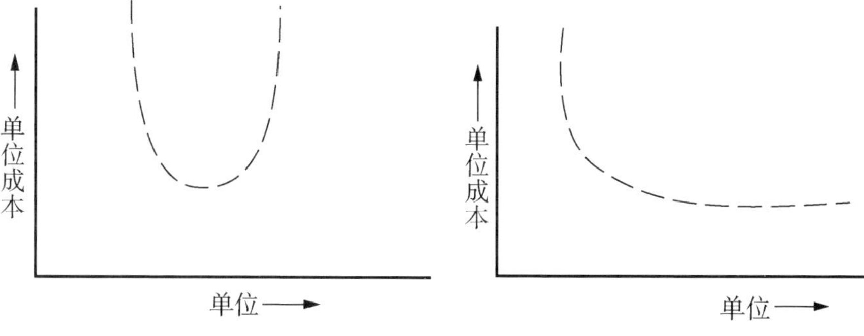

图 6.19　U 形成本曲线　　图 6.20　L 形成本曲线

单个经济单位，因此，它们对整个世界供应的单独影响可以忽略不计。还可以论证，资源缺乏本身是一个运输问题。例如，在中国内地有大量的煤，因此只是在边远地区才缺乏煤。如果更极端一些，还可断言，钻石的开采只不过是修建到达钻石的道路。钻石并不缺乏，只是它们在地下的位置给人们带来不便，从而使运费上升。[②] 这种把生产成本和运输成本结合在一起的曲线，假定为如图 6.21 所示。这里极需实验的证据。

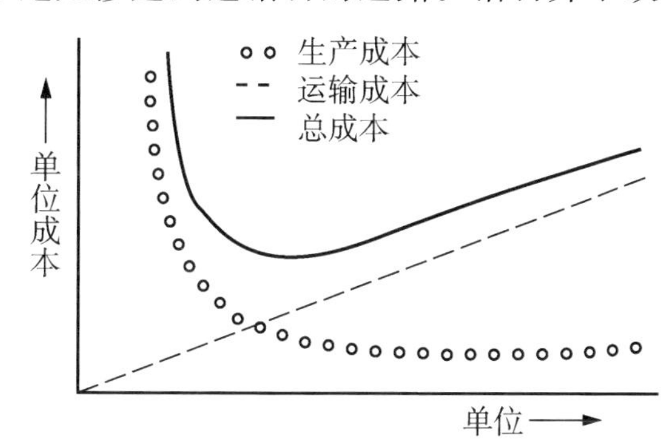

图 6.21　生产成本曲线和运输成本曲线的合成

① 加里森也独立地得出相同的结论，1959 年的一次谈话。

② 正如伊萨德有力地指出的，经济学家对于经济的空间状况特别视而不见。当然鸟禽学家通常借助于涉及到小生境的东西来解释知更鸟的大小，而不是单独根据其内在的因素来解释。

作为上述讨论的延伸，可以有力地反对把生产和运输予以分开考虑。可以断言，所有的生产，就像所有的运输一样，是运动。例如，农夫把一车玉米从田里拉到粮仓是生产；但是如果他经过粮仓继续拉至镇上，这就是运输。这种区分似乎有点任意而且没有必要。整个经济的最佳运行可以归结为把运动努力减至最小的问题。运输成本和生产成本的结合也许能解决一些有趣的不确定的东西。贝克曼写道：

> 价格在一个竞争的市场中过去被看成是有效价格。因此，在一个竞争空间市场中流动对于有关规划来说是最佳的。然而，这一点必须加以限制，以防不同商品的运输费用互相影响。这样，市场价格和有效价格很有可能会互相偏离。[①]

库普曼斯和贝克曼评论说：

> 讨论不可分资源分配中的两个问题……在第一个问题中，工厂之间运费省略不计，这一问题是线性规划问题，……在第二个问题中，考虑到（工厂）间运输费用，这就引起了复杂性，它需要更麻烦的、并且在很大程度上有待研究的计算，同时，它似乎以支持进行最佳分配的方式战胜了价格体系。[②]

尽管把远距离的运动（运输）和近距离的运动（生产）结合起来有其优点，然而在把生产作为运动来描述的过程中需要大量细节，这就使这种结合缺乏吸引力。另外，在这两种成本的结合中还有一大缺点，因为这样一来，产量和从事生产的位置必须同时解决。这种巨大的复杂性可以通过临界值概念来减小，因此，临界值概念就被采用了。

---

① 贝克曼：《运输连续模型》，《计量经济》第 20 卷（1952），第 659 页。

② 库普曼斯和贝克曼：《分配问题和经济活动区位》，《计量经济》第 25 卷（1957），第 53 页。

许多人对于基本经济活动(尤其是农业)使人口分散,而多数其他活动又使人口集中的倾向作过评论。这一点可以通过分析活动的维数而清楚地理解。在这些活动中,农业土地被假定为二维(面),而人被假定为零维(点)。当人直接耕作土地的时候,维数的张力是由人试图尽可能靠近土地以减少运动所造成的。分散只部分地减低这一张力,人还依靠从事第二类和第三类经济活动的人来生活。在这一情况下,点和点的定位尽可能靠近。对于这些人来讲,最佳的空间解决是集中于一点,这就产生了城市。在人类依赖链中存在着几个环节,从二维土地开始,进而是零维农夫,再进而是零维农庄供应者,等等。离二维基底越远,包含着某一特定活动的城市存在的可能性就越大。当一个区域内的农业工人的比例下降时,人口就变得越来越集中,从而达到人口的调节。毫无疑问,如果没有过去的农业发展,美国人现在可能会更为集中。英国对农业土地的依赖性比美国小,所以,如果不是有别的资源——煤矿的遍布,那么几乎所有的英国人都会成为伦敦人。

表 6.3　中心的等级体系

每一临界值上消费者占总人口百分数	中心在体系中的等级	中心数	每一临界值上被雇佣者占总人口百分数	每一中心被雇佣者占总人口百分数
50—100	A	1		
33—50	B	2		
25—33	C	3		
20—25	D	4		
·	·	·		
·	·	·		
·	·	·		
·	·	·		
—	·	·		

每一临界值上消费者占总人口百分数	中心在体系中的等级	中心数	每一临界值上被雇佣者占总人口百分数	每一中心被雇佣者占总人口百分数
9.1—10	J	10		
·	·	·		
·	·	·		
·	·	·		
·	·	·		
·	·	·		
·	·	·		

(2) 从基本假设产生的空间次序关系

想象一个住着用点表示的均匀分布消费者的岛屿。假设消费者的数目足以维持一个琴店。那么,这个琴店将位于岛的中心。如果人口翻一番,这一琴店的容量就有可能也翻一番,但在我们的假设条件下不会发生这样的事,因为第二个企业主将在靠近足够多消费者的地方另开一店,以获取一半消费者。某一给定活动的临界值越低,这一活动就会越分散,以减低运输费用。

任何需要 50%或更多的消费者,因此需要 50%或更多的作为市场区的岛屿面积的活动,只能维持该活动的一个单位,并且将位于该岛的中央。[①]

所有需要岛上 $33\frac{1}{3}$%到 50%消费者的活动也需要分类。将会有两个相同的中心,它们的位置是使所有消费者到该等级中心的总运动减至最小。每一个中心都含有其临界范围内的每一特定活动的一个单位。第三类是那些需要总人口的20%—25%的中心。这样的中

① 勒施引入了同样的概念作为他的体系的修正,但在这里,是作为基本概念给出的。见前引勒施书,第 136 页。

心有三个。图 6.22 给出了最高等级的中心。在表 3 中,所有的中心都是用总人口的百分数表示的,以强调这一概念的一般性质。临界值最终会下降,这样每一临界值可以维持它本身的活动,比如澡盆和电视机。当临界值低于每人一个时,就可以有几个项目分布,供每个人所需,比如铅笔。在这种大的换算上,“活动”(activity)一词的意义令人不解。一个活动就是一种商品或一种服务。它可以涉及物品,就像洗衣服涉及洗衣机、购物涉及商店一样,或者它也可以涉及其他人的存在,就像在教学或对话中一样。活动意味着人类行动,或与人类行动密切联系的物体。同样,在这种大的换算上,单位,比如食品店,显然不是一种单一的活动,而是极其邻近的许多活动的集合。同一店内的菜豆罐头、杂志和一瓶牛奶从其作用上来讲是各不相同的。

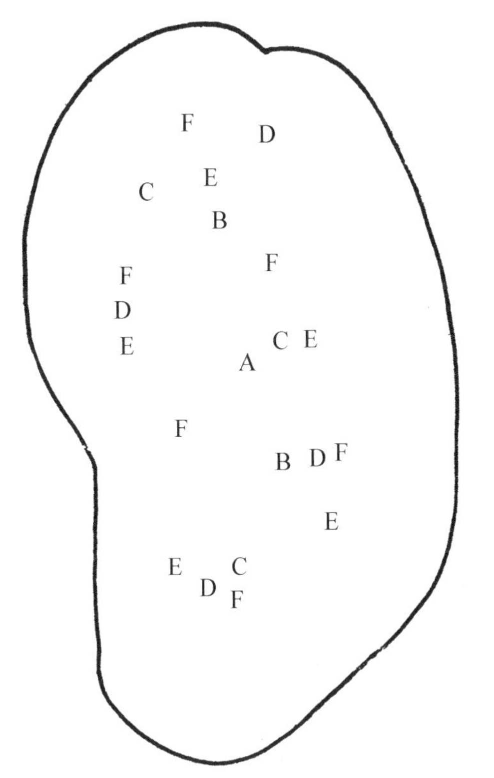

图 6.22　使旅行推销减至最小的中心地分布

表中的最后两栏没有完成,因为没有实验资料。这两栏表示被雇佣人员的百分数,而不是临界值上被服务人数的百分数。要求有大量的消费者并不自动地保证某一活动需要雇佣许多人,例如,钻石的切割需要大量的消费者,但是雇佣人数很少。

最后一栏只是重复每一中心雇佣人数。

(3) 使活动聚集的一些力

a. 多目标往返使许多活动聚集在一起。当距离用综合旅行推销员距离来度量时，就可以清楚地知道为什么梳子和刷子放在一起，面粉和糖都在食品店出售，以及药店靠近医疗所了。在关于都市活动的区位一节中阐述了这一论点。但发现许多项目之间的距离比综合旅行推销员距离的定义所许可的还近，这是因为，如果消费者使用药店而不使用医疗所，那么旅行推销员距离的定义就会使药店和医疗所分开。因此，在可以用多目标往返来解释大部分活动的集中时，还必须用其他的聚集力来说明它们极端邻近的现象。

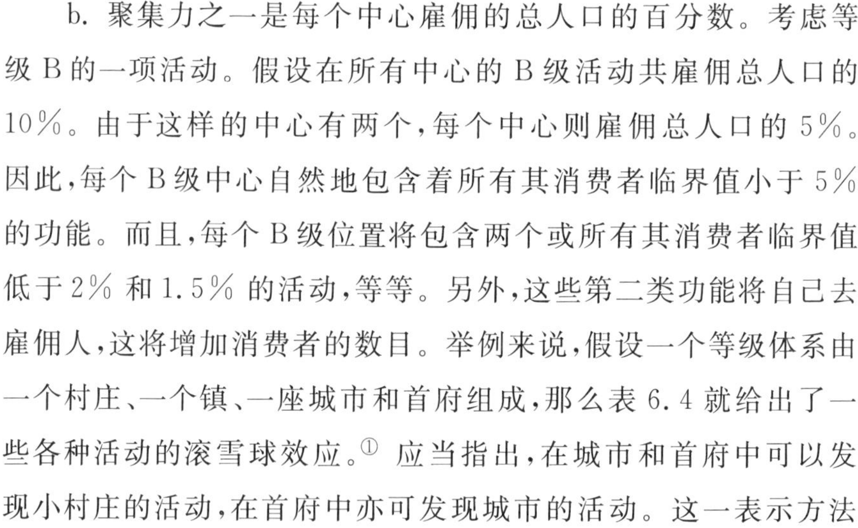

b. 聚集力之一是每个中心雇佣的总人口的百分数。考虑等级 B 的一项活动。假设在所有中心的 B 级活动共雇佣总人口的 10%。由于这样的中心有两个，每个中心则雇佣总人口的 5%。因此，每个 B 级中心自然地包含着所有其消费者临界值小于 5% 的功能。而且，每个 B 级位置将包含两个或所有其消费者临界值低于 2% 和 1.5% 的活动，等等。另外，这些第二类功能将自己去雇佣人，这将增加消费者的数目。举例来说，假设一个等级体系由一个村庄、一个镇、一座城市和首府组成，那么表 6.4 就给出了一些各种活动的滚雪球效应。[①] 应当指出，在城市和首府中可以发现小村庄的活动，在首府中亦可发现城市的活动。这一表示方法

① 加里森第一个认识到滚雪球效应是常常用基本服务率来考虑的，但他认为用输入-输出分析来表示则更好，显然在输入-输出分析中，基本服务率只是一个特殊并且有限的实例。1959 年的一次谈话。

的清晰性是本段中所作的特别假设所带来的。一般地说，这些特别的假设并不合理，因此后面不再使用。

表 6.4　等级体系输入/输出的聚集力

等级体系输入/输出

a＝农村临界值上雇佣人数的百分数

b＝小村庄临界值上雇佣人数的百分数

c＝城市临界值上雇佣人数的百分数

d＝首府临界值上雇佣人数的百分数

Xa＝农村人口

Xb＝所有小村庄的人口

Xc＝所有城市的人口

Xd＝首府人口

Xt＝总人口

$$Xa=a(Xt)$$

$$Xb=b(Xt)\left(\frac{(1-b-c)(1-b)-c(1-b-c-d)-d(1-b)}{(1-b-c)(1-b)}\right)$$

$$Xc=c(Xt)\left(\frac{(1-b-c-d)}{(1-b-c)(1-b)}\right)$$

$$Xd=\frac{d(x)t}{1-b-c}$$

等　级　体　系

	A	B	C	D	
农　村	a(Xt)				Xa
小村庄		b(Xt－Xc－Xd)			Xb
城　市		b(Xc)	c(Xt－Xd)		Xc
首　府		b(Xd)	c(Xd)	d(Xt)	Xd
					Xt

c. 各种活动紧紧聚集在一起的另一个原因必然与相邻腹地有关。想象一个岛屿，它只有一个位于岛中央的购买力临界值。显

然，活动将位于这一中央。现在假设增加第二个购买力临界值，但这一购买力均匀分布于全岛。这就要增加同一活动的第二个单位，这个单位将不得不与第一个一样位于岛的中央，否则第一个单位就会获得所有岛中央部分以及离它较近的腹地的购买力。使两个单位同时生存下去的唯一可行的方法，就是让第二个单位获得中央消费者的一半以及腹地消费者的一半。如果增加第三个购买力的临界值，而且这一购买力均匀地分布在中央部分以外，那第三个单位也必须位于岛的中央。但是，如果增加第四个均匀分布的购买力临界值，那么第四个单位将不位于中央，因为第二个和第三个单位已经截断了第一个单位伸到腹地的通道。这些情况用图 6.23 表示，与钱伯林的二维而不是一维论点相似。[①] 这种聚集效应也许能解释科尔布和布伦纳的观测结果，即与中心紧密相邻的腹地奇怪地没有低等级的中心。[②]

表 6.4(续)　同前，这里是举例说明

等级体系输入/输出一例

a=.4

b=.3

c=.2

d=.1

Xt=1 000

等　级　体　系

	A	B	C	D	
农　村	400				400
小村庄		171			171
城　市		69	160		229
首　府		60	40	100	200
	400	300	200	100	1000

① 钱伯林，同前书，第 194—199 页。

② 科尔布和布伦纳，同前书，第 46 页。

d. 存在着活动的机械聚集。从图 6.22 中可以清楚看出，有些活动由于有理数的纯数学性质而互相重合。但这是异常的，当然，不同等级的活动常常相距很近。

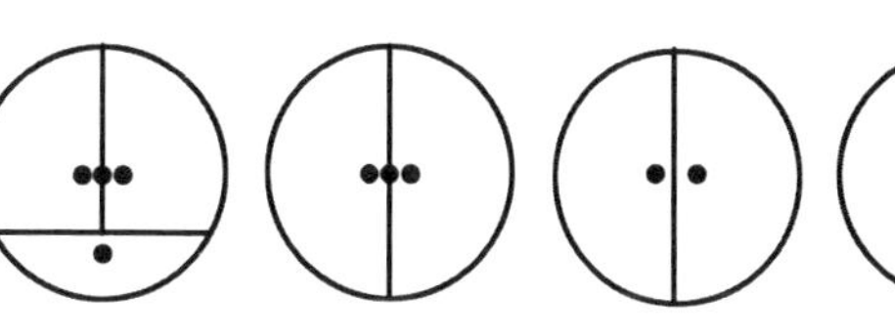

图 6.23　竞争市场区

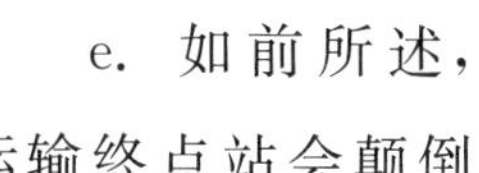

e. 如前所述，运输终点站会颠倒空间。假设在芝加哥和西雅图之间有两种方式的运输——汽车和飞机。目的是从太平洋沿岸西北部以最短的时间距离到达芝加哥。想象在两个终点之间的飞行是直达的，无中途停靠站。注意存在一个中性点，从这点开始驱车到西雅图再乘飞机到芝加哥与直接驱车到芝加哥是一样的快。“走错路”的运动是由于终点站的空间颠倒性质所引起的。例如，对在西雅图的一个人来说，比尤特和芝加哥近似地位于一条线上，而且比尤特比芝加哥近。但是终点站效应使芝加哥在时间距离上更靠近西雅图，而不是更靠近比尤特，这样，邻近的顺序颠倒成为西雅图-芝加哥-比尤特。

可以使用上述推理于各方面。显然，中性点实际上是划定终点站周围区域的中性线。再假设某人要从太平洋沿岸西北部去中

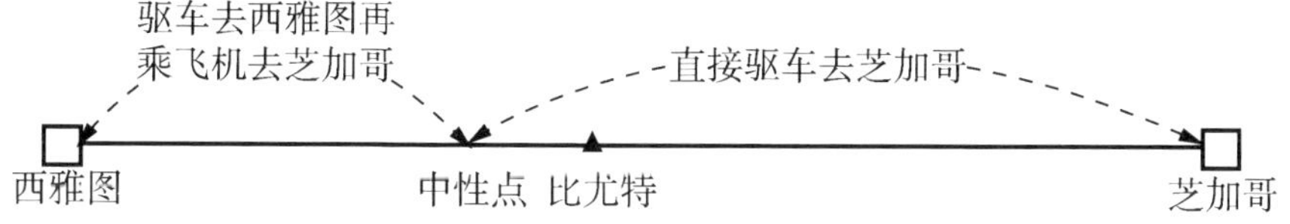

图 6.24　终点站引起的空间颠倒

西部，他可以去终点，也可以不去终点，这不仅取决于他离西雅图的距离，还取决于它的目的地离芝加哥的距离（图 6.25）。由于城市包含着许多终点站，而终点站吸引着大量的交通，中央商业区吸引

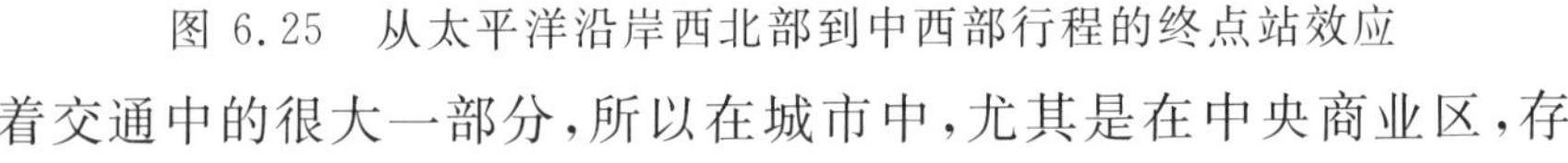

图 6.25　从太平洋沿岸西北部到中西部行程的终点站效应

着交通中的很大一部分，所以在城市中，尤其是在中央商业区，存在着活动的高度集中。

图 6.26　城市区位的全部相伴效应

有些方式的交通需要建筑费昂贵的线路和终点站。旅行于这些线路和终点的空间中性点必须与它们的建筑费用相平衡。这些必然稀少的设施就使活动集中起来。勒施感到从次要道路到高速公路的交通等级体系反映了都市等级体系①，但加里森和马布尔指出，运输和都市等级体

① 勒施：《区位经济学》，第 127 页。

系必须相伴地考虑。[①]

图 6.26 表示所有这些效应的非正式合成。

四、与区位理论的关系

虽然中心地有着所有这些优点，而且中心地工作对地理学家有着巨大的激发作用，但是必须承认克里斯塔勒的理论主要是讨论第三类经济活动，对于诸如给带有大量原料运费的钢铁厂定位这一类现象并无反应。至少在美国和西欧，区位理论一直被看成主要是经济学家而不是地理学家的事，不过现在有迹象表明，这种情况也许正在发生变化[②]（伊萨德对这一问题作过评论）。[③] 另一方面，在苏联，区位理论是地理学家在本世纪 20 年代引入的，在理论和应用方面都在健康地发展。[④]

① 加里森和马布尔：《公路网分析：线性规划表达式》，《公路研究委员会论文集》，第 37 卷（1958），第 1—17 页。

② 关于这一方面的荣誉应该归谁问题的争论，不是非常重要的，它部分地取决于怎样来划分各学科的人。杜能可以声称是属于地理学界的，因为他的贡献是如此之早，以致不可能把他划分到其他任何领域中去，那时学术劳动的划分尚未明确。我至少知道有一位数学经济学家声称他的区位工作是地理学的工作。虽然有一些区域科学家强烈地否定这一断言，但我的确感到区域科学是地理学。至少，天才的地理学家已经努力去寻求区位理论的一般途径。赫・波特和威・邦奇的《一般区位理论的要素》已经整理，可向作者索取，衣阿华城，1961。

③ 伊萨德：《区位和空间经济》，纽约，约翰・威利出版公司，1956，第 1、2 章。

④ Ю. Г. 萨乌什金：《苏联的经济地理学》，《经济地理学》第 38 卷，1962，第 28—37 页。

第七章　距离、邻近性和几何学

在方法论一章中已经对空间与非空间过程作了区分，并断言这种区分把地理学理论工作与非地理学理论工作区分了开来。尽管空间有着关键性的作用，但“**空间**”这一术语在本书中在很大程度上尚未被定义。在本书，“空间”被定义为地球表面的“**几何**”或“**运动**”。第五章主要研究了运动。第六章的内容介于运动和作为六角形几何学起因的中心地之间。这一章主要研究地理学的几何方面。

理论地理学的发展似乎是概述了几何学的历史。初等几何学——得到发展的最初的几何学，研究的是不变的世界，在这个世界中，像距离、角度这些量值是不变的。后来，投影几何学进入这个领域，它把物体投影的空间性质与原来物体的空间性质进行比较。最后引进的几何学是拓扑学，它研究物体在受到无限延伸后仍然保持的性质。这些几何学内容的不断积累就导致了对空间逻辑更深的数学理解。

数千年来，初等几何学在地理学中一直有着决定性的重要作用。初等几何学被应用在像认识两点之间最短的距离是直线、球面上两点之间最短的距离是大环行线这样明显而又深刻的空间情况。许多地理学理论是以这些简单的概念为基础的。在过去的很长一段时间内，鲁滨逊就是赞赏这些简单真理的基本重要意义的一个[①]。

地理学家利用投影几何学已经有几个世纪。正如托布勒所阐明的[②]，所使用的投影几何学的传统模式是从球面（地球表面）到平面（地图）。近年来，地理学家逐渐认识到投影几何学通过从一个平面（地图）到另一个平面（地图）的投影而含有令人兴奋的前景。沃森强调了对这些投影的需要[③]，一段时间以来，就一直存在着非正式的例证，它们通常被称为制图。这种新型的精确投影的早期实例，是在西雅图把自然距离变换成时间距离，如《超制图学》一章中图 2.13 和图 2.14 所示。托布勒研究出了一种把时间和费用距离作为地图投影变形的一个特别而且重要的方面来解决的、更为普通的方法。[④]

近年来，拓扑学——最基本的几何学的地理价值已经变得相当明显。沃思兹第一个表现出对于位面拓扑学公开的兴趣。[⑤] 他的兴趣是持久的，近年来，并已经转向维数的研究。[⑥] 笔者自己开始关注这个课题，是因为拓扑学问题出现在寻求形状的度量中。

① 阿瑟·鲁滨逊，威斯康星大学地理系，1956—1958 年之间的数次谈话。

② 沃·托布勒：《地理空间的地图转换》，博士论文，华盛顿大学地理系，1961。

③ J. 沃森：《地理学——一门距离的科学》，《苏格兰地理杂志》第 71 卷（1955），第 1—13 页。

④ 托布勒，同前书。

⑤ 约·斯图尔德和威·沃恩兹：《人口分布物理学》，《区域科学学报》，第 1 卷第 1 期（1958），第 119—120 页。

⑥ 查·希契科克：《美国地理协会——理事会年度报告》，《地理学评论》第 51 卷（1961），第 296 页。

马布尔和加里森是在他们对公路的研究中被引到拓扑学上来的。[①] 加里森首先发表了有关拓扑学在地理学中应用的文章。[②] 托布勒也转向拓扑学以解决各种制图学问题。[③] 托布勒一个有感染力的应用是把一幅地图放在麦比乌斯带上，这样，刺进地图的钉子就刺入另一“边”的对跖点。[④] 本章以及前面一章包含有几个拓扑学的其他运用的例子。

在这个简短的介绍性回顾中，还要提一下制图学在理论地理学发展中的重要地位。多年来，鲁滨逊一直对制图学的战略作用坚信不疑，这种作用起因于制图学毫无约束的空间范围。[⑤] 近年来的进展正在进一步证实他的见解。

本书至此似乎来了一个完整的循环。第二章关于《超制图学》导致了这样的结论，即，一般说来，地图不如数学合乎需要。这一章提出，制图学家和其他地理学专家一样，能够达到对空间的深刻理解。不存在明显的矛盾。在麦凯、米勒、鲁滨逊以及其他人良好的口碑中，托布勒是一个具有相当数学水平的制图学家，而且正如托布勒所认识到的，至少在研究地图投影时，地图和数学之间的差别会消失。也就是说，投影可以被表示为地图或数学方程式，而这两者同样地方便。它们是等效的。

---

① 威·加里森和杜·马布尔：《公路网分析：线性规划表达式》，《公路研究委员会论文集》，第 37 卷(1950)，第 1—17 页。

② 加里森：《州际公路系统的连缀性》，区域科学协会《论文集》，第 6 卷(1960)，第 121—137 页。

③④ 托布勒，华盛顿大学地理系，私人通信，1960 年。

⑤ 鲁滨逊：同前书。

一、理论地理学中的初等几何学

也许最基本的空间概念是两点之间的最短距离为一条直线。初等几何学的这一性质对地理学非常有用，因为在可观察的世界中到处都有有效运动。没有人要求把所有的运动减到最小。例如，一个茫然的人在一片沙漠中可能以一种随机的方式徘徊，或者他可能是有目的地而不是随机地做圆周运动。在任何一种情况下，他的运动都是无效的而且灾难性的。当然，随机和循环运动未必都是灾难性的，它们也许是所考虑物体的典型运动。例如在地表上，新事物的传播有一部分是随机的。正如在《运动理论》一章中所论断的，人类的大部分运动并非完全有效，而是包括了一些随机运动。我们曾把回运作为一种无效随机运动的实例。莫里尔为了使他首创的最佳“空间价值平衡模式”与他观察到的情况相匹比，他在对宾夕法尼亚西部医生的研究中引进了一个随机因素。[①]

然而，尽管有较多的例外，地理方面许多位置和运动的现象还是通过假设有效的直线运动来解释或接近解释的。如果我们知道两种现象通过一些过程相联系，而且两种现象分布表现出较大的地区相关，那么，两张不同的分布图就可能互相“解释”。威斯康星奶牛的分布图能解释威斯康星的乳酪厂的分布。某种过程使这两组现象相关，在两张地图上，它们彼此“邻近”。这里的“邻近”是指

① 理·莫里尔:《区域之间的运动模型:适用于不完善资料和/或非经济性人类反应的现实条件》，在海洋研究局主办的地理学定量问题学术讨论会上提交的论文，芝加哥，1960 年 5 月 5—6 日。

如果沿着直线测定两组现象之间的距离，则两组现象的分布是紧靠在一起的，或更确切地说，奶牛场和乳酪厂之间的平均直线距离相当接近于最小可能平均距离。

这些情况在两种现象之间不一定经常发生。例如，生产供欧洲消费的欧洲炼油厂和油井的分布完全不一致。一般认为，对这种分布，地图不能自圆其说，有必要附加其他空间解释。客体经常位于两组或更多组客体之间。例如，肉类包装厂既不位于产牛肉地区的中央，又不位于消费牛肉地区的中央。对于这些分布来说，简单地把一幅图放在另一幅图上不能提供充分的空间解释。最近，加里森在活动分析评论中找到了对这些情况的一种非常成功的处理方法。[①] 这些问题再一次以下面的形式出现，即把互相影响的客体尽可能近地放在一起，而距离大致是沿直线在两点之间测量的。在关于《运动理论》的一章中，假设了相同的运费，因此，涉及最佳解的所有空间解释都具有使物体彼此靠拢的形态。例如，假如运费是相同的，则高压地区向低压地区运动，完全像太平洋沿岸西北部充分的木材资源直接向这个国家东半部缺乏木材的地区运动一样。

距离不总是以基数来测量，即英尺、英里、公尺等等。地理学理论的一个族——交错机会族，仅仅利用序数。它将地点分等，即与某一或某些地点相比，哪些地点近，哪些地点远，用基数表示的距离在最后的模型中并不存在。但在计算序数时，传统上是利用

① 加里森：《经济的空间结构》，第一部分，美国地理学家协会《年鉴》，第49卷(1959)，第232—239页；第二部分，同前书，第49卷(1959)，第471—480页；第三部分，同前书，第50卷(1960)，第357—373页。

距离的直线测量以决定地点的邻近性等级。

二、理论地理学中的投影几何学

如前所述，几个世纪以来，地理学家在把地球表面转换成地图时，一直使用投影几何学。但是，对地理学来说，把一幅地图（平面）投影到另一幅地图（平面）相对说来是新的。对于这种投影，至少有三种自然途径：第一种方法起源于经济地理学，那时，人们注意到自然距离是不充分的，而费用距离和时间距离才是合适的尺度。第二种方法来自气候学和其他自然科学，在这些学科中，人们注意到空气和其他现象沿坡降向下流动，而不是沿直线自然距离流动。这一事实在《运动理论》一章中已经介绍，并特别强调了沃恩兹的成果。[①] 第三种方法是注意到自然距离也许会偏离心理距离或社会距离。沃森在他有趣的方法论文章《地理学——距离的科学》[②]一文中，包括了第一种和第三种情况。他提到，已经对各种“真实”距离的非正式地图作了尝试，像哈里斯的地图，它把空间转换成适当的经济距离。[③]

在《超制图学》一章中，行车高峰期间从西雅图中心行车时间的等时线被转换成间隔相等的同心圆，以便把西雅图转换成用行车时间距离表示的真实形状。在《运动理论》一章中提供了研究这个问题的另一种方法。在那一章中讲到，只有在坡降线是同心圆

① 参见第五章《交错机会》一节。

② 沃森，同前书。

③ 昌西·哈里斯：《以工业眼光看美国》，芝加哥大学地理系出版，1954。

的情况下，两点之间的最短的距离才是沿着坡降线（它能转换为自然距离的直线）的。也就是说，通过在普通地图上作出沿坡降线的非直线，或者在真实距离地图或适当投影的地图上作出直线，可以表示最短的距离。第二种方法比较好，因为它的步骤较简单，地图看上去也比较醒目。

托布勒为地理学提供了把地图投影到真实距离图上去时一些问题的精确答复。[①] 例如，看起来似乎困难的运输终点站周围的空间倒置问题，它在《超制图学》一章中已经强调，并在《中心地》一章中再次提到，如果从一点测量所有的距离，那么，这一问题就能解决。例如，托布勒利用从西雅图起的邮资距离建立了真实距离地图，如图 7.1 所示。[②] 利用完善的真实距离，把运动减到最小的问题就呈现出一种更加现实的特征。

托布勒的成果可以外延，但是，有必要对他的贡献作一简短的评论。投影几何学的古典应用是从球面到平面。因此，地图投影从来不是从三维物体到二维物体，而是从二维到二维，因为所有的面都是二维的（图 7.2a）。在地理学中所使用的投影不都是从球面到平面。如前所述，已经引入了从一个平面到另一个平面投影的一整套全新的地图。另外还完成了从球面到麦比乌斯（Moebius）一带，或到地球内侧的投影（在从中心观察时，地球似乎是正交的）（图 7.2b，c）。我们可以相信，向圆柱体投影并以圆柱体而不是球形装饰办公室和住宅是可能的（图7.2d）。事实上，球体能够被投影到

① 托布勒：《地理空间的地图转换》，博士论文，1961。

② 同前书。复制时得到作者的许可。

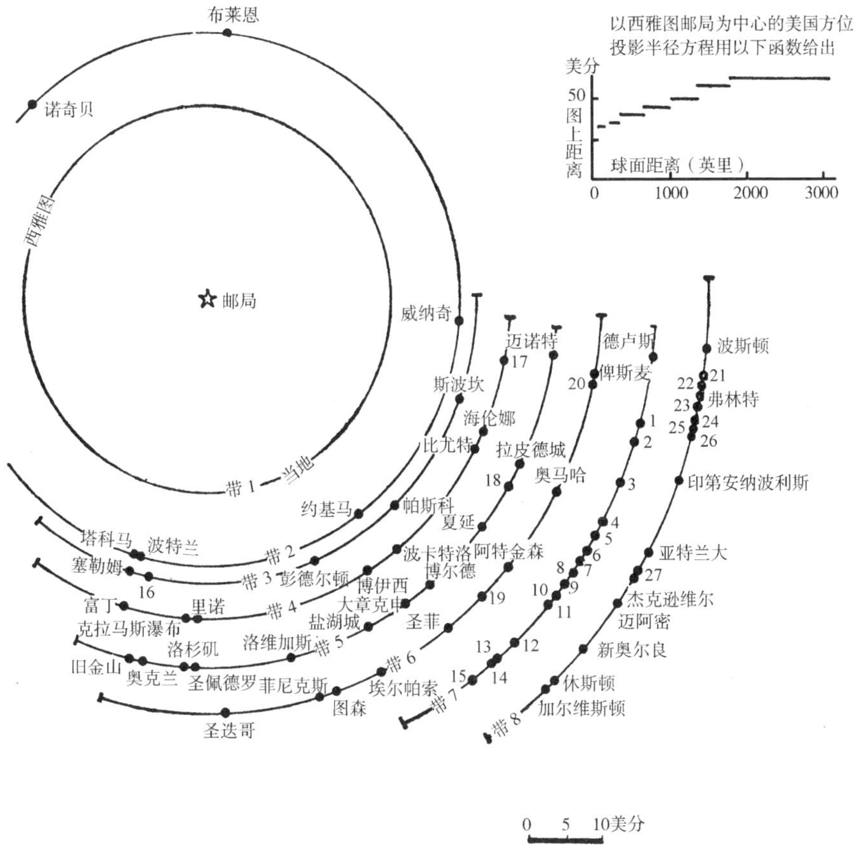

图 7.1 从西雅图开始的真实距离邮资

1.密尔沃基 2.芝加哥 3.得梅因 4.圣路易斯 5.堪萨斯城 6.托皮卡 7.小石城 8.威奇托 9.塔尔萨 10.什里夫波特 11.俄克拉何马城 12.达拉斯 13.奥斯汀 14.沃斯堡 15.圣安东尼奥 16.尤金 17.大瀑布城 18.斯科茨布拉夫 19.丹佛 20.圣保罗 21.布法罗 22.纽约 23.费城 24.底特律 25.克利夫兰 26.华盛顿 27.孟菲斯

任何其他的面上，像非结晶的火山岩(图 7.2e)或一个超空间的十维物体上。

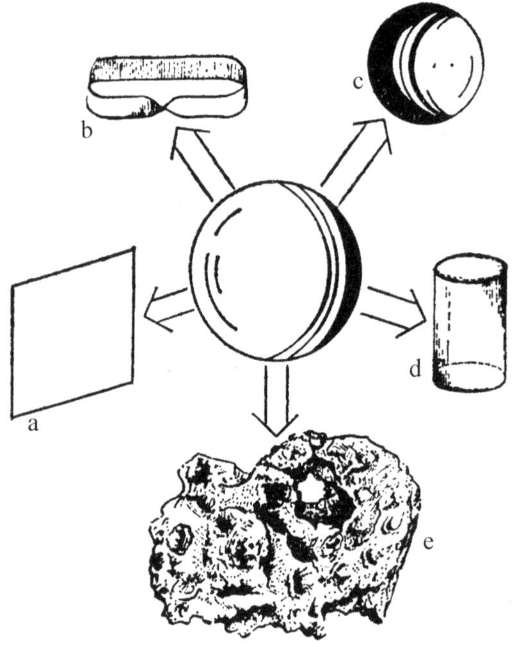

图 7.2　从一个球面到其他面的投影

制图学家有幸得到这样的事实，地球是最简单的固体——一个球体。这就使我们可以想象把地图“包在”地球上，只要提醒地图的利用者记住投影的某些基本事实，比如地图东西边缘彼此分开很远，而事实上在地球表面它们是毗连的，等等。如果地球的形状像一块参差不齐的瑞士干酪，那么绘制它的地图并非是不可能的，但是这样的地图很难表示什么“意义”。当然，对于球状地球来说，三维模式比球形更为普遍。与把地图绘制成能较好地表示球形相比，山洞和其他微地形的不规则性给制图带来的困难更大。

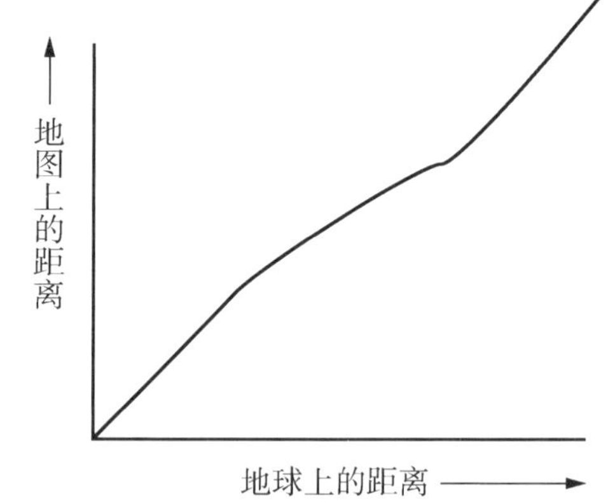

图 7.3　地图和地球各纬度距离之间的关系

托布勒指出，任何表面(包括地图)仅仅具有两个自变量。这两个变量可以成为纬度和经度的形式。因为原来的表面也仅仅有两个自变量，比如说原来的纬度和原来的经度，那么在最复杂的投影中，新的纬度可以取决于原来的纬度和经度，新经度亦可取决于原来的纬度和经度。为了阐述简明起见，托布勒尽量使用最简单的可能情况，即，新的和原来的经度相同与新纬度只取决于老纬度的情况。所有的极方位投影都属这一类型。托布勒作出了这两个变量之间功能关系的"U 形图"（图 7.3）。坡度越陡，地图上纬度间隔就越远。图 7.4 表明了各种著名的极方位投影的 U 形图。托布勒指出，图上任何的点或线都能产生出一幅地图。就这一论点而论，这张图上的一个地区将产生一张空间不确定性地图。描绘西雅图周围邮资的图 7.1 的 U 形图是那张图右上角上的阶跃函数。一张负坡图则产生空间倒置，等等。

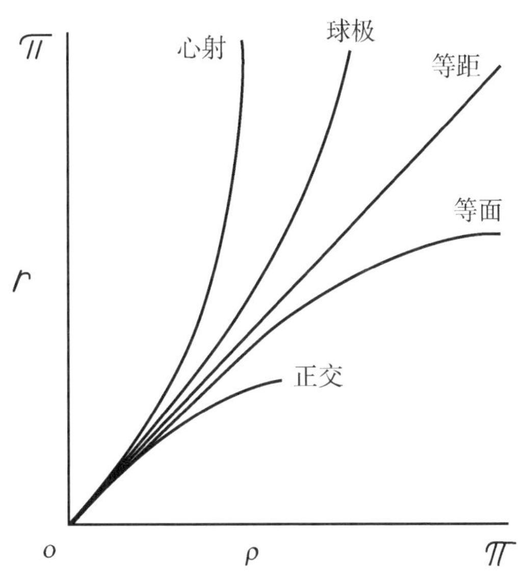

图 7.4 著名的极方位投影图（据托布勒）

这些制图技术可以以相当基本的方式外延。一个在密西西比河上乘船从圣路易斯到新奥尔良的人，需要了解关于新奥尔良的两个有关位置的事实：新奥尔良是在上游还是在下游？河流行程有多少英里？按直线距离计算的英里显然低估了他要航行的距离，并且从圣路易斯到新奥尔良的方位角是不相干的。图7.5a表明

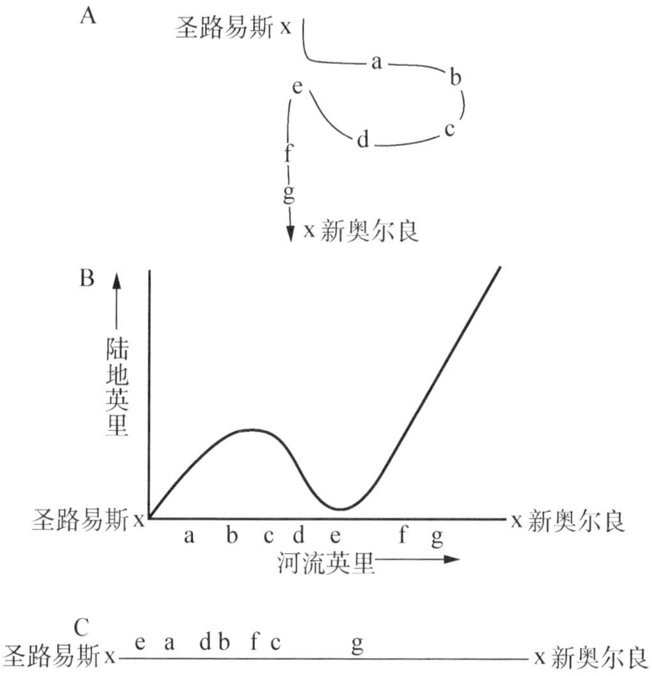

图 7.5 假想河流旅行的常规图U形图和直线图

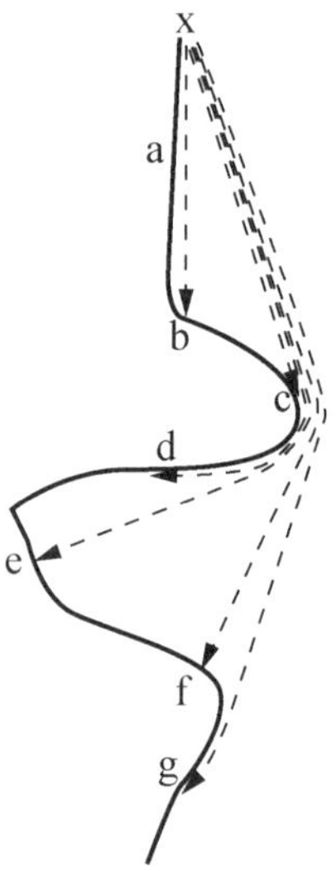

图 7.6 沿假设河流的河流距离和陆地距离的比较

了这种情况。在图 7.5b 中,陆地英里数被置于一个轴上,而河流英里数被置于另一个轴上。在河流形成环状回路转向圣路易斯的地方,在U形图上则表现为倒置。沿岸各点投射到如图 7.5b 所表明的陆地距离轴上。实际上,距离可以用像图 7.5c 所示的直线图来表示。注意,可以使用直线图的原因在于我们不去问在哪里,而是问有多远。要回答在哪里需要两个变量,譬如说,长度和方向;但回答有多远仅需要一个变量——距离,这可以用一条线来表示。一条线能够提供的另外信息仅仅是"左"或"右",在我们的实例中则表现为上游和下游。

让我们考虑另一个涉及陆地旅行的例子。假设一场大洪水冲垮了所有的桥梁，结果，问题变成河流距离与沿岸距离的问题（图 7.6）。注意凸岸曲线是如何把线路缩聚成一条线而凹岸曲线是如何把线路展成扇形的。这个例子可以简单地外延到在《超制图学》一

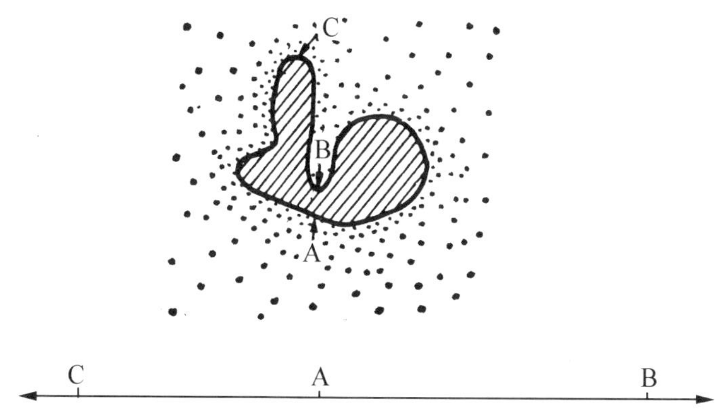

图 7.7　转换成直线图的岛屿距离

章中说明岛屿中陆地距离与海上距离相对的情况（《超制图学》，图 2.19）。在这种情况下，海上距离是在岛屿左侧中部和右侧中部测量的，如图 7.7 所示。[①] 简单的外延使我们可以用线图来表示一起考虑的许多岛屿。

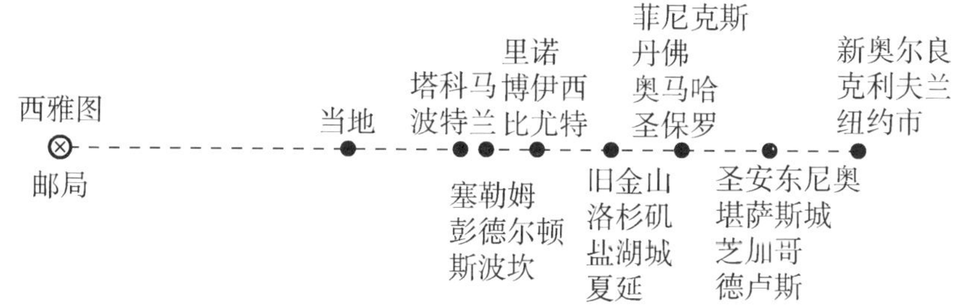

图 7.8　转换成直线图的托布勒的西雅图邮资方位图

① 这一直线图证实“对岛屿绘制出正确距离地图是不可能的”这一断言是错误的。在《超制图学》一章中，我保留了这一错误的断言，目的仍然是表示对托布勒的敬意。

如果对任何极方位图提出有多远的问题，这种地图能够立刻转换成直线图。例如，图 7.8 是图 7.1 所示的托布勒西雅图邮资方位图的直线图。

对三维客体也可提出有多远的问题。在地理学家通常满足于把地球看成一个球面时，也存在着他们可能不满意的情况。例如，对在山区的一条公路是否要开凿一条隧道的问题，可能会引起隧道距离与地表距离的考虑。地球表面的一个洞在 U 形图中产生倒置，就像凹岸或终点站在较低维度的情况下产生倒置一样。

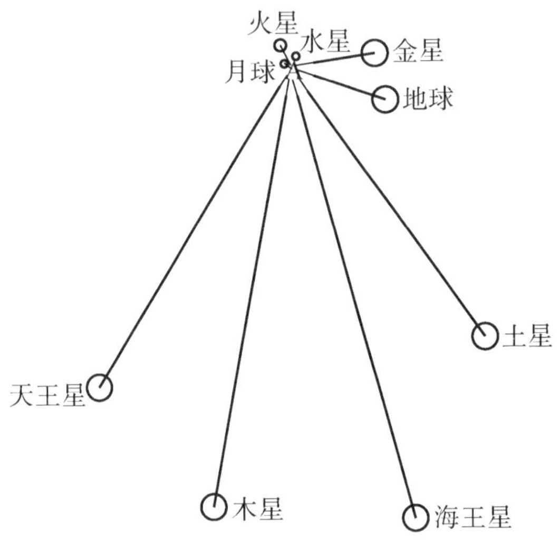

图 7.9　表示行星之间能量距离的直线图

0.9 厘米长＝2×10^{7} 焦耳/公斤。承默·威廉斯许可复制。

上述考虑根据下述方法以地图表示：从一个圆（第 1 行星）的中心开始，当沿着粗线移动到粗线的交叉点（离开这些行星一个无穷大的距离）时，持续地消耗能量。从这个交叉点，再沿着另一条粗线移动，持续地消耗能量，直至到达第二个圆（第 2 行星）的中心。所经过的这两根线的总长度，代表了两个行星之间的能量距离。

直线图不仅仅是退化的二维地图。它们能比常规的二维地图更好地表示某些类型的空间关系。除已提供的例子以外，默·威廉斯①提出以下的问题：在太阳系的各个行星上发射火箭并使其

① 默·威廉斯是衣阿华州立大学制图系的本科生，专攻物理学。1961。

平缓着陆需要一定量的能量，怎样才能把行星之间的真实“能量距离”用地图表示出来呢？威廉斯的办法是计算达到太阳系中每一个行星上的逸速(escape velocity)所需要的总能量。他把这些总能量描绘成一条线，它的长度与总能量成正比。这些线从图 7.9 中标明为 A 的一点向外辐射，要决定从一个行星到下一个行星的能量距离，只需要测量从一个行星到 A、然后测量从 A 到另一个行星的距离。这个例证已极大地引起人们的兴趣，因为它是一幅非欧几里得地图。

如果说常规地图回答了在什么地方的问题，直线图回答了多远的问题，那么无空间、因而对地理学来讲没有意义的点图，则可以回答为什么的问题。这样，就已详尽无遗地论述了能被绘制在一张平坦纸上的三种情况。

三、理论地理学中的拓扑学

拓扑学是最基本的几何学，它研究在无限延伸的条件下保持不变的空间性质。拓扑学可以涉及也可以不涉及度量的利用。在这里，开头数节讨论度量，最后一节讨论非度量。讨论度量各节主要涉及到一系列比前面考虑更为深刻的距离测量，其特点是以拓扑学的(维度的)考虑为基础的。

1. 点与线之间最短距离的定义

这里所提出的与距离和拓扑学有关的第一组概念，涉及到在各种限制条件下到所有点的连线。

（1）肥皂泡

图10表明了连接所有点到所有其他点之间一组最短直线的例子。注意线的交叉可以不包括任何原点。确定这些线的问题可以通过分析解决或利用肥皂泡解决。[①] 如果这些点代表城市，这些线代表公路，那么，这样的线就描绘了能够修筑的耗资最低的公路系统。米赫尔还把这种概念应用到通信网中。[②]

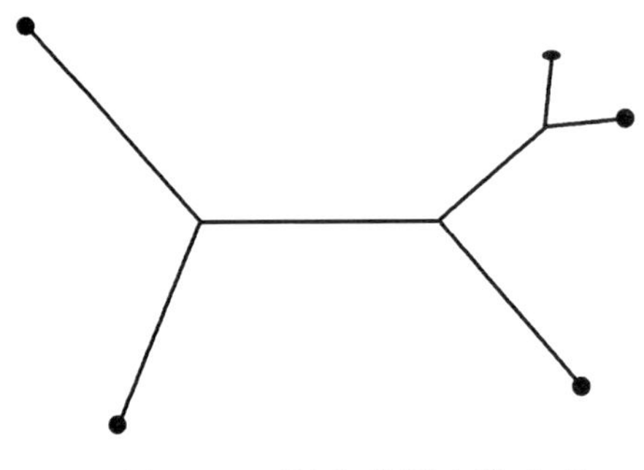

图7.10 距离的肥皂泡定义

（2）旅行推销员

另一个距离概念是环绕一组点的最短环路的概念。在《超制图学》一章中已经提供了一个解决这一问题的实例(图2.21)。弗勒德讨论了这个问题[③]，达西提供了这一问题的算法。[④] 最短

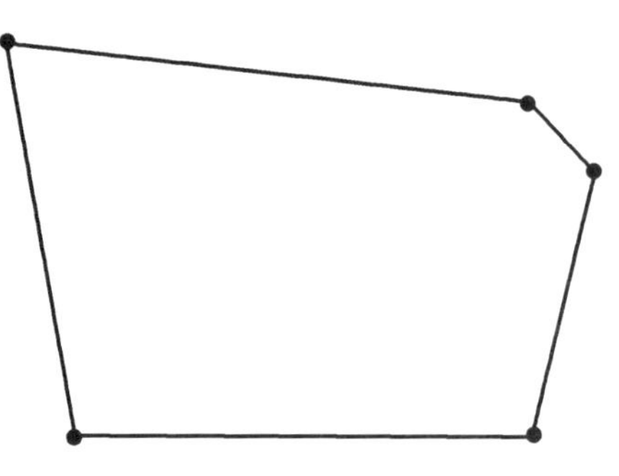

图7.11 距离的旅行推销员定义

① 理·库兰德和赫·罗宾斯:《什么是数学》，牛津大学出版社，1941，第391—392页。

② 威·米赫尔:《网络中的连接长度最小化》，《美国操作研究协会学报》，第6卷(1958)，第232—243页。

③ 梅·弗勒德:《旅行推销员问题》，《美国操作研究协会学报》第4卷(1956)，第61—75页。

④ 迈·达西:《旅行推销员问题初始解的选择》，华盛顿大学地理系讨论论文第16号，1959年3月5日。

的旅行推销员定义可以用来确定邮递员最好的路线或多目的采购最短距离路线。

(3) 等级体系

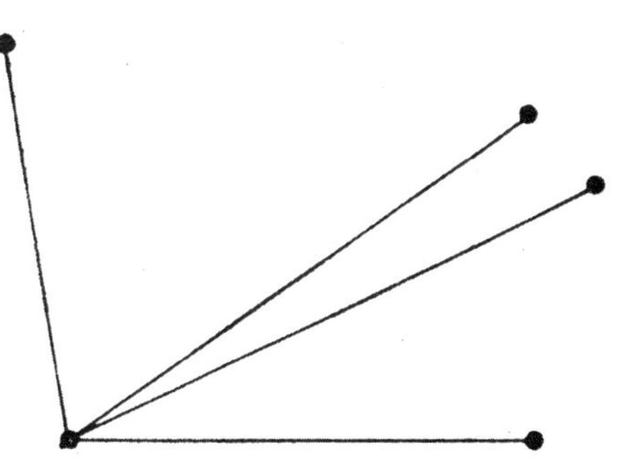
图 7.12　距离的等级体系定义

对于从一点到其他所有各点之间最短直线组的问题已经有了平凡解，但在像军队各单位通讯网这样的行政情况下又出现了同类问题。

(4) 保罗·里维尔的骑马问题和类似的问题

图 7.13　保罗·里维尔骑马的距离定义

保罗·里维尔的骑马旅行是从一个特定点开始，以最短的总距离到其他所有点的一个非平凡解问题。更为普遍的问题是从任何点开始，并在任何点结束。这个问题也可能是这种情况：一个乘出租汽车的购物者去城市商业区，并要从商业区返回，他想把商店之间步行的距离减至最短。另一种提法是：如果第一个点和最后一个点是指定的，问题则是去找一组所有点之间最短的连线。

(5) 最短全部连接网

找出从任何一点到其他所有各点最短线路的问题有了平凡

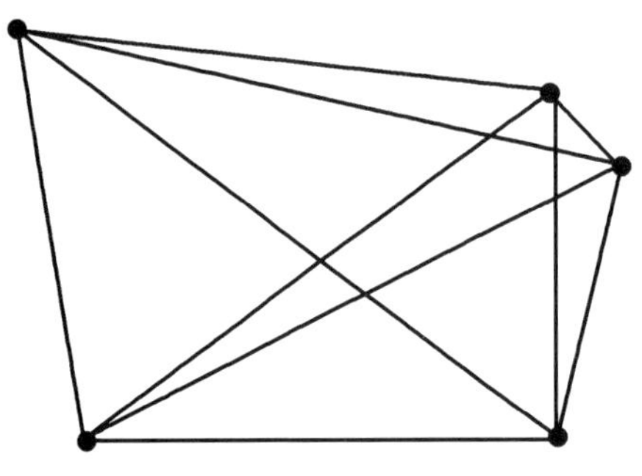

图 7.14　距离的全部连接定义

解，但是有趣的是这个解包括了除肥皂泡以外的前面所有解的所有可能直线。如果认为所有的点是城市，所有的线是公路，那么，距离的全部连接定义则产生出对用户来说的最低费用公路系统。

(6)点-线距离概念的拓展

在相同的问题中，我们可以反复地利用距离的定义。例如，考虑一下从同一个总公司出发的两个旅行推销员的最短总路程(图 7.15)。另外，距离的定义还可以结合起来，一个例子就是把等级体系和旅行推销员定义一起考虑(图 7.16)。

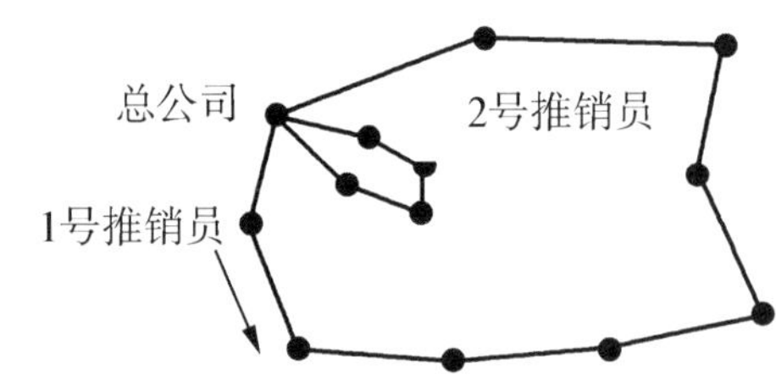

图 7.15　距离的综合旅行推销员定义

线还可以用旅行往返的次数来加权，另外，也可以表示流向。图 7.17 表明了这两种外延，在图论中将进行进一步的讨论。在这个范例中，一个重要的使用是在前章中介绍的、城市中心地理论拓展中采纳的距离定义。在中心地理论到城市聚落的严格拓展中采纳的综合旅行推销员定义，是那种拓展的关键假设。这里要注意的是，多目标往返导致距离的旅行推销员定义的利用，但是单一目标的往返导致距离等级体系定义的使用。换句话说，等级体系型式是旅行推销员型式的一种特殊情况，在这种情况下，仅仅在一点停留。

另一个重要的例证涉及最佳网络结构，在这一情况下，相当严重的拓扑错误继续出现。匡特[①]、加里森和马布尔[②]以及卡拉巴和琼科萨[③]都重复同样的错误。他们都假设最佳运输网络仅仅包括

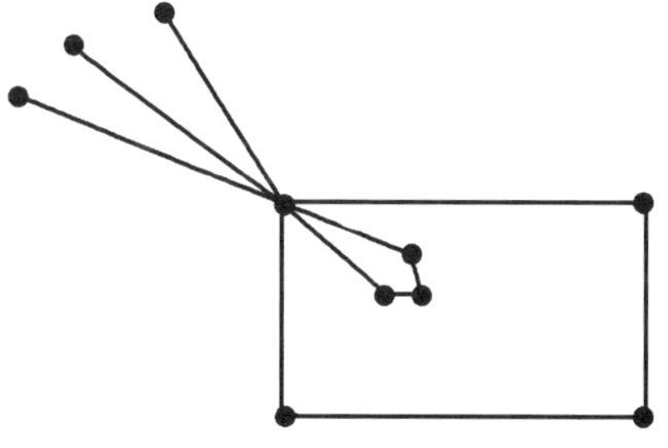

图 7.16　距离的等级体系和综合旅行推销员定义

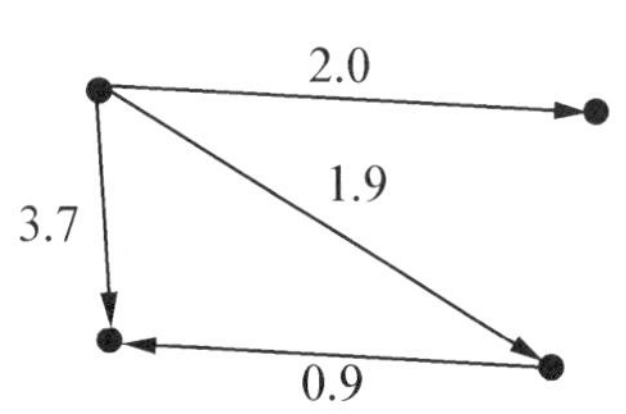

图 7.17　网络中定向和加权流

根据一个全部连接的网络而作出的连线(图 7.14)。这种错误是可以理解的，因为许多距离的标准仅仅包括根据一个全部连接网络作出的连线。例如，保罗·里维尔的骑马旅行，即是从一个给定点以最短的距离到其他所有点去的问题，仅仅利用了这样的连线(图 7.13)。寻求围绕若干个点的最短路线的旅行推销员问题，是这种完全连接网络的另一个子集。

然而，最低建筑费用网络是肥皂泡距离，即连接所有点的、其总长度为最短的线集。一个两种距离结合的拓扑学启发式例子，

---

① 理·匡特：《运输模型和最佳网络结构》，《区域科学学报》第 2 卷第 1 期(1960)，第 27—45 页。

② 加里森和马布尔：《公路网分析：线性规划表达式》，《公路研究委员会论文集》，第 37 卷(1958)，第 1—17 页。

③ R. E. 卡拉巴和 M. L. 琼科萨：《通讯网的最佳设计和使用》，《管理科学》第 3 卷(1956)，第 33—34 页。

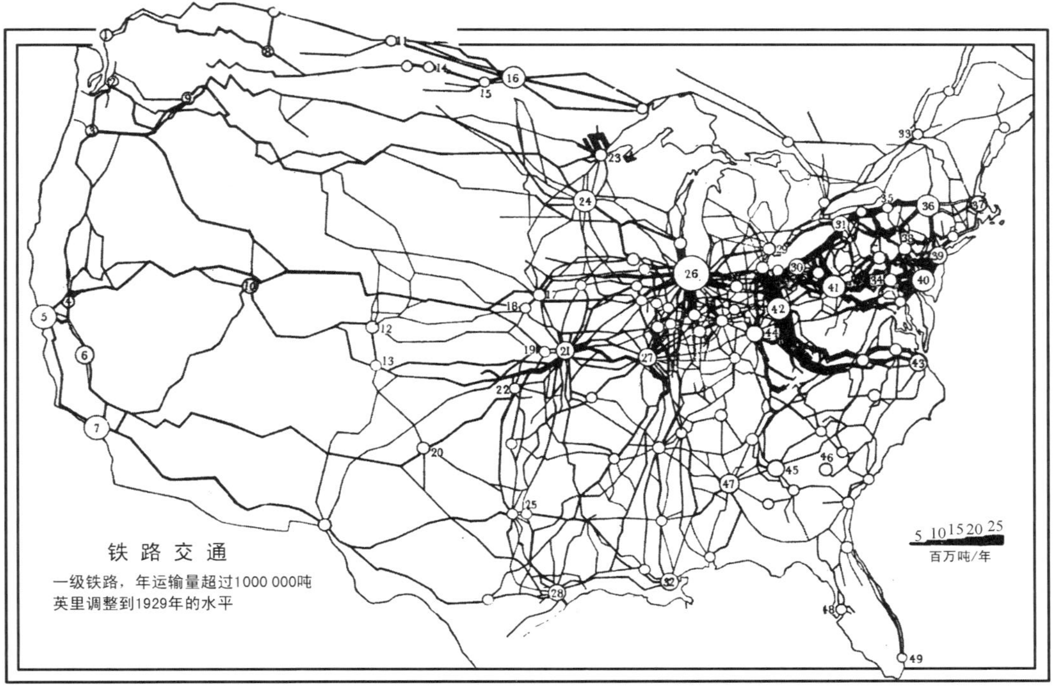

铁路交通

一级铁路，年运输量超过1000 000吨

英里调整到1929年的水平

5 10 15 20 25

百万吨/年

图7.18　北美铁路的运输量

（本图根据科普兰父了公司的资料绘制。华德爱·厄尔曼增加了加拿大的线路并改编了本图）

1.温哥华 2.西雅图 3.波特兰 4.萨克拉门托 5.旧金山 6.弗雷斯诺 7.洛杉矶 8.卡尔加里 9.斯波坎 10.盐湖城 11.萨斯卡通 12.丹佛 13.普韦布洛 14.里贾纳 15.布兰登 16.温尼伯 17.奥马哈 18.林肯 19.托皮卡 20.阿马里洛 21.堪萨斯城 22.威奇托 23.德卢斯 24.圣保罗 25.达拉斯 26.芝加哥 27.圣路易斯 28.休斯敦 29.底特律 30.克里夫兰 31.布法罗 32.莫比尔 33.蒙特利尔 34.哈里斯堡 35.锡拉丘兹 36.奥尔巴尼 37.波士顿 38.斯克兰顿 39.纽约 40.费城 41.匹兹堡 42.哥伦布 43.诺福克 44.辛辛那提 45.亚特兰大 46.奥古斯塔 47.伯明翰 48.坦帕 49.迈阿密

在现实世界中可以找到的是北美铁路模式。有两条假设。其一，城市越靠近，贸易就越多。有大量的经验数据支持这一假设。[①]其二，铁路网的模式取决于利用这种铁路网的费用与修建它的费用之比。这两种费用之间的准确关系需要经验调查，但是，对其近似关系已经有充分的了解，足以揭示——至少能定性地揭示——可期望的是什么模式。

图 7.14 表明了最低使用费用模式，图 7.10 表示的是最低建筑费用模式。如果在地球表面有这么一个地区，大城市群集在这个地区的中央，那么中央用户的需求量要大于周围地区用户的需求量。这是根据第一假设得出的。于是，中央地区赞同最低使用费用模式。离开中央的地区，距离远，交通量小，因此最低建筑费用模式是可取的。两者之间的地区，将会出现两种模式上的折衷。在美国，中西部和东部海滨的城市成串分布，而在其他地方城市是分散的。图 7.18 表明了现有的铁路模式。[②]

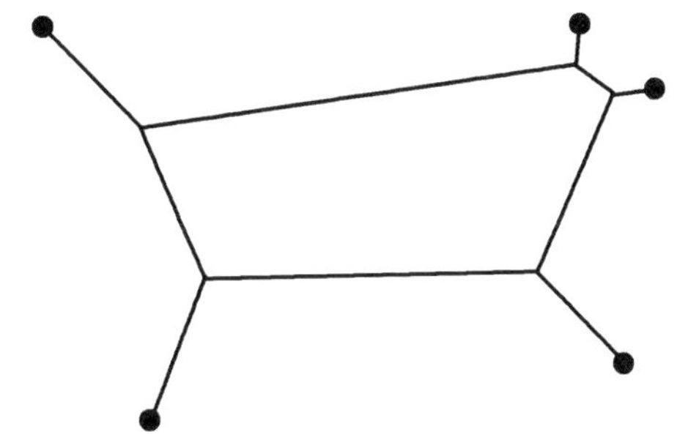

图 7.19　马・贝克曼的一般情况网状拓扑学

为了详细说明铁路位置，必须考虑当地地貌和其他特征。近

① 瓦・伊萨德：《区位和空间经济学》，纽约，约翰・威利父子公司，1956，第 3 章。

② 爱・厄尔曼：《美国商品流》，华盛顿大学出版社，1957，卷头。得到出版者的许可。

年来，贝克曼大大地提高了这一问题的严密性。[①] 他指出，图 7.10 和图 7.14 是图 7.19 的特殊限定例子。

2. 连点线最短距离的定义

另一组问题涉及到用线连点，在这种情况下，线仅仅接触一些点，甚至所有的点都不接触。

(1) 回归

回归涉及把一条线放在离一组点的平均距离上。这个问题类

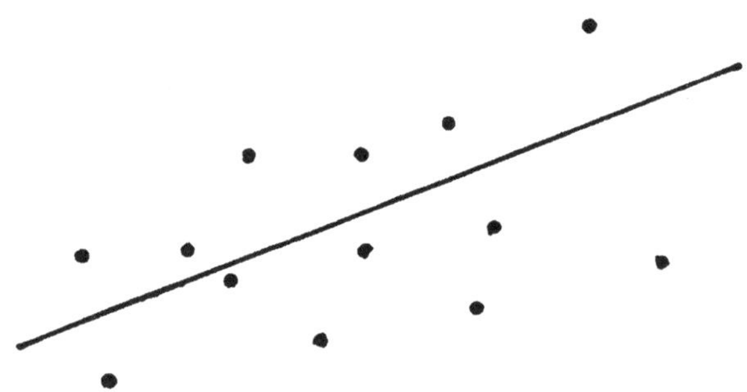

图 7.20　距离的回归定义

似于统计学中的回归问题[②]，因而如此称呼。回归可以用于公路的布置，以便把公路设置在住户感到最方便的地方。

(2) 最短栅栏

这个问题涉及到用线把一个区域划分成许多块，块的数目与

① 马·贝克曼：《运输网的最佳区位原理》，在海洋研究局主办的地理学定量问题学术讨论会上提交的论文，芝加哥，1960 年 5 月 5—6 日

② 哈·克拉默：《统计学的数学方法》，普林斯顿大学出版社，1946。

点的种类数相等，而这些线的总长度以这样一种方式减至最小，使得每种类型的点都被包括在它自己的小块中。据作者所知，数学家尚没有提出这个问题。一些定理似乎是这样的：所有的线以直角与整个区域的边界相交，所有的线都是直线段，并且所有的线限定了最小区域。即，第二矩被减至最小。这似乎是说，这个问题仅仅在点的种类是 4 或更少的情况下才能解决[①]，当然每一种点的数目可以是任何数。这一概念的一种运用是找出围住一组物体所需要的最小栅栏量。一个更重要的用途是以精确确定的方式，将预估点划到区域中。

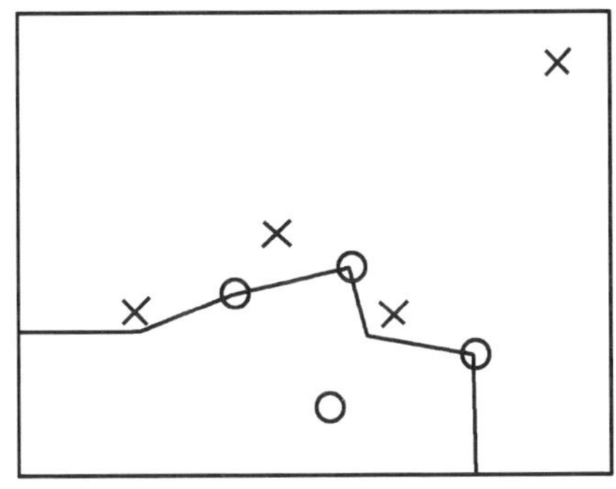

图 7.21　距离的最短栅栏定义

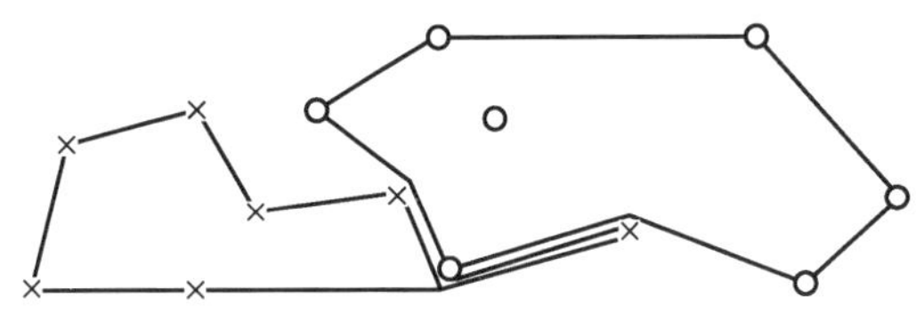

图 7.22　距离的最短封闭栅栏定义

这个问题的另一形式是允许出现空的无界空间去寻求其总长度最短的线集，每一线集只包围一种类型的点。[②] 从其边界不延伸到空间边缘来说，这一问题不同于第一种最短的栅栏

① 参见丝线问题：戴维·希尔伯特和斯蒂芬·科恩-沃森：《几何学和想象》，P. 内门伊译，纽约，切尔西出版公司，1952，第 333—340 页。

② 在 1960 年的一次私人通信中，贝克曼建议了一个方法，他写道："也许通解可以这样来描述：对每一种点作出凸壳。如果它们不互相贯通，这就是解。否则，这些壳会有独特的最小偏离以避免互相贯通。"

问题。第一种问题类似岛屿的栅栏问题,第二种问题类似一个巨大平原的栅栏问题。

(3) 讨厌边界

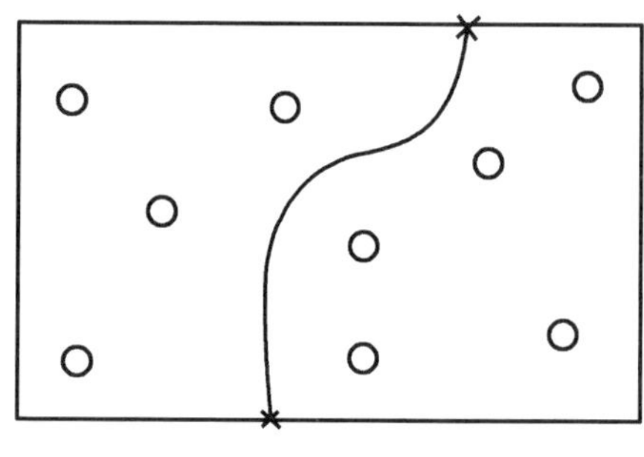

图 7.23　距离的讨厌边界定义

这个问题有一个限制,这种限制与回归限制相反。它是要找出一条预先限定长度的线,这条线在区域边界上给定的两点之间穿过该区域,它的平均距离离点集最远。它的运用包括最便于确定电网或住宅区之间排水明沟的位置。

3. 点线问题的数学解

在各种限制下最短距离路线的发现是一个仔细分析的数学问题。正如在《运动理论》一章中所指出的那样,点线问题与那些高维度的特征问题相反,不一定要考虑无穷多的可能性来确定最佳解。解决大量点线问题的明显方法,就是检查点之间有限的可能路线,再选择最短的。这种方法的困难在于,在现实问题中,可能组合的数字是如此之大以至难以对全部组合进行检查。因此,不断提出了一些有效算法以减少对最大解探索的努力。《运动理论》一章涉及到与地理应用紧密联系的一些解法。数学家已经提出了一些解法。然而,它们尚没有被用于地理问题,但这些解法似乎很有前途。波拉克和威本森写了有关这一问题的评论文章。[①]

此外，一系列有趣的几何对策产生出了对点线问题的各种数学解。威尔逊[②]解决了追踪一给定网络上的每条线、且每条线只走一次的难题。他指出只有在辐射出的射线是奇数的交叉点为2或更少时，这一问题才有解。许多空间问题是在型式上追踪线条的问题。例如，扫雪机不得不穿过一个城镇的所有街道，报童和送奶人亦是如此。如果辐射出的射线是奇数的，交叉点只有两个，就有可能穿过任何型式的街道，而且只穿过一次，因此，总是很容易找到最短距离解。但是，如果辐射出的街道是奇数的，交叉点为3或更多，那么，折回是必要的。这时，最短距离解的问题就是把折回总距离减至最小的道路连线组合问题。这样，威尔逊就大大减小了可能解的数目。然而，在一般情况下，必须通过不同的方法去探索最小解。一般的问题与点线集问题十分相似。

鲍尔[③]讨论了几个位置对策，它们提供了解决某些“生态”经济问题的可能性。[④] 一个问题涉及到可以置于棋盘上、又不互相吃掉的某一等级棋子的最大数。[⑤] 这种解也许可以用到商业设施的布置上，即，在不同街道(相当于列)的不同街区(格)布置商业设施(皇后)，使它们互不干扰(吃掉)。可以论证，整条街道可以因一给定活动而获得声誉，即使仅仅是那条街道的一部分有这种活动，

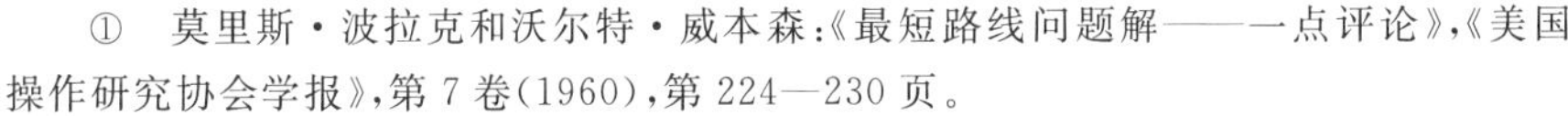

① 莫里斯·波拉克和沃尔特·威本森:《最短路线问题解——一点评论》,《美国操作研究协会学报》,第7卷(1960),第224—230页。

② 约翰·威尔逊:《沿几何图形的移动》,英国,克拉伦敦出版社,1905。

③ 劳斯·鲍尔:《数学游戏和数学论文》,伦敦,麦克米兰有限公司,1940。

④ 尤金·奥德姆:《生态学基础》,费城,桑德斯出版公司,1959,第225页。

⑤ 鲍尔,同前书,第171页。

百老汇、舰队街和灯草街就是例证。因为这些活动可能是对立的，所以假如它们被设置在不同的街道上，经济效益可以更高。当然，必须对这些对策进行修改，以便能考虑许多类型的生态影响。图论对一些对策提供了数学解。[①]

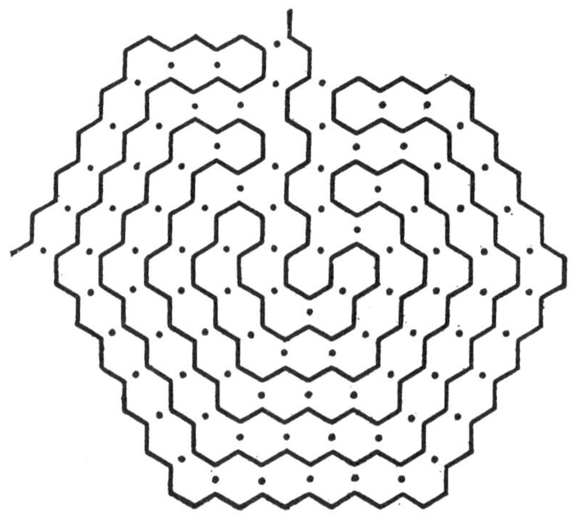

图 7.24　六边形网络中最短的距离

鲍尔讨论了另一组与找出沿某一型式路线有关的问题，这一型式是重复使用一个仅仅一次穿过每一交叉点的多边形组成的。[②] 如果交叉点之间线的长度相等，线路就最短。一个因克里斯塔勒而具有特别意义的应用是沿没有边界的平原上的六边形网（公路）旅行，以最短的距离到每一个交叉点（聚落）一次。图 7.24 表示了这个解。

4. 高维度

从《运动理论》一章中可明显看出，地理工作者没有把他们的兴趣限制在点之间最短的道路上。维度经常以把限定长度的线，以可能最近的位置放到某一地区的形式出现。一个值得注意的例

---

① 克劳德·伯奇：《图论中的两条定理》，国家科学院《论文集》第 43 卷（1957）第 842—844 页。

② 鲍尔，同前书，第 262—266 页。

证是假定某一连续的人口分布，然后，确定一条公路的位置，使得利用这条公路的人旅行最短的距离。这类网络问题在布朗大学已经受到广泛的注意。[①] 不仅已经找出了给定容量公路的最佳解，而且能同时确定像主要公路和县干道这样不同能力、不同等级公路的位置(图 7.25)。[②] 这些技术可以被用来确定任何网络的型式，如河流或电话线。

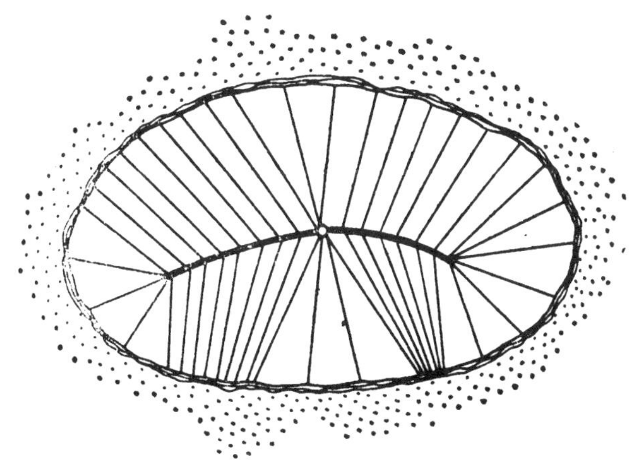

图 7.25　最佳定位网络

在涉及到各种维数的极值问题方面也做了大量的数学工作，比如找出由任何封闭扭曲曲线为界的最小表面。[③] 在《中心地》一

① 布朗大学经济系的马·贝克曼使我注意到以下的、与网络最佳空间设计有关的一系列论文，这些论文是布朗大学应用数学研究室发行的：威廉·普拉格：《进展报告第 1 号中所陈述的结果的由来》，进展报告第 2 号，1956 年 12 月 14 日；普格拉和 E. T. 奥纳特：《进展报告第 2 号中讨论的模型的最佳主体布置》，进展报告第 3 号，1957 年 3 月 25 日；奥纳特和 W. 斯蒂帕克：《运输网经济设计的说明》，进展报告第 4 号，1958 年 1 月 25 日；普拉格：《曼哈顿几何学的经济设计》，进展报告第 5 号，1958 年 1 月 27 号；H. 尤克塞尔：《最小建筑费用网络》，进展报告第 6 号，1958 年 8 月 4 日；A. M. 杜吉德：《开关网络的结构性质》，进展报告第 7 号，1959 年 4 月 2 日；《狭窄网络中的流》，进展报告第 8 号，1959 年 10 月 13 日。同时参见普拉格《通讯和运输网络设计》，底特律通用汽车研究实验室组织的交通流理论学术讨论会上提交的论文，1959 年 12 月 7—8 日。另外，贝克曼也为布朗大学的这一论文系列写了一篇文章，贝克曼，同前书。

② 普拉格：《进展报告第 1 号中所陈述的结果的由来》。

③ 这是高原问题，已经解决。见希尔伯特和科恩-沃森，同前书，第 268—271 页。

章中引进的中心地位立方体，对理论地理工作者可能去发展的各种维度影响给出了一些提示。

5. 非度量拓扑学

至此，邻近性的概念一直是与某种度量意义上的最短距离联系在一起的。在《描述数学》一章中断言世界正在缩小，这不仅仅是因为速度的增加和交通费用的减小，而且还因为新的运输方式使得国家之间更好地连接了起来。在《超制图学》一章中也提及了客体的连缀性。加里森已经写出了涉及这个概念的专文。[①] 要注意不涉及距离的度量。我们说大西洋比黑海更邻近印度洋，这不是在平均距离（矩心）的意义上，而是在大西洋直接与印度洋相连而不与黑海相连这一意义上说的。

其他具有地理重要性的非度量拓扑性质有以下一些：在《超制图学》一章中所讨论的物体的方位性和左边-右边性；在讨论作为点的集合而构成区域问题中四色定理（丝线定理）的逆定理的使用；在《中心地》一章中讨论的物体的维度；托布勒在绘制对跖图中对麦比乌斯带的一边性的使用[②]；沃恩兹早期利用山峰和山口之间关系来确定收入势面一些主要性质[③]；以及加里森和马布尔对公路网的拓扑学进行重要考虑的一篇联合论文等。[④]

---

① 加里森：《州际公路系统的连缀性》。

② 杜布勒，同前书，1960。

③ 沃恩兹，同前书。

④ 加里森和马布尔，同前书。

四、地理学的中心问题和其他结论

地理学是区位的科学。区域地理学划分区位的种类，而理论地理学预言它们。这一节的讨论集中于理论地理学。

在关于《中心地》一章中，最佳解是尽可能近地把相互作用的客体放在一起。也就是说，最佳解是那些使客体之间的运动减至最小的解。把运动减至最小的必要性决定了在某一给定情况应使用什么样的距离定义。在《运动理论》一章中，所有最佳理论都把运动减至最小。因此，提出了地理学的中心问题是在选择了把总运动减至最小的距离定义时，尽可能近地把相互作用的客体放在一起。中心问题可以同样地应用到像气候学和人类迁居这样的课题中，虽然在第二种情况下，必然会导致一些运动的无效性，从而使最佳形式变成有些不合理的人文形式。

在一份最近发现的尚未出版的手稿中，谢弗写道：

> ……地理学……似乎是一个倾向于，而且被迫产生状态法则而不是过程法则的领域。地理学中一个典型的理论通常用模式来描述。模式是形态法则。柯本的假设大陆就是这样一个法则。模式的理论性质一直在某种程度上为地理学家所忽略，而且好像地理学能够对科学方法作出真正的科学贡献。[①]

注意邻近性问题的解法典型地导致了最佳区位模式是很有趣的。

我们对地理现象如何获得它们区位的每一解释都涉及运动的

① 弗·谢弗:《政治地理学》，关于政治地理学的一部未完成、未出版的著作的手稿，第 3 章，第 8 页。这一手稿和谢弗的其他重要论文、文章和讲话都保存在纽约美国地理学会内，这要归功于他的夫人玛丽·谢弗，是她慷慨地把这些文献放在那儿的。

概念，也常常涉及邻近性问题最佳解的概念，但有一个重要的例外，那就是扩散理论。无论运动是什么类型的，它都会在地球表面留下标记，即产生几何学，而几何学本身又产生运动。因此，几何学和运动是地理学理论的不可分割的对偶，例如戴维斯的水流把陆地物质搬运到海，给地球留下刻蚀的河谷；杜能的农业产品流动到市场上，在地球上留下农业圈的标记；所以出现国家内的流动是因为有人创造了国界；气团流经大陆，使陆地增温增湿，从而出现了柯本假想大陆的模式；分散在平原上的农民向他们的小村庄运动，而且在他们的土地上形成了克里斯塔勒的六边形网络；物种在大陆和海洋里进化，并扩散、传播成目前的分布；农业革新蔓延穿过欧洲，就像冰川前沿一样，产生出哈杰斯特兰的农业进展区和终碛。

谢弗在写到区位理论时预言：

> 事实上，这个领域的开拓工作是经济学家做的，假如我们把地理学家克里斯塔勒排除在外的话。但是，由于这种理论正在被精炼，地理学家的技能将日益成为地理学本身的技能。因为，在空间因素的处理方面，他比其他人更熟练，而且他从他的大量经验中知道这些因素和其他哪些因素相互作用。①

事实已经证实了他的预见。除极少数例外情况以外——在这本书中已经引用了其中的一些例外情况，非地理工作者的工作给人们留下了他们很少考虑空间的印象。正如谢弗所指出的，我们研究空间问题的能力，本质上给我们带来了其他系统科学无法相

---

① 谢弗：《地理学中的例外论——方法论的检验》，美国地理学家协会《年鉴》，第43卷(1953)，第248页。

比的很大的有利条件，那些系统科学对空间方面的兴趣仅仅是偶然的，而且通常是不熟练的。在一段时间里，地理学被其他学科一点一点地蚕食，现在地理学应该收复并且更加稳固地占据失去的阵地，这种扩展的唯一正当理由就在于地理学观点的自然力量。

另一个预言是地理学面临着继续数学化的时代。各种几何学的大量运用似乎已经得到了保证。另外，地理学各个系统分支之间的差别可以随着共同掌握空间技术而在理论水平上缩小距离。正如在《运动理论》一章中特别清楚地阐明的，某些空间解把传统地理学的课题分割了开来，因此，为了提高效率，地理学可以开始把自己分成各种理论空间领域，例如，点的问题、面的问题、数学表面的描述问题，以及中心地问题，而不再是目前的气候学、人口地理学、地形学等划分。进一步讲，制图学的战略地位应更加明确，同时，制图学和空间数学之间的差别应当缩小。既然空间科学目前正在如此迅速成熟，就应该以其他科学从未得到的效率来利用空间数学——几何学。因为几何学有着丰富的空间逻辑，而且它作为揭示空间事实的一种工具正在日益增加利用，我相信，作为基础科学的地理学，会很快地以它的创造力和它本身的力量在已经发展的科学中为地理学建立起第一流的地位。

参考文献

书籍

Ackerman, Edward A. *Geography as a Fundamental Research Discipline*. University of Chicago, Department of Geography Research Paper #53, June 1958.

Bailey, Norman T. J. *The Mathematical Theory of Epidemics*. New York: Hafner Publishing Co., 1957.

Ball, Rouse W. W. *Mathematical Recrcations and Essays*. London: Macmillan and Co., Lld., 1940.

Bergson, Henri. *An Introduction to Metaphysics*. New York: The Liberal Arts Press, 1950.

Berry, Brian J. I., and Pred. Allen. *Central Place Studies: A Bibliography of Theory and Applications*. Philadelphia: Regional Science Research Institute, 1961.

Bogue, Don J. *The Structure of the Metropolitan Community*. Ann Arbor: University of Michigan, 1949.

Chamberlin, Edward. *The Theory of Monopolistic Competition*. Cambridge: Harvard University Press, 1933.

Chayes, Felix. *Petrographic Modal Analysis: An Elementary Statistical Appraisal*. New York: John Wiley & Sons. Inc., 1956.

Christaller, Walter. *Die zentraten Orte in Süddeutschland*. Jena: G. Fischer, 1935.

Cochran, William G. *Sampling Techniques*. New York: John Wiley & Sons. Inc., 1953.

Cohen, Morris R., and Nagel, Ernest. *An Introduction to Logic and Scientific Method*. New York: Harcourt, Brace and Co., 1934.

Courant, Richard and Robbins, Herbert. *What is Mathematics?* London: Oxford University Press, 1941.

Cramer, Harold. *Mathematical Methods of Statistics*. Princeton, N. J.: Princeton University Press, 1946.

Dennis, Jack Bonnell. *Mathematical Programming and Electrical Networks*. New York: John Wiley & Sons, Inc., 1959.

Dorfman, Robert, Samuelson, Paul A., and Solow, Robert M. *Linear Programming and Economic Analysis*. New York: McGraw-Hill. Inc., 1958.

Duncan, Otis Dudley, Cuzzort, Ray P., and Duncan, Beverly. *Statistical Geography: Problems in Analyzing Areal Data*. Glencoe, III.: The Free Press, 1961.

Dunn, Edgar S. *The Lacation of Agricultural production*. Gainesville: University of Florida Press, 1954.

Encyclopaedia Britannica World Atlas. G. Donald Hudson, ed., Chicago: Encyclopaedia Britannica, Inc., 1952.

Feller, William. *An Introduction to Probability Theory and Its Applications*. New York: John Wiley & Sons. Inc., 1950, Vol. 1.

Fisher, Ronald A. "Mathematics of a Lady Tasting Tea," James R. Newman, ed., *The World of Mathematics*. New York: Simon & Schuster, 1956, Vol. 3.

Frank, Philipp. *Philosophy of Science*. Englewood Cliffs, N. J.: Prentice-Hall, Inc., 1957.

Garrison, William L., Berry, Brian J. L., Marble, Duane F., Nystuen, John D., and Morrill, Richard L. *Studies of Highway Development and Geographic Change*. Seattle: University of Washington Press, 1959.

Goode, Paul J. *Goode's World Atlas, Physical, Political and Economic*. Edward B. Espenshade. Jr. ed., Chicago: Rand McNally & Co., 1955.

Grieg-Smith, P. *Quantitative Plant Ecology*. London: Butterworths Scientific Publications, 1957.

Guillemin, Ernst A. *Introductory Circuit Theory*. New York: John Wiley & Sons, Inc., 1953.

Hägerstrand, Torsten. *Innovationsförloppet ur korologisk synpunkt*. Lund: Gleerupska Universitetsbokhandeln, 1953.

Hararay, Frank, and Norman, Robert Z. *Graph Theory as a*

Mathematical Model in Social Science. Ann Arbor: University of Michigan, Institute for Social Research, 1953.

Hartshorne, Richard. *Perspective on the Nature of Geography*. Chicago: Rand McNally & Co., 1959.

—*The Nature of Geography: A Critical Survey of Current Thought in the Light of the Past*. Lancaster, Pennsylvania, 1939.

Hilbert, David. *The Foundations of Geometry*. La Salle, Illinois, Open Court, 1902.

— and Cohn-Vossen, Stephen. *Geometry and the Imagination*, translated by P. Nemenyi. New York: Chelsea Publishing Co., 1952.

Hoel, Paul G. *Introduction to Mathematical Statistics*. New York: John Wiley & Sons. Inc., 1954.

Hoover, Edgar M. *The Location of Economic Activity*. New York: McGraw-Hill Book Co., Inc., 1948.

Horwood. Edgar M., and Boyce, Ronald R. *Studies of the Central Business District and Urban Freeway Development*. Seattle: University of Washington Press, 1959.

Isard, Walter. *Location and Space-Economy*. New York: John Wiley & Sons, Inc., 1956.

Jolly, G. M. "The Theory of Sampling," Chapter 2 in Dorothy Brown. *Methods of Surveying and Measuring Vegetation*, Commonwealth Agricultural Bureaux, Farnham Royal Bucks,

England, 1954.

Kemeny, John G. *A Philosopher Looks at Science*. Princeton, N. J. : D. Van Nostrand Co., 1959.

— Snell, J. Laurie, and Thompson. Gerald L. *Introduction to Finite Mathematics*. Englewood Clifts. N. J. : Prentice-Hall. Inc., 1957.

Keyser, Cassius J. "The Group Concept", *The World of Mathematics*, James R. Newman, ed. New York: Simon & Schuster, 1956, Vol. 3.

Kolb, J. H., and Brunner, Edmund de S. *A Study of Rural Society*, william F. Ogburn. ed. Boston: Houghton Mifflin Co., 1946.

Lin-Ping, P'ang. *Hsüan-han hsien chih*, chüan 2, 1931.

Lösch, August. *The Economics of Location*, translated by William H. Woglom. New Haven: Yale University Press, 1954.

Odum, Eugene P. *Fundamentals of Ecology*. Philadelphia: Saunders, 1959.

Petrie, W. M. Flinders. *Social Life in Ancient Egypt*. London: Constable and Company, 1923.

Richardson, Moses. *Fundamentals of Mathematics*. New York: The Macmillan Co., 1958.

Robinson, Arthur II. *Elements of Cartography*. New York: John Wiley & Sons, Inc., 1953.

Toulmin, Stephen. *The Philosophy of Science*. London, Eng-

land: Hutchinson House, 1953.

Ullman, Edward L. "The Role of Transportation and the Bases for Interaction", in *Man's Role in Changing the Face of the Earth*, William L. Thomas, Jr., ed. University of Chicago Press, 1956.

— *American Commodity Flow*. Seattle: University of Washington Press, 1957.

Van Loon, F. Hendrick Willem. *Van Loon's Geography, The Story of the World*. Garden City, N. Y.: Garden City Publishing Co., 1940.

Van Paasen, C. *The Classical Tradition of Geography*. Groningen, the Netherlands: J. B. Wolters 1957.

von Thünen, Johann Heinrich. *Der isolierte Staat in Beziehung auf Landwirtschaft und Nationalökonomie*, Hamburg, 1826.

Whittlesey, Derwent. "The Regional Concept and the Regional Method", in *American Geography: Inventory and Prospect*, Preston E. James and Clarence F. Jones, eds. Syracuse, New York: Syracuse University Press, 1954.

Wilson, John Cook. *On the Traversing of Geometrical Figures*. Oxford, England: Clarendon Press, 1905.

Woytinsky, W. S., and E. S. *World Population and Production: Trends and Outlook*. New York: Twentieth Century Fund, 1953.

Zipf, George Kingsley. *Human Behavior and the Principle of*

Least Effort*. Cambridge. Mass.: Addison-Wesley Press, Inc., 1949.

论　文

Bain, Joe S. "Economies of Scale, Concentration, and the Condition of Entry in Twenty Manufacturing Industries", *The American Economic Review*, Vol. 44, 1954, pp. 15 — 39.

Baumol, William J., and Ide, Edward A. "Variety in Retailing", *Management Science*, Vol. 3, 1956, pp. 93 — 101.

Beckmann, Martin J. "A Continuous Model of Transportation", *Econometrica*, Vol. 20, 1952, pp. 643 — 60.

— "Some Reflections on Lösch's Theory of Location", *Papers and Proceedings*, Regional Science Association, Vol. 1, 1955, pp. N1 — N9.

— "On the Equilibrium Distribution of Population in Space", *Bulletin of Mathematical Biophysics*, Vol. 19, 1957, pp. 81 — 90.

— "City Hierarchies and the Distribution of City Size", *Economic Development and Cultural Change*, Vol. 6, 1958, pp. 243 — 48.

Berge, Claude. "Two Theorems in Graph Theory", *Proceedings*, National Academy of Sciences, Vol. 43, 1957, pp. 842 — 44.

Berry, Brian J. L. "A Note Concerning Methods of Classifica-

tion", *Annals*, Association of American Geographers, Vol. 48, 1958, pp. 300 — 3.

— "Further Comments Concerning 'Geographic' and 'Economic' Economic Geography", *The Professional Geographer*, Vol. 11, No. 1, Part 1, 1959, pp. 11 — 12.

— "Ribbon Developments in the Urban Business Pattern", *Annals*, Association of American Geographers, Vol. 49, 1959, pp. 145 — 55.

— "The Impact of Expanding Metropolitan Communities Upon the Central Place Hierarchy", *Annals*, Association of American Geographers, Vol. 50, 1960, pp. 112 — 16.

— "Grouping and Regionalizing: An Approach to the Problem Using Multivariate Analysis", *Proceedings*, NAS-NRC Conference on Mathematics in Geographical Research, Glencoe: The free Press, in press.

Berry, and Garrison, William L. "Alternate Explanations of Urban Rank-Size Relationships", *Annals*, Association of American Geographers, Vol. 48, 1958, pp. 83 — 91.

— "A Note on Central Place Theory and the Range of a Good", *Economic Geography*, Vol. 34, 1958, pp. 304 — 11.

— "Recent Developments of Central Place Theory", *Papers and Proceedings*, Regional Science Association, Vol. 4, 1958, pp. 107 — 20.

Boggs, Whittemore. "Mapping the Changing World", *Annals*,

Association of American Geographers, Vol. 31, 1941, pp. 119 — 28.

Brush, John E. "The Hierarchy of Central Places in Southwestern Wisconsin", *The Geographical Review*, Vol. 43, 1953, pp. 380 — 402.

Carrothers, Gerald A. P. "An Historic Review of the Gravity and Potential Concepts of Human Interaction", *Journal of the American Institute of Planners*, Vol. 22, 1956, pp. 94 — 102.

Cline, Marlin G. "Basic Principles of Soil Classfications", *Soil Science*, Vol. 67, 1949, pp. 81 — 91.

Dantzig, G., Fulkerson, R., and Johnson S. "Solution of a Large-Scale Traveling-Salesman Problem", *Journal of the Operations Research Society of America*, Vol. 2, 1954, pp. 215 — 21.

Enke, Stephen. "Equilibrium Among Spatially Separated Markets: Solution by Electric Analogue", *Ecnometrica*, Vol. 19, 1951, pp. 40 — 7.

Flood, Merrill M. "The Traveling Salesman Problem", *Journal of the Operations Research Society of America*, Vol. 4. 1956, pp. 61 — 75.

Garrison. "Applicability of Statistical Inference to Geographical Research", *The Geographical Review*, Vol. 46, 1956, pp. 427 — 29.

— "Spacial Structure of the Economy: I", *Annals*, Association of American Geographers. Vol. 49, 1959 , pp. 232 — 39; Part II. *Ibid.*, Vol. 49, 1959, pp. 471 — 82; Part III, *Ibid.*, Vol. 50, 1960, pp. 232 — 39.

— "Connectivity of the Interstate Highway System", *Papers and Proceedings*, Regional Science Association, Vol. 6, 1960, pp. 121 — 37.

Garrison, and Marble, Duane F. "The Spatial Structure of Agricultural Activities", *Annals*, Association of American Geographers, Vol. 47, 1957, pp. 137 — 44.

— "Analysis of Highway Networks: A Linear Programming Formulation", *Highway Research Board Proceedings*, Vol. 37, 1958, pp. 1 — 17.

Gerlach, Arch C. "Marketing Maps, Their Sources and Uses", *Advances in Chemistry Series*, No. 10, 1954, pp. 100 — 6.

Henderson, James M. "The Utilization of Agricultural Land: A Regional Approach", *Papers and Proceedings*, Regional Science Association, Vol. 3, 1957, pp. 99 — 117.

Hitchcock, Charles B. "The American Geographical Society — Annual Report of the Council", *Geographical Review*, Vol. 51, 1961, pp. 290 — 303.

Hotelling, Harold. "Stability in Competition", *The Economic Journal*, Vol. 39, 1929, pp. 41 — 57.

Kalaba, R. E., and Juncosa, M. L. "Optional Design and Utili-

zation of Communication Networks", *Management Science*, Vol. 3, 1956, pp. 33 — 44.

Koopmans, Tjalling C., and Beckmann. "Assignment Problems and the Location of Economic Activities", *Econometrica*, Vol. 25, 1927, pp. 53 — 76.

Lighthill, M. J., and Whitham, G. B. "On Kinematic Waves, II, A Theory of Traffic Flow on Long Crowded Roads", *Proceedings of the Royal Society of London: series A, Mathematical and Physical Sciences*, Vol. 229, No. 1178, 1955, pp. 317 — 45.

Lukermann, F. "Toward a More Geographic Economic Geography", *The Professional Geographer*, Vol. 10, No. 4, 1958, pp. 2 — 10.

MacArthur, Robert H. "On the Relative Abundance of Bird Species", *Proceedings*, National Academy of Sciences, Vol. 43, 1957, pp. 293 — 5.

Mackay, Ross J. "Chi Square as a Tool for Regional Studies", *Annals*, Association of American Geographers, Vol. 48, 1958, p. 164.

— "Regional Geography: A Quantitative Approach", in *Mélanges géographiques canadiens offerts à Raoul Blanchard*, published under the auspices of the Institute of Geography of the University of Laval, University of Laval Press, Quebec, 1959, pp. 57 — 63.

Mackay, and Berry. "Comments on the Use of Chi Square", *Annals*, Association of American Geographers, Vol. 49, 1959, p. 89.

Maxwell, Clerk J. "On Hills and Dales", *The London, Edinburgh, and Dublin Philosophical Magazine and Journal of Science*, Vol. 40, Fourth Series, 1870, pp. 421 — 7.

Miehle, William. "Link-Length Minimization in Networks", *Journal of the Operations Research Society of America*, Vol. 6, 1958, pp. 232 — 43.

Newell, G. F. "Mathematical Models for Freely-Flowing Highway Traffic", *Journal of the Operations Research Society of America*, Vol. 3, 1955, pp. 176 — 86.

Neyman, Jerzy, and Scott, Elizabeth L. "On a Mathematical Theory or Populations Conceived as a Conglomeration of Clusters", *Cold Spring Harbor Symposia on Quantitative Biology*, Vol. 22, 1957, pp. 109 — 20.

Pollack, Maurice, and Wiebenson, Walter. "Solutions of the Shortest Route Problem — A Review", *Journal of the Operations Research Society of America*, Vol. 7, 1960, pp. 224 — 30.

Prihar, Z vi. "Topological Properties of Telecommunication Networks", *Proceedings of the Institute of Radio Engineers*, Vol. 44, 1956, pp. 927 — 33.

Quandt, Richard E. "Models of Transportation and Optimal

Network Construction", *Journal of Regional Science*, Vol. 2, No. 1, 1960, pp. 27 — 45.

Reynolds, Robert B. "Statistical Methods in Geographical Research", *The Geographical Review*, Vol. 46, 1956, pp. 129 — 32.

Richards, Paul I. "Shock Waves on the Highway", *Journal of the Operations Research Society of America*, Vol. 4. No. 1, 1956, pp. 42 — 51.

Robinson. "A Method for Producing Shaded Relief from Areal Slope Data", *Annals*, Association of American Geographers, Vol. 36, 1946, pp. 248 — 52.

Robinson, and Bryson, Reid A. "A Method for Describing Quantitatively the Correspondence of Geographical Distributions", *Annals*, Association of American Geographers, Vol. 47, 1957, pp. 379 — 91.

— and Thrower, Norman J. W. "A New Method of Terrain Representation", *Geographical Review*, Vol. 47, 1957, pp. 507 — 20.

Samuelson, Paul A. "Spatial Price Equilibrium and Linear Programming", *The American Economic Review*, Vol. 42, 1952, pp. 283 — 303.

Sauer, Carl O. "The Education of a Geographer", *Annals*, Association of American Geographers, Vol. 46, 1956 pp. 288 — 99.

Schaefer, Fred K. "Exceptionalism in Geography: A Methodological Examination", *Annals*, Association of American Geographers, Vol. 43, 1953, pp. 226 — 49.

Scharlau, Von K. "Ackerlagen und Ackergrenzen flurgeographische Begriffsbestimmungen", *Geographisches Taschenbuch 1956 — 1957*, Wiesbaden, Germany: Franz Steiner Verlag Gmbh., 1958, pp. 449 — 52.

Stewart, Charles T. Jr. "The Size and Spacing of Cities", *The Geographical Review*, Vol. 48, 1958, pp. 222 — 45.

Stewart, John Q., and Warntz, William. "Physics of Population Distri bution", *Journal of Regional Science*, Vol. 1, 1958, pp. 119 — 21.

Stone, Kirk H. "World Air Photo Coverage", *The Professional Geographer*, Vol. 11, No. 3, 1959, pp. 2 — 6.

Stouffer, Samuel A. "Intervening Opportunities and Competing Migrants", *Journal of Regional Science*, Vol. 2, No. 1, 1960, pp. 1 — 26.

Taylor, Griffith. "Environment, Village and City: A Genetic Approach to Urban Geography; With Some Reference to Possiblism", *Annals*, Association of American Geographers, Vol. 32, 1942, pp. 1 — 67.

Thomas, Edwin N. "Toward an Expanded Central Place Model", *Geographical Review*, Vol. 51, 1961, pp. 400 — 11.

Thrower. "Animated Cartography", *The Professional Geogra-*

pher, Vol. 11, No. 6, 1959, pp. 9 — 12.

Ullman, Edward L. "The Railroad Pattern of the United States", *The Geographical Review*, Vol. 39, 1949, pp. 242 — 56.

— "Rivers as Regional Bonds: The Columbia-Snake Example", *The Geographical Review*, Vol. 41, 1951, pp. 210 — 25.

— "Human Geography and Area Research", *Annals*, Association of American Geographers, Vol. 43, 1953, pp. 54 — 66.

Vidale, Marcello L. "A Graphic Solution of the Transportation Problem", *Journal of the Operations Research Society of America*, Vol. 4, 1956, pp. 193 — 203.

Vining, Rutledge. "A Description of Certain Spatial Aspects of an Economic System", *Economic Development and Cultural Change*, Vol. 3, 1955, pp. 147 — 95.

Warntz, William. "Transportation, Social Physics, and the Law of Refraction", *The Professional Geographer*, Vol. 9, No. 4, 1957, pp. 2 — 7.

— "Transatlantic Flights and Pressure Patterns", *The Geographical Review*, Vol. 51, 1961, pp. 187 — 212.

Watson, J. W. "Geography — A Discipline in Distance", *The Scottish Geographical Magazine*, Vol. 71, No. 1, 1955, pp. 1 — 13.

Webb, Wells Alan. "Analysis of the Martian Canal Network", *Publications of the Astronomical Society of the Pacific*, Vol.

67, 1955, pp. 283 — 92.

Wood, Walter F. "Use of Stratified Random Samples in Land Use Study", *Annals*, Association of American Geographers, Vol. 45, 1955, pp. 350 — 67.

Zobler, Leonard. "Statistical Testing of Regional Boundaries", *Annals*, Association of American Geographers, Vol. 47, 1957, pp. 83 — 95.

— "Decision Making in Regional Construction", *Annals*, Association of American Geographers, Vol. 48, 1958. pp. 140 — 8.

— "The Distinction Between Relative and Absolute Frequencies in Using Chi Square for Regional Analysis", *Annals*, Association of American Geographers, Vol. 48, 1958, pp. 456 — 7.

其他资料

American Automobile Association. "United States Mileage Chart", an official 1959 AAA road map of United States.

Baskin, Carlisle W. "A Critique and Translation of Walter Christaller's *Die zentralen Orte in Süddeutschland*", unpublished Ph. D. thesis, University of Virginia, 1957.

Beckmann, Martin J. "Principles of Optimum Location of Transportation Networks", presented at the Symposium on Quantitative Problems in Geography, sponsored by the Office of Naval Research, Chicago, May 5 — 6, 1960.

Berry, Brian J. L., and Mayer, Harold M. "Design and Preliminary Findings of the University of Chicago's Studies on the Central Place Hierarchy", presented to the Symposium on Urban Studies, Lund, Sweden. August 15 — 9, 1960.

Bunge, William. *The Economic Base of the Puget Sound Region: Present and Future*, Department of Commerce and Economic Development, State of Washington, Olympia: 1960.

— "A Theory of Neighborhood Location", unpublished manuscript, Department of Geography, State University of Iowa, November, 1960.

Curry, Leslie. "The Geography of Service Centres Within Towns: The Elements of an Operational Approach", presented to the Symposium on Urban Studies. Lund, Sweden. August 15 — 9, 1960.

Dacey, Michael F. "Analysis of Map Distributions by Nearest Neighboi Methods", Department of Geography, University of Washington, Discussion Paper No. 1, March 8, 1958.

— "Selection of an Initial Solution for the Traveling Salesman Problem", Discussion Paper No. 16, Department of Geography, University of Washington, March 5, 1959.

— "Description of Line Patterns", presented at the Symposium on Quantitative Problems in Geography, sponsored by the Office of Naval Research, Chicago, May 5 — 6, 1960.

— "Analysis of Central Place and Point Patterns by a Nearest Neighbor Method", presented to the Symposium on Urban

Studies, Lund, Sweden, August 15 — 9, 1960.

Dacey, and Nystuen, John D. "A Study of the Primary Communication Network of the State of Washington" (In preparation).

Duguid, A. M. "Structural Properties of Switching Networks", Progress Report No. 7, April 2, 1959. Issued by the Division of Applied Mathematics of Brown University.

— "Flows in Constricted Networks", Progress Report No. 8, October 13, 1959. Issued by the Division of Applied Mathematics of Brown University.

Estados Unidos Mexicanos. 1 : 25,000, sheets 14Q - h(39), 14Q - h(40), 14Q - h(70), 14Q - h(73) and 14Q - h(122).

Finch, Vernor C. "Geographic Surveying" and "Montfort — A Study in Landscape Types in Southwestern Wisconsin", Parts I and II in *Geographic Surveys*, Charles C. Colby. ed., The Geographical Society of Chicago, Bulletin No. 9, The University of Chicago Press, 1933.

Fisk, Harold N. *Geological Investigation of the Alluvial Valley of the Lower Mississippi River*, for the U. S. Army, Corps of Engineers, Mississippi River Commission, 1944.

Garrison, William L. "Allocation of Road and Street Costs", Part 4 *of The Benefit of Rural Roads to Rural Property*. Washington State Council for Highway Research, 1956.

— "On the Flow of Water in Rivers", unpublished manuscript

available from Department of Geography, University of Washington, 1960.

Garrison, and Marts, Marion E. "Geographic Impact of Highway Improvement", *Highway Economic Studies*. University of Washington, July, 1958.

Hägerstrand, Torsten. *The Propagation of Innovation Waves*. Lund Studies in Geography, Series B, "Human Geography", No. 4, Sweden: The Royal University of Lund, 1952.

— "Migration and Area", *Migration in Sweden*. Lund Studies in Geography, Series B, "Human Geography", No. 13. Sweden: Royal University of Lund, 1957.

Harris, Chauncey D. "A Manufacturing View of the United States", University of Chicago, Department of Geography publication, 1954.

Hotelling, Harold. "A Mathematical Theory of Migration", unpublished Master's thesis, University of Washington, 1921.

Marble, Duane F. "Transport Inputs at Urban Residential Sites", Department of Geography, University of Washington. Discussion Paper No. 15, January 9, 1959.

— "The Transportation Problem", Discussion Paper No, 23, Department of Geography, University of Washington, September 1, 1959.

— "Some Models of Individual Travel Behavior", presented at the Symposium on Quantitative Problems in Geography. Chicago, May 5 — 6, 1960.

Mayfied, Robert Charles. "Conformations of Service and Retail Activities: An Example in the Lower Orders of an Urban Hierarchy in a Lesser Developed Area", presented to the Symposium on Urban Studies, Lund, Sweden, August 15 — 9, 1960.

McCarty, Harold H., and Salisbury, Neil E. "Visual Comparison of Isopleth Maps as a Means of Determining Correlations between Spatially Distributed Phenomena", Department of Geography, State University of Iowa, Series No. 3, 1961.

Morrill, Richard L. "An Experimental Study of Trade in Wheat and Flour in the Flour Milling Industry", unpublished Master's thesis, University of Washington, 1957.

— "A Normative Model of Trade Areas and Transportation: With Special Reference to Highways and Physicians' Services", unpublished Ph. D. thesis, University of Washington, 1959.

— "A Model of Interregional Movement: An Adaptation to Realistic Conditions of Imperfect Information and/or Non-Economic Human Response", presented at the Symposium on Quantitative Problems in Geography, sponsored by the Office of Naval Research Chicago, May 5 — 6, 1960.

Nystuen, John D. "Location Theory and the Movement of Fresh Produce to Urban Centers", unpublished Master's thesis, De-

partment of Geography, University of Washington, 1957.

—"Geographical Analysis of Customer Movements and Retail Business Locations: (1) Theories, (2) Empirical Patterns in Cedar Rapids, lowa, and (3) A Simulation Model of Movement", unpublished Ph. D. thesis, Department of Geography, University of Washington, 1959.

Onat, E. T., and Stepak, W. "A Note on the Economic Design of a Transportation Network", Progress Report No. 4, January 25, 1958. Issued by the Division of Applied Mathematics of Brown University.

Porter, Herman. "Models of Flow: of People, Commodities and Messages", Ph. D. thesis, Department of Geography, Northwestern University, in preparation.

Prager, William. "Derivation of Results Stated in Progress Report No. 1", Progress Report No. 2, December 14, 1956. Issued by the Division of Applied Mathematics of Brown University.

— "Economic Design for Manhattan Geometry", Progress Report No. 5, January 27, 1958. Issued by the Division of Applied Mathematics of Brown University.

— "On the Design of Communication and Transportation Networks", presented at the Symposium on Theory of Traffic Flow organized by General Motors Research Laboratories, Detroit, December 7 — 8, 1959.

Prager, and Onat. "Optimum Trunk Layout for Model Discussed in Progress Report No. 2", Progress Report No. 3, March 25, 1957. Issued by the Division of Applied Mathematics of Brown University.

Salisbury, Neil Elliot. "A Generic Classification of Landforms of Minnesota", unpublished Ph. D. thesis, Department of Geography. University of Minnesota, 1957.

Thomas, Edwin N. "The Stability of Distance-Population-Size Relationships for Iowa Towns from 1900 — 1950", presented to the Symposium on Urban Studies, Lund, Sweden, August 15 — 9, 1960.

Tobler, Waldo. "An Analysis of Map Projections" (unpublished manuscript, University of Washington, March, 1960); later released in his Ph. D. thesis, "Map Transformations of Geographic Space", Department of Geography, University of Washington, 1961.

Yüksel, H. "On Networks of Minimum Construction Cost", Progress Report No. 6, August 4, 1958. Issued by the Division of Applied Mathematics of Brown University.

人名译名对照表

Ackermann, Edward　阿古曼,爱德华

Alexander, Robert　亚历山大,罗伯特

Bailey, Norman T. J.　贝利,诺曼

Ball, Rouse W. W.　鲍尔,劳斯

Baskin, Carlisle W.　巴斯金,卡莱尔

Baumol, William J.　鲍莫尔,威廉

Beckmann, Martin J.　贝克曼,马丁

Berge, Claude　伯奇,克劳德

Bergmann, Gustav　伯格曼,古斯塔夫

Bergson, Henri　伯格森,亨利

Berry, Brian　贝利,布赖恩

Boggs, Whittemore　博格斯,怀特莫尔

Bogue, Don J.　博格,唐

Boyce, Ronald R.　博伊斯,罗奈尔特

Brown, Dorothy　布朗,多萝西

Brunner, Edmund de S.　布伦纳,爱德芒·德

Brush, John E.　布拉什,约翰

Bryson, Reid　布赖森,里德

Buck, Robert C.　巴克,罗伯特

Bunge, William　邦奇,威廉

Businger, Joost A.　布辛格,朱斯特

Carrothers, Gerald A. P.　卡罗瑟斯,杰拉尔德

Champerlin, Edward　钱伯林,爱德华

Chapman, Douglas　查普曼,道格拉斯

Chayes, Felix　蔡斯,费利克斯

Christaller, Walter　克里斯塔勒,沃尔特

Cline, Marline G.　克莱因,马林

Colby, Charles C.　科尔比,查尔斯

Cochran, William G.　科克伦,威廉

Cohen, Morris R.　科恩,莫里斯

Cohn-Vossen, Stephen　科恩-沃森,斯蒂芬

Courant, Richard　库兰特,理查德

Cramer, Harold　克拉默,哈罗德
Curry, Leslie　柯里,莱斯利
Cuzzort, Ray P.　卡佐尔特,雷

Dacy, Michael　达西,迈克尔
Dantzig, G.　丹齐格
Dennis, Jack Bonnell　丹尼斯,杰克・邦内尔
Dorfman, Robert　多尔夫曼,罗伯特
Duguid, A. M.　杜吉德
Duncan, Beverly　邓肯,贝佛利
Duncan, Otis Dudley　邓肯,奥蒂斯・达德利

Enke, Stephen　恩克,斯蒂芬
Espenshade, Jr., Edward B.　小埃斯潘谢德,爱德华

Feller, William　费勒,威廉
Finch, Vernar C.　芬奇,弗纳
Fisher, Ronald A.　费希尔,罗纳德
Fisk, Harold N.　菲斯克,哈罗德
Flood, Merrill M.　弗勒德,梅里尔
Forrester, Herbert A.　福里斯特,赫伯特
Frank, Philipp　弗兰克,菲里普
Fulkerson, R.　富尔克逊

Galileo　伽利略
Garrison, William　加里森,威廉
Gerlach, Arch C.　格拉克,阿奇
Getis, Arthur　格蒂斯,阿瑟
Godlund, Sven　哥德隆德,斯文
Goode, Paul J.　古德,保罗
Greig-Smith, P.　格雷格-史密斯
Guillemin, Ernst A.　吉尔曼,厄恩斯特

Hägerstrand, Torsten　哈格斯特兰,托尔斯坦
Hamill, Louis　哈米尔,路易斯
Hammer, Preston C.　哈默,普雷斯顿
Harary, Frank　哈拉里,弗兰克
Harris, Chauncey D.　哈里斯,昌西
Hartshorne, Richard　哈特向,理查德
Henderson, James M.　亨德森,詹姆斯
Herberson, Elisiv　赫伯森,伊利西夫
Hilbert, David　希尔伯特,戴维
Hitchcock, Charles B.　希契科克,查尔斯
Hoel, Paul G.　赫尔,保罗
Hoover, Edgar M.　胡佛,埃德加
Horwood, Edgar M.　霍伍德,埃德加
Hotelling Harold　霍特林,哈罗德
Hudson, Donald G.　赫德森,唐

Prager, William 普拉格,威廉
Pred, Allen 普雷德,艾伦

Quandt, Richard I. 匡特,理查德

Reynolds, Robert B. 雷诺兹,罗伯特
Richards, Paul I. 理查兹,保罗
Robbins, Herbert 罗宾斯,赫伯特
Robinson, Arthur 鲁滨逊,阿瑟

Salisbury, Neil Elliot 索尔兹伯里,尼尔·埃利奥特
Samuelson, Paul A. 萨缪尔森,保罗
Sauer, Carl O. 索尔,卡尔
Saushkin, Julian G. 索斯金,朱利安
Schaefer, Fred 谢弗,弗雷德
Schaefer, Mary 谢弗,玛丽
Scott, Elizabeth L. 斯科特,伊丽莎白斯
Sherman, John J. 舍曼,约翰
Snell, Laurie J. 斯内尔,劳里
Solow, Robert M. 索洛,罗伯特
Söveny, Sarolta 索维恩,萨罗尔托
Stepak, W. 斯蒂帕克
Stewart, John O. 斯图尔特,约翰
Stone, Kirk H. 斯通,柯克
Stoufer, Samuel A. 斯托弗,塞缪尔

Teitz, Michael 泰茨,迈克尔
Thomas, Edwin 托马斯,埃德温
Thomas Jr., William L. 小托马斯,威廉
Thompson, Gerald L. 汤普森,杰拉尔德
Thrower, Norman J. W. 思罗尔,诺曼
Thunen, Von 杜能,冯
Tobler, Waldo 托布勒,沃尔多
Toulmin, Stephen 图尔明,斯蒂芬

Ullman, Edward 厄尔曼,爱德华

Van Loon, Hendrik Willem F. 范隆,亨德里克·威廉
Vidale, Marcello L. 维戴尔,马塞洛
Vining, Rutledge 维宁,拉特里奇

Warntz, William 沃恩兹,威廉
Watson, J. W. 沃森
Webb, Wells Alan 韦布,韦尔斯·艾伦
Weber, Max 韦伯,马克思
Whitham, G. B. 惠瑟姆
Whittlesey, Derwent 惠特尔西,德温特

图书在版编目(CIP)数据

理论地理学/(美)威廉·邦奇著;石高玉,石高俊译.
—北京:商务印书馆,2017
(汉译世界学术名著丛书:120年纪念版:珍藏本)
ISBN 978-7-100-14348-6

Ⅰ.①理… Ⅱ.①威… ②石… ③石… Ⅲ.①理论地理学 Ⅳ.①P90

中国版本图书馆CIP数据核字(2017)第154923号

汉译世界学术名著丛书
(120年纪念版·珍藏本)
理论地理学
〔美〕威廉·邦奇 著
石高玉 石高俊 译

商务印书馆出版
(北京王府井大街36号 邮政编码100710)
商务印书馆发行
北京通州皇家印刷厂印刷
ISBN 978-7-100-14348-6

2017年12月第1版 开本710×1000 1/16
2017年12月北京第1次印刷 印张17
定价:85.00元